权威·前沿·原创

皮书系列为
"十二五"国家重点图书出版规划项目

中国城市发展研究会城市研究所
城市创新年度重点课题

城市创新蓝皮书
BLUE BOOK OF
CITY INNOVATION

中国城市创新报告
（2015）

ANNUAL REPORT OF CHINA'S CITY INNOVATION
(2015)

主　编／周天勇　旷建伟

社会科学文献出版社
SOCIAL SCIENCES ACADEMIC PRESS (CHINA)

图书在版编目（CIP）数据

中国城市创新报告.2015/周天勇，旷建伟主编.—北京：社会
科学文献出版社，2015.11
　（城市创新蓝皮书）
　ISBN 978 - 7 - 5097 - 8225 - 5

　Ⅰ.①中…　Ⅱ.①周…②旷…　Ⅲ.①城市经济 - 国家创新
系统 - 研究报告 - 中国 - 2015　Ⅳ.①F299.2

　中国版本图书馆 CIP 数据核字（2011）第 249886 号

城市创新蓝皮书
中国城市创新报告（2015）

主　　编 / 周天勇　旷建伟

出 版 人 / 谢寿光
项目统筹 / 任文武　张丽丽
责任编辑 / 高振华　张丽丽

出　　版 / 社会科学文献出版社·皮书出版分社（010）59367127
　　　　　 地址：北京市北三环中路甲 29 号院华龙大厦　邮编：100029
　　　　　 网址：www. ssap. com. cn
发　　行 / 市场营销中心（010）59367081　59367090
　　　　　 读者服务中心（010）59367028
印　　装 / 北京季蜂印刷有限公司

规　　格 / 开 本：787mm × 1092mm　1/16
　　　　　 印 张：22.5　字 数：289 千字
版　　次 / 2015 年 11 月第 1 版　2015 年 11 月第 1 次印刷
书　　号 / ISBN 978 - 7 - 5097 - 8225 - 5
定　　价 / 69.00 元

皮书序列号 / B - 2013 - 306

中国城市创新能力科学评价
课题组

组　长　周天勇

成　员　（以姓氏笔画为序）

牛靖楠　田少庸　冯立果　朱俊成　任文武

刘正山　刘亚娟　刘志成　刘孟松　刘培荣

刘耀天　许碧文　李举昌　李素云　张　弥

陈　礁　周　文　郑彩伟　项松林　胡　锋

夏徐迁　郭雪剑　彭　鹏　程艳军

主编简介

周天勇 经济学博士，教授。中共中央党校国际战略研究所副所长、中国城市发展研究会副理事长、北京科技大学博士生导师。研究领域主要有宏观经济、经济发展和增长、劳动经济、金融风险、城市经济、国际战略与国际关系、农业经济等。主要专著包括《攻坚：中国政治体制改革研究报告》、《中国向何处去》、《中国梦与中国道路》和《艰难的复兴》等。

旷建伟 中国社会科学院经济研究所副编审，中国城市发展研究会副理事长兼秘书长（法人代表），中国城市年鉴社社长、总编辑，孙冶方经济科学基金会副理事长。主要研究领域为城市经济。主持编撰《中国城市年鉴》20年（卷），参与主持编撰《城市生态经济知识全书》、《21世纪中国城市发展》、《城市现代化指标体系探讨》、"城市发展研究丛书"和《走向城市现代化》等。

摘　要

城市是国家创新活动的主体区域。提高我国城市创新能力，是完善国家创新体系、实施创新驱动发展战略、建设创新型国家的重要方面。基于这种考虑，中国城市发展研究会从 2006 年开始组织有关领域的专家学者，开展"中国城市创新能力科学评价"课题的连续研究；从 2008 年开始出版年度中国城市创新能力报告，并以召开年度中国城市创新论坛的形式发布本研究成果，在城市研究领域形成较大的影响力。

本报告构建了一套适用于中国国情的城市创新能力评价指标体系，主体框架包括创新基础条件与支撑能力、技术产业化能力、品牌创新能力三个一级指标。在此基础上，课题组搜集了全国 600 多个城市的数据并进行分析，形成了本年度的城市创新能力综合排名和专项排名。

针对风险投资和创业投资这一年度主题，本报告进行了多项专题研究，主要包括中关村科技创新规律、设立科技型银行、德国风险投资退出机制、欧洲投资基金管理运作模式及其对我国政府创业投资引导基金的借鉴等方面，进一步深化了本报告主题。此外，有一些优秀的研究报告和企业创新案例也一并收入本报告。

Abstract

City is the main area of national innovation activities. Improving cities innovation capacity is an important part to improve the national innovation system, to implementate the innovation driven development strategy, and to build an innovative country. Based on this consideration, China's Urban Development Research Institute began to organize experts and scholars, to carry out the scientific evaluation of China's cities innovation since 2006, and to publish annual report of China's cities innovation capability since 2008, and to convene the annual Chinese cities innovation forum. All of these activities formed a certain influance in urban research areas.

This report has constructed an evaluation index system of cities innovation capability, which is suitable for China's national conditions, and the main framework includes three primary indexes, which are the basic conditions of innovation and the supporting ability, the ability of technological achievement transformation, and the ability of brand innovation. On this basis, the research group collected more than 600 city data and analyzed the formation of the city's comprehensive ranking of urban innovation and special ranking.

Focusing the annual perspective of venture capital, this report makes a number of special projects, including the law of Zhongguancun science and technology innovation, the establishment of scientific and technological bank, the exit mechanism of venture capital in Germany, the management mode of European investment fund and the reference to China's Government venture capital fund. In addition, there are a number of outstanding research reports and business innovation cases are also included in this report.

序

长期以来，中国高度重视科学技术的重要作用。邓小平同志曾经将之高度概括为"科学技术是第一生产力"。2005年，中国领导人提出了"建设创新型国家战略"的重大战略目标任务，并在《国家中长期科学和技术发展规划纲要（2006～2020）》中要求力争到2020年进入创新型国家行列。十年来，我国创新投入力度不断加大，科技创新机制不断优化，科技产出也取得引人注目的成就。截至2014年，我国研发经费共投入13312亿元，研发经费占GDP的比重达到2.08%，达到历史新高，已经超过了欧盟28国的平均水平。未来5年即"十三五"时期，是我国全面建成小康社会、基本建成创新型国家、推进经济发展方式转变取得实质性进展的关键五年，任务虽然艰巨但前途光明。

城市是国家创新体系的主体区域。提高我国城市创新能力是完善我国国家创新体系、实施创新驱动发展战略、建设创新型国家的重要组成部分。当前，我国经济正在步入新常态，城市创新的大环境已经较以往发生了重大变化。无论对于企业发展，还是对于城市创新，当前和今后一段时间内，认识新常态、适应新常态、引领新常态，都是大逻辑和大背景。另外，国家正在大力推进"大众创业、万众创新"事业。从微观主体看，中国在新常态下建设创新型国家，就是要激发庞大人口中蕴藏着的创业创新热情和能量，希望形成小企业要"铺天盖地"、大企业要"顶天立地"的发展局面，让越来越多的创新型企业成为经济增长的中坚力量；从发展区域看，我们要适应和习惯于在新常态下提高城市创新能力、建设创新型国家，重点发挥城市和城

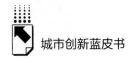

市群的创新动力和活力，让更多创新型城市涌现并成为提质增效的发动机。

实事求是地讲，在过去几十年的城市发展过程中，我国大多数城市是建立在资源开发利用基础上的，形成了矿山型、工业类、出口加工型、港口型等城市类型，创新不是大多数城市的主要或突出特征。但近年来，在信息化和科技创新的时代背景下，我国有越来越多的城市具备了创新型城市的形态，大多数城市的创新能力指数不断提高。较之过去，现在我们拥有前所未有的优势条件。更加重要的是，面对全球范围内的新一轮工业革命浪潮，现在是我国城市转变发展方式、调整产业结构、提高创新能力、实现弯道超车的良好机遇。

基于此，我们的《中国城市创新报告（2015）》（以下简称《报告》）依托以"创新基础条件与支撑能力、技术产业化能力、品牌创新能力"为主体框架的城市创新能力评价指标体系，对中国城市创新能力进行了综合评价，形成了城市创新能力的综合及专项排名，并对课题研究方法、城市创新指标体系设定以及评价方法做了详细说明。同时鉴于风险投资在城市创新中的关键角色，《报告》以"风险投资"为年度主题，深入探讨了风险投资对提升城市创新能力的作用，并分专题做了分析，突出了报告的年度特点。此外，《报告》还收入了多个优秀创新型企业的典型案例。

建设创新型城市、提高国家自主创新能力建设是一项长期而艰巨的任务。2016 年是"十三五"的开局之年，也是全力贯彻落实十八届三中、四中全会决定精神，实践"四个全面"战略布局的关键之年。我国的各类城市一定要抓住机遇，放下包袱，轻装前进，既当改革的促进派，又当改革的实干家，肩负起时代赋予我们的伟大使命和历史责任。中国城市发展研究会也将持续关注

我国城市创新进程，进一步优化和完善城市创新能力评价方法和
体系，探讨研究城市创新难点和热点问题，为提高我国城市创新
能力做出贡献。

2015 年 9 月于北京

目　录

B Ⅰ　总报告

B Ⅱ　测评报告

BⅢ　专题研究

B Ⅳ　企业案例

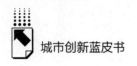

皮书数据库阅读**使用指南**

CONTENTS

B.Ⅳ Case Studies on Enterprises

总 报 告

General Report

B.1

2014~2015年中国城市创新能力总体评价

摘　要：　中国经济正在步入新常态，中国城市创新也进入发展
新阶段。《中国城市创新报告（2015）》从创新基础条
件与支撑能力、技术产业化能力和品牌创新能力三个
维度，选取了25项指标来构建城市创新能力评价体
系；然后通过对全国659个城市相关指标数据的采
集、处理和计算分析，按照副省级以上城市、地级
市、县级市三大类进行了创新能力综合测评和3个单
项创新能力测评，对2014~2015年中国城市创新能力
综合评测结果及三个创新能力维度分别评测结果进行
了概要性介绍和分析；新常态下，中国城市创新能力
也显露出一些新特征：国家研发投入增速连年下滑，

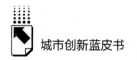
东中西部城市创新差异较大，企业成为研发投入的主体，近年来创新型企业不断涌现。本报告的年度主题是风险投资和创业投资。国务院提出"大众创业、万众创新"的政策，创业投资、创业引导基金和风险投资是科技型创新的关键环节；本报告对我国风险投资的理论内涵和发展现状进行了梳理。在此基础上，本报告对我国在新常态下提升城市创新能力提出若干政策建议。

关键词：　城市创新能力　城市群　风险投资

2005 年中国正式宣布"建设创新型国家"目标，2006 年发布《国家中长期科学和技术发展规划纲要（2006~2020）》，要在 2020 年进入创新型国家行列。经过努力，2013 年我国研发经费投入占 GDP 比重首次超过 2%[①]，2014 年达到 2.1%[②]，已经超过了欧盟 28 国的研发强度 1.96%，取得了阶段性成果。中国经济进入新常态，从根本上就是要使经济增长的动力从传统的劳动力、资本、自然资源等要素驱动转换成技术进步驱动，从高增长速度、低增长质量组合转变为中低速度、高增长质量组合。近年来，随着劳动力成本的竞争优势快速减退，过度依赖房地产投资和固定资产投资的投资模式面临着环境资源约束和边际效用快速下降的问题，我们必须发挥技术进步对经济增长的促进作用。从微观主体看，中国在新常态下建设创新型国

---

① 国家统计局：《2013 年全国科技经费投入统计公报》，2014 年 10 月 23 日。
② 来自 2015 年 1 月科技部部长万钢在全国科技工作会议上的讲话，参见 http://www.chinairn.com/news/20150113/104539253.shtml。

家，就是要激发庞大人口中蕴藏着的创业创新热情和能量，让越来越多的创新型企业成为经济增长的中坚力量。从发展区域看，我们要适应和习惯于在新常态下提高城市创新能力、建设创新型国家，重点发挥城市和城市群的创新动力和活力，让更多的创新型城市涌现出来，并成为提质增效的发动机。

一　城市创新能力年度测评结果

一个城市的创新能力取决于许多因素。从基本面上看，城市创新能力与城市所在地区乃至整个国家的城镇化进程、工业化进程、国家发展思维和发展模式、地区间的创新文化差异等因素有关。比如中原城市群的城市创新能力，很难脱离河南城镇化率不足50%、整个经济区的主要发展任务仍然是城镇化和工业化、提升创新能力不可能改变的基本面；再如东北地区的城市创新能力，受限于长期的计划经济思维方式和体制。从技术层面上看，城市创新能力与创新投入、创新体系和机制、创新产出及成果转化直接相关。本报告从创新基础条件与支撑能力、技术产业化能力和品牌创新能力3个维度的25项指标构建了城市创新能力评价体系，通过对全国659个城市（副省级以上城市19个、地级市271个、县级市369个）的相关数据进行采集、处理和计算分析，按照副省级以上城市、地级市、县级市三大类进行了创新能力综合测评和3个单项创新能力测评。本部分仅列示综合指标及各单项指标排名的前十位，指标体系设计及计算过程见测评篇。

（一）城市创新能力综合测评结果

一个城市的创新能力表现为三个方面：创新投入、创新产出、创新体系和机制。我们用城市创新基础条件和支撑能力来代表创新投入，用品牌创新能力来代表创新产出，用技术产业化能力来代表创新机制。这三个一级指标中，创新基础条件与支撑能力决定着创新资源的多少。这种资源的获得有两个来源：一是过去计划经济时期和改革开放时期各级政府对各个城市的持续投入，这体现国家意志，属于行政权力配置的资源，比如北京、上海等城市；二是市场经济条件下创新资源的自然聚集，比如深圳。当然，二者不是非此即彼的关系，而是协同发展的。根据综合测评结果，按三类城市级别分别排在前十名的城市，参见表1。

表1 中国城市创新能力综合测评前 10 名

序次	副省级(含)以上城市	地级城市	县级城市
1	北京市	苏州市	昆山市
2	上海市	无锡市	江阴市
3	深圳市	长沙市	常熟市
4	天津市	佛山市	张家港市
5	杭州市	东莞市	宜兴市
6	重庆市	常州市	龙口市
7	广州市	潍坊市	太仓市
8	青岛市	南通市	义乌市
9	大连市	福州市	桐乡市
10	沈阳市	绍兴市	晋江市

从副省级（含）以上、地级、县级三类城市的综合测评排名前10名的结果可以看出：东部沿海城市依然是中国城市创新的主体和中坚力量，并且呈现强者愈强的发展态势。与上年度相比，副省级以上城市中，东部城市从 7 个增加为 9 个，而中部和西部城市则从 3 个减少为 1 个；从地级和县级城市的创新排名看，长三角地区和珠三角地区的城市创新能力领先于全国其他地区，且这两个地区的城市创新

竞争较为激烈。以长三角地区为例，进入排名前 10 位的地级城市和县级城市分别有 5 个、7 个，与上年度相比在数量上变化不大，但城市的排名发生了较大变化，这在某种程度上可以佐证，长三角地区的创新竞争以及背后的经济发展竞争的激烈程度之大。

与上年度相比，本年度城市创新出现的新变化主要是环渤海经济圈的城市创新力量开始加速。从环渤海经济圈的城市创新力量看，主要体现在以山东省为中心的城市创新能力不断加强，在综合测评前 10 名中，副省级城市、地级城市、县级城市中，山东省各有 1 个；另外，辽东半岛的大连、沈阳的创新能力也进入前 10 名，值得期待。

城市创新综合能力评价是以创新基础条件与支撑能力、技术产业化能力和品牌创新能力三个方面为基础进行综合评价的，除了综合测评排名，本报告也分别对以上三个维度进行测评，并对副省级（含）以上城市和地级城市进行了单项排名。

（二）创新基础条件与支撑能力测评结果

创新基础条件与支撑能力主要是指创新投入情况。没有一定强度的创新投入，是不可能有显著产出的。这一测评指标由 11 个子指标构成，分别为财政预算教育支出占 GDP 比重、财政预算科学支出占 GDP 比重、科学技术人员占从业人员比重、信息技术人员占从业人员比重、每万人国际互联网用户数、每万人移动电话用户数、每万人图书馆藏书量、每万人剧场影院数、每万人博物馆数、建成区绿化覆盖率、污水集中处理率。其中，前四项直接反映创新的资金和人员投入；其后两个指标反映的是基本条件；后三个指标反映文化支撑，最后两个指标是环境指标，直接反映城市生态环境的情况，从理论上说，城市宜居是科技人才、管理人才很看重的物质条件，所以将其选为支撑参数。根据城市创新基础条件与支撑能力测评结果，排在前 10 名的城市如表 2 所示。

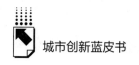

表2　创新基础条件与支撑能力前10名城市

序次	副省级(含)以上城市	地级城市
1	北京市	苏州市
2	上海市	长沙市
3	深圳市	无锡市
4	广州市	东莞市
5	杭州市	潍坊市
6	重庆市	佛山市
7	武汉市	合肥市
8	青岛市	太原市
9	天津市	嘉兴市
10	沈阳市	烟台市

创新基础条件和支撑能力主要体现了政府和市场主体对人员配备、科技研发经费、固定资产投资等方面的投入力度以及科技园区建设，集中反映了城市创新的基础能力。在副省级（含）以上城市中，在创新基础条件与支撑能力方面，上海、北京和深圳依然占据前三名，与上年度排名结果相同。其中，北京、上海是国家在科研院所的布局上投入很多，而深圳发展时间短政府投入少，市场化的创新资源聚集是其突出特征。从地区分布看，东部沿海城市的创新基础条件与支撑能力远远领先于中部和西部城市，这与作为最终表现的综合创新能力的排名是相辅相成的。另外，地级城市的排名出现了较大变化，在一定程度上反映了地方政府对创新基础条件与支撑能力的重视，公共财政支出开始向创新能力培养方面倾斜。

（三）技术产业化能力测评结果

创新投入多，绝不意味着创新产出就一定高，这取决于创新体系和创新机制能否有效发挥作用。如果用一个比喻来形容，就类似一辆漏油的汽车，加再多的油可能也跑不远。2015年7月，麦肯锡全球研究院（MGI）发布的题为《中国创新的全球效应》的报告，指出中国科研创新体系的成果质量与投入的规模仍然不成比例，根本原因就在于中国的创新体系效率较低。在中国，通常使用科研成果转化率或技术产业化能力来观察创新的投入产出效率。本报告中，技术产业化能力测评指标由8个子指标构成，分别为每千人工业企业数、每万人吸引外商投资额、人均地区生产总值、沪深A股数量及市值、每万人专利实施许可数、电信业务收入、第三产业占GDP的比重、人均工业总产值。根据城市的技术产业化能力测评结果，排在前10名的城市如表3所示。

表3 技术产业化能力测评排序前10名城市

序次	副省级（含）以上城市	地级城市
1	上海市	苏州市
2	北京市	无锡市
3	深圳市	常州市
4	天津市	东莞市
5	杭州市	佛山市
6	大连市	镇江市
7	南京市	南通市
8	宁波市	泰州市
9	广州市	长沙市
10	沈阳市	扬州市

科技成果转化率或技术产业化能力是中国创新体制的瓶颈。我国虽然于1996年颁布了《中华人民共和国促进科技成果转化法》，但令人尴尬的是，我国每年有省部级以上的科技成果3万多项，但只有10%～15%能产生规模效益，每年专利技术有7万多项，但实施率只有10%。技术产业化能力与科研体制有关，也与地区之间的市场化

程度有关。一般认为,市场化程度越高的地区,技术产业化能力越强,科技成果转化率越高。在我国,东部沿海地区是市场化程度最高的,高技术产业较为密集,科技园区发展水平高,在技术产业化能力塑造上有更高的平台、更深厚的积累。因此,东部沿海城市能在中国城市技术产业化能力序列中处于较为领先的地位。从排名结果看,副省级(含)以上城市的前3名分别为上海市、北京市和深圳市,与上年度排名前3名的城市相同,前10名仅个别城市位次稍有变化。地级市的排名出现了较大变化,苏州市和无锡市依然排在前列,排在第3名的常州市本年度在技术产业转化能力方面发展较快,而位于珠三角地区的部分城市被长三角地区的城市取代,与上年度相较,长三角地区的市级城市从4个上升为7个,而珠三角地区的市级城市从4个减少为2个。

(四)品牌创新能力测评结果

创新产出有许多指标,如专利和发明专利数量、论文数量和引用率、新产品销售收入等,但我们使用品牌数量来衡量,是因为品牌可以认为是一个各种创新形式的集成体现。品牌创新能力测评指标由6个子指标构成,分别为城市综合知名度、A级景区数量及知名度、驰名商标数量及知名度、非物质文化遗产数量及知名度、中国历史文化名村镇数量及知名度、全国重点文物保护单位数量及知名度。根据城市品牌创新能力测评结果,排前10名的城市如表4所示。

表4 品牌创新能力测评排序前10名城市

序次	副省级(含)以上城市	地级城市
1	北京市	苏州市
2	上海市	泉州市
3	重庆市	长沙市
4	杭州市	绍兴市

续表

序次	副省级(含)以上城市	地级城市
5	深圳市	佛山市
6	天津市	潍坊市
7	成都市	无锡市
8	广州市	保定市
9	南京市	烟台市
10	青岛市	温州市

品牌创新能力主要体现的是城市知名度以及商标和品牌影响力，是城市将创新成果在技术产业化的同时提升品牌影响力的水平。在副省级（含）以上城市和地级城市分类排名中，北京和苏州分别仍然处于相对领先地位；沿海城市，特别是地处长三角的城市在该项指标中领先于其他区域的城市，环渤海经济圈的城市在品牌创新能力方面发展迅速，在一定程度也折射出品牌创新与技术产业化能力、创新基础条件和支撑能力的密切关系。

二　中国城市创新的分类和进展

截至 2014 年，我国城镇化率达到 54.8%，也就是说，我国有超过一半的人口在大部分时间里都生活或工作在城市里。目前全国有 600 多个城市，我国 70% 以上的 GDP、80% 以上的国家税收出自城市。由于历史和社会背景不同，经济发展驱动因素不同，城市之间的发展也处于不同阶段。城市发展初期，往往依托对资源的开发和利用，形成资源型城市、工业类城市、出口导向型城市、贸易加工型城市、港口型城市等；尽管 90% 以上的大学和科研力量分布在城市，但在很长时期内，创新都不是大多数城市的主要或突出特征。信息化和科技创新背景下，创新型城市应运而生。它强调以科技创新为核心，以提高自主创新能力为主要内容，推动城市产业结构调整和升

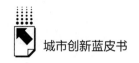

级，转变经济增长方式，提高城市整体竞争力，从而实现城市社会、政治、经济、科技、文化、教育、生态、城市地域的协调和可持续发展，因此可以说创新型城市是现代城市发展的高级阶段。

（一）中国城市创新的条件和分类

按照创新能力划分，应该如何对城市进行分类呢？本报告认为，我国多数城市的创新能力较弱，可以称之为非创新型城市；也有一部分城市已经具备一定程度的创新能力，可以称之为创新型城市。那么创新型城市要具备哪些条件呢？科技日报社胡钰博士（2007）认为，目前国内建设创新型城市存在误区，主要有"多产出一些论文、专利，多引进一些院士、专家就建成创新型城市"、"创新等同于研发投入"、"建设创新型城市就是建设科学城或高新园区"等；胡钰总结了创新型城市建设的四个重要条件：较完善的城市科技创新制度设计、高水平的城市科技创新投入和基础条件、大规模的城市创新型企业、以科技创新为驱动力的城市发展模式[1]。方创琳等（2014）将中国创新型城市建设的评判标准确定为由一个 1 万美元、3 个 5%、3 个 60%和 3 个 70%组成的 10 个判断标准：人均 GDP 超过 10000 美元，全社会 R&D 投入占 GDP 的比重超过 5%，企业 R&D 投入占销售总收入的比重超过 5%，公共教育经费占 GDP 比重大于 5%，新产品销售收入占产品销售收入比重超过 60%，科技进步对经济增长的贡献率超过 60%，高新技术产业增加值占工业增加值的比重大于 60%，对内技术依存度大于 70%，发明专利申请量占全部专利申请量的比重大于 70%，企业专利申请量占社会专利申请量的比重大于 70%。上述这些研究都值得重视。

对创新型城市而言，不同城市的创新活动所侧重的内容也有所不

---

[1] 胡钰：《创新型城市建设的内涵、经验和途径》，《中国软科学》2007 年第 4 期。

同，据此衍生出了创新型城市的四种不同类型（刘元凤，2010）。
①文化创意创新型城市：城市的创新活动偏重于文化创意，通过文化创意打造一个全新的城市。这些城市通常是一个时代的前沿城市，可能是首都或重要城市。其经济已经高度繁荣发达，有足够的人力、物力、财力去进行思想创新。中国的这种创新型城市最少，北京、杭州具备这种创新型城市的雏形。②工业创新型城市：工业创新型城市都不是中心城市，一般都在大都市周边地区，可以充分利用大都市的人才、技术等优势，加强城市的技术创新能力，提升城市某些工业领域在国内或国际市场上的竞争力。中国的大多数创新型城市或许都要走这条道路，依托城市的支柱型工业来提升创新能力。③服务创新型城市：服务创新型城市通过不断创造新的服务，来满足人们的各种需要，政府致力于满足市民日常的交通、购物、娱乐、休闲、安全、教育等需求。该类城市第三产业发达，社会综合服务能力较强，政府服务水平和社会福利水平较高。香港属于这种类型。④科技创新型城市。该类城市一般拥有一流的大学和研究机构，具有雄厚的科技实力，拥有较强的创新能力与明显的产业优势①。国内有少数城市具备成为科技创新型城市的潜力，比如绵阳。

根据有关研究，当人均 GDP 超过 1 万美元之后，其经济模式将由资本驱动型向创新驱动型过渡。经过改革开放 30 多年的发展，我国东南沿海地区的中心城市人均 GDP 都达到了 1 万美元左右，城市形态正在进入全新发展阶段，知识取代资本成为主导生产要素，知识经济逐步占据主导地位，创新发展成为主流发展模式。因此这些城市可以因势利导、顺势而为，推动城市向高级阶段转型，促进创新型城市快速发展。

---

① 刘元凤：《创新型城市的综合评价研究：关于指标体系形成和评价方法优化的讨论》，博士学位论文，复旦大学，2010。

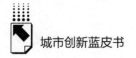
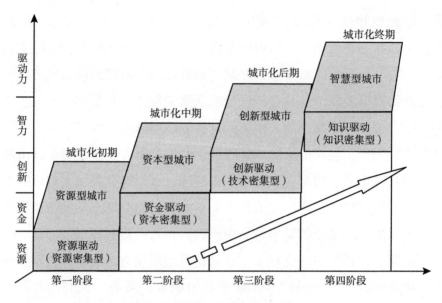

图1 城市发展的战略阶段

资料来源：方创琳等《中国创新型城市建设的综合评估与空间格局分异》，《地理学报》2014年4月号。

（二）中国城市创新的总体特征

随着国民经济向新常态过渡，长期所依赖的投资驱动型增长模式难以为继，许多地方政府财政收入下滑，传统重化工行业面临严峻形势，对研发经费的支出增幅都有所下降。总体看，我国城市创新正在步入一个新的发展阶段。

1. 全国研发投入增速连年下滑

国家统计局公布的2014年国民经济和社会发展统计公报显示，2014年我国全国研究与试验发展（R&D）经费支出为13312亿元，比上年增长12.4%，增幅较上年的15%明显下降。从研发支出的大趋势上看（见图2），近五年来，我国总体研发投入增幅是下降的。2004～2011年，我国研发经费支出增幅平均超过24%，而且总体稳定，但 2011 年以来，我国研发经费支出增幅连年下降，2014 年 12.4% 的增速为 10 年来最低。

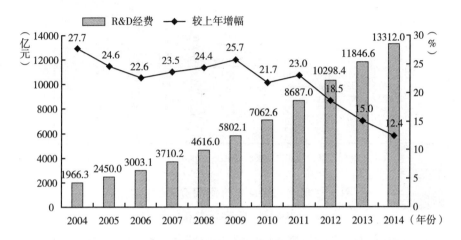

图2 2004~2014 年全国研究与试验发展（R&D）经费支出及增幅

但从研发强度上看，由于我国经济步入新常态，经济增长速度下行，研发经费支出速度仍然快于 GDP 增速，因此我国研发经费占 GDP 的比重于 2013 年第一次超过了 2% 的关口，达到 2.01%，2014 年继续提高到 2.09%，达到历史最高值（见图3）。

2. 东中西部创新能力差异较大

前文提到，我国 2013 年、2014 年的研发强度均突破了 2% 的关口，但各个省区、城市之间的研发投入和强度情况差异极大。从省市区域看，2013 年研究与试验发展（R&D）经费占全国比重前六名的为江苏（12.6%）、广东（12.2%）、北京（10%）、山东（9.9%）、浙江（6.9%）和上海（6.6%）。2013 年研究与试验发展（R&D）经费投入强度（与地区生产总值之比）达到或超过全国平均水平的有北京（6.08%）、上海（3.60%）、天津（2.98%）、江苏（2.51%）、广东（2.32%）、浙江（2.18%）、山东（2.15%）和陕西（2.14%）等 8 个省（市），只有陕西是西部省份，其他都是东部

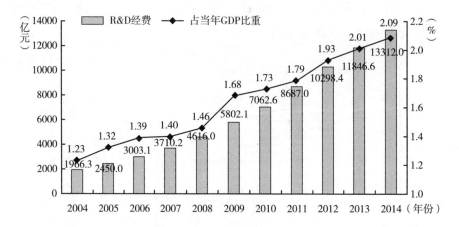

图3 2004～2014年全国研究与试验发展
（R&D）经费支出及研发强度

注：①R&D经费支出/国内生产总值为国家统计局根据"三经普"结果修订后的数据，不同于《中国科技统计年鉴》数据。②2014年数据为国家统计局的《2014年国民经济和社会发展统计公报》数据。

沿海经济发达省份（见表5）。特别需要指出的是，2013年全国32个省级行政区中有25个省份的研发强度都是提高的，3个省份与2012年的持平，只有4个省份的研发强度是下降的，分别是海南、重庆、贵州、青海。中部地区研发强度最高的是安徽（1.85%）、湖北（1.81%）。东北地区研发强度最高的是辽宁（1.65%）。

表5 各地区研究与试验发展（R&D）经费和
研发强度（2012年、2013年）

地　区	2013年R&D经费（亿元）	2013年R&D经费投入强度(%)	2012年R&D经费投入强度(%)
全　国	11846.6	2.09	1.98
北　京	1185.0	6.08	5.95
天　津	428.1	2.98	2.80
河　北	281.9	1.00	0.92

续表

地　区	2013 年 R&D 经费（亿元）	2013 年 R&D 经费投入强度（%）	2012 年 R&D 经费投入强度（%）
山　西	155.0	1.23	1.09
内蒙古	117.2	0.70	0.64
辽　宁	445.9	1.65	1.57
吉　林	119.7	0.92	0.92
黑龙江	164.8	1.15	1.07
上　海	776.8	3.60	3.37
江　苏	1487.4	2.51	2.38
浙　江	817.3	2.18	2.08
安　徽	352.1	1.85	1.64
福　建	314.1	1.44	1.38
江　西	135.5	0.94	0.88
山　东	1175.8	2.15	2.04
河　南	355.3	1.11	1.05
湖　北	446.2	1.81	1.73
湖　南	327.0	1.33	1.30
广　东	1443.5	2.32	2.17
广　西	107.7	0.75	0.75
海　南	14.8	0.47	0.48
重　庆	176.5	1.39	1.40
四　川	400.0	1.52	1.47
贵　州	47.2	0.59	0.61
云　南	79.8	0.68	0.67
西　藏	2.3	0.29	0.25
陕　西	342.7	2.14	1.99
甘　肃	66.9	1.07	1.07
青　海	13.8	0.65	0.69
宁　夏	20.9	0.81	0.78
新　疆	45.5	0.54	0.53

　　资料来源：国家统计局、科学技术部、财政部《2012、2013 年全国科技经费投入统计公报》。

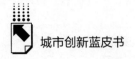

各省区的创新投入和强度差异是城市创新能力的基本面。从城市看，根据各城市发布的《2014年国民经济和社会发展统计公报》，四大直辖市中，北京的研发强度最高，在2014年达到了6.03%，上海达到3.6%，天津达到3%，重庆达到1.33%。其他城市中，深圳达到4.02%，广州达到2.3%，杭州达到3%，苏州达到2.7%，武汉达到2.9%，青岛达到2.6%，绵阳达到5.47%。相当多城市没有公布自己的研发投入和研发强度。

3. 企业是研发投入的主体

从研发经费来源和执行部门看，企业已经成为研发支出的主要来源和执行部门。从2013年情况看，企业研发经费达到8837.7亿元，占全国总研发经费支出的74.6%；政府研发经费占21.1%。从研发执行部门看，企业研发使用资金9075.8亿元，比上年增长15.7%，占全国研发经费的76.6%；研究机构和高等院校的研发经费分别占15.0%和7.2%（见表6）。这种经费来源结构与美国、日本、德国、韩国等国家的基本相同（见图4）。

表6　全国 R&D 经费支出（按来源和执行部门分，2013年）

单位：亿元

执行部门 ＼ 经费来源	合计	政府	企业	国外	其他
合计	11846.6	2500.6	8837.7	105.9	402.5
企业	9075.8	409.0	8461.0	105.9	402.5
研究机构	1781.4	1481.2	60.9	5.7	233.5
高等院校	856.7	516.9	289.3	5.5	45.0
其他事业单位	132.6	93.5	26.5	0.4	12.3

资料来源：中国科技统计数据，http://www.sts.org.cn/。

从资金用途看，用于基础研究的经费为555亿元，比上年增长11.3%；应用研究经费1269.1亿元，比上年增长9.2%；试验发展

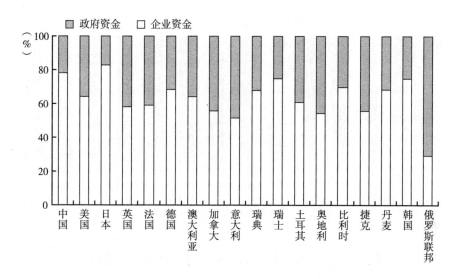

图4 中国与世界部分国家的研发资金来源对比

注：多数国家数据为 2011 年数据，少数国家的是 2008 年、2009 年、2010 年数据，中国的是 2013 年数据。

资料来源：《中国科技统计年鉴 2014》。

经费 10022.5 亿元，比上年增长 16%。2013 年全国研发经费支出中，84.6% 的资金用在了试验发展上，10.7% 用于应用研究，4.7% 用于基础研究。企业研发资金的使用方面，97.1% 的经费用在了试验发展上，另有 2.7% 用于应用研究，0.1% 用于基础研究。高等学校是基础研究和应用研究的主力军。但是问题就在于中国的基础研究投入比重太低。日本作为技术立国的创新型国家，其基础研究支出占 12.7%；其他多数欧美国家的基础研究支出都在 20% 左右（见图 5）。

从创新活动和产出看，根据 2014 年国民经济和社会发展统计公报，2014 年我国共安排了 3997 项科技支撑计划课题，2129 项"863"计划课题；累计建设国家工程研究中心 132 个、国家工程实验室 154 个、国家认定企业技术中心 1098 家；全年国家新兴产业创投计划累计支持设立 213 家创业投资企业，资金总规模 574 亿元，投资创业企

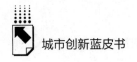

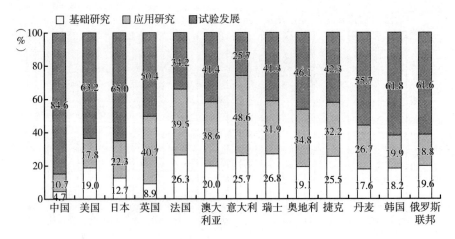

图5　中国与世界部分国家的研发经费使用结构对比

资料来源：《中国科技统计年鉴（2014）》。

业739家。全年受理境内外专利申请236.1万件，授予专利权130.3万件；有效专利464.3万件。全年共签订技术合同29.7万项，技术合同成交金额8577亿元，比上年增长14.8%。2014年，我国国际科技论文数量居世界第2位，被引次数居第4位；国内有效发明专利预计达66万件，比上年增长12%；全国技术合同成交额达8577亿元，比上年增长14.8%；国家高新区总收入达到23万亿元，比上年增长15%；国家创新能力指数排名第19位。

4. 创新型企业不断涌现

创新型企业是创新型城市的重要组成部分。比如深圳市2014年研发经费支出达到643亿元，研发强度达到4.02%，得益于华为、中兴等创新型企业的巨大研发支出，其中，华为2014年的研发投入约400亿元。什么样的企业才能称为创新型企业，甚至是全球创新型企业呢？这取决于创新型企业的评价标准。汤森路透集团（Thomson Reuters）依据专利总数量、专利申请成功率、专利组合的国际化程度和文献引用次数等四大标准，评选出"2014 TOP100全球创新型企业"，其中，中国大陆只有华为一家企业上榜，而中国台湾有两家（台湾工研院和联发科），韩国4家，日本39家，美国35家。波士顿咨询公司（BCG）根据经营者的领导力、拥有专利的数量、产品开发情况、顾客指向、工程改善等指标，评选出"2014年最具创新性的50家企业"，中国大陆有联想、小米、腾讯、华为等4家企业上榜，苹果连续10年保持第一。福布斯根据"创新溢价指数"发布的"全球50大最具创新力公司"中，中国大陆有双汇、康师傅、恒安、百度、腾讯、伊利等6家企业上榜。这都是值得重视和参考的重要信息。

企业研发强度是评价创新型大企业的主要信息之一。如果不分行业，根据2015中国企业500强的数据信息，2014年我国研发强度（研发经费支出占当年企业营业收入百分比）超过5%的有13家企业（见表7）；超过10%的有3家公司，分别为华为公司（14.17%）、中国航天科工（11.55%）、中兴通讯（11.06%）。这些企业在电信设备制造、航天科技、军工、家电制造、云计算、智能汽车等领域保持着领先地位，它们对所在城市的创新能力提高也有着显著作用。

表7 2014年中国研发强度超过5%的大型企业

公司名称	总部所在城市	营业收入（亿元）	利润（亿元）	研发强度（%）	发明专利（项）
华为技术有限公司	深圳	2882.0	278.5	14.17	—
中国航天科工集团公司	北京	1574.3	78.0	11.55	4542
中兴通讯股份有限公司	深圳	814.7	26.3	11.06	15000
京东方科技集团股份有限公司	北京	368.2	25.6	6.52	1805
哈尔滨电气集团公司	哈尔滨	265.2	-1.2	6.50	172
中国航空工业集团公司	北京	3863.8	46.8	6.07	7471
浙江吉利控股集团有限公司	杭州	1539.5	17.0	6.00	508

续表

公司名称	总部所在城市	营业收入（亿元）	利润（亿元）	研发强度（%）	发明专利（项）
中国船舶重工集团公司	北　京	2016.8	67.0	5.33	3922
海尔集团公司	青　岛	2007.1	117.8	5.26	4792
山东胜通集团股份有限公司	东　营	326.4	37.3	5.20	3
浪潮集团有限公司	济　南	510.3	278.5	5.10	—
利华益集团股份有限公司	东　营	420.2	78.0	5.05	3
同方股份有限公司	北　京	259.9	7.6	5.00	896

注：缺少华为公司的专利数量。

资料来源：《2015 中国企业 500 强发展报告》。

三　中国部分城市群的城市创新能力

1935 年，中国著名地理学家胡焕庸提出了著名的"瑷珲—腾冲线"（Hu Line），即在中国地图上在黑龙江瑷珲和云南腾冲之间画一条线，线之东南的国土面积占中国陆地面积的 43%，人口却占约 94%；线之西北的国土面积约占 57%，人口却仅占约 6%。事实上，这也是一条中国的经济分布格局线，至今没有发生根本变化。中东部地区集中了中国的大多数人口、主要经济总量、工业产值、创新活动和城市群体。截至 2014 年底，中国人口城镇化率提高到 54.77%，略高于世界平均水平；东部沿海地区特别是长三角地区、珠三角地区，城镇化率已经达到或高于 70%，北京、上海、深圳等超大型城市已经进入高级城市型社会，城市创新能力进入了一个新阶段；但对大多数中国城市特别是广大中部、西部、东北城市而言，无论是地区工业化进程，还是生活和思维方式，都与高级城市型社会的距离甚远，其城市创新还主要是围绕传统产业特别是工业制造业的技术改造、产业升级。从这个意义上说，如果东部特别是长三角、珠三角、京津冀等城市群的创新能力能有所突破，那么中国的经济转型必然可期。

（一）长三角城市群的城市创新能力

长江三角洲城市群是我国最大的城市群，也是世界六大城市群之一，包括上海、江苏、浙江三省市的全境和安徽部分省市，共30个城市，涵盖人口1.7亿，集中了全国1/5的经济总量（见图6），是中国经济最发达、市场化程度最高、工业化进程最先进的地区之一。2010年国务院正式批准实施的《长江三角洲地区区域规划》，对长三角地区发展的战略定位是：亚太地区重要的国际门户、全球重要的现代服务业和先进制造业中心、具有较强国际竞争力的世界级城市群；目标是到2020年人均地区生产总值达到11万元，服务业比重达到53%，城镇化水平达到72%，力争率先基本实现现代化。总的来说，长三角地区的城市创新能力提升，对中国经济转型和提质增效有特别重要的意义。

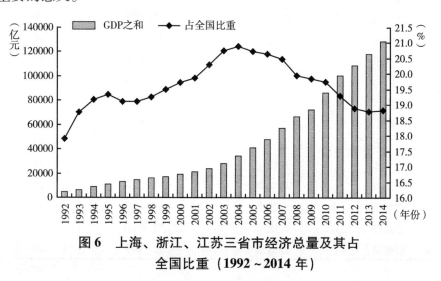

图6 上海、浙江、江苏三省市经济总量及其占
全国比重（1992~2014年）

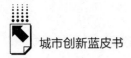

从本报告本次测评结果看，总体上长三角地区城市的创新能力测评得分在所有城市群中是最高的。2013 年，长三角地区共有上海、杭州、宁波和南京 4 个副省级城市，是所有城市群中入围数目最多的；而地级市中，全国排名前 20 位的城市中，长三角地区共有 10 个城市入围；排名前 30 位的城市中共有 13 个城市入围；排名前 40 位的城市中共有 17 个城市入围（见表 8），这与长三角地区的经济总量占全国经济总量的比重是相辅相成的。

表8　2013 年长三角地区主要城市创新能力综合测评结果

城市	排名范围	创新能力综合得分	排名
上海市	副省级以上	96.4877	2
杭州市	副省级以上	81.8762	5
宁波市	副省级以上	71.0892	13
南京市	副省级以上	68.8391	16
苏州市	地级市	98.4159	1
无锡市	地级市	97.3269	2
常州市	地级市	91.3129	6
南通市	地级市	85.3394	8
福州市	地级市	85.2073	9
绍兴市	地级市	84.9894	10
嘉兴市	地级市	83.9466	12
合肥市	地级市	83.8994	13
扬州市	地级市	79.7425	17
温州市	地级市	78.0609	19
台州市	地级市	76.3665	24
金华市	地级市	75.0711	28
镇江市	地级市	74.6163	29
湖州市	地级市	73.0114	31
芜湖市	地级市	72.8200	32
徐州市	地级市	72.5073	34

城市	排名范围	创新能力综合得分	排名
马鞍山市	地级市	72.0749	38
泰州市	地级市	69.0055	53
连云港市	地级市	67.3489	64
盐城市	地级市	65.0696	79
淮安市	地级市	64.6823	88
滁州市	地级市	63.1282	103
蚌埠市	地级市	62.5322	107
宿迁市	地级市	62.5119	108
丽水市	地级市	61.8038	116
衢州市	地级市	61.3787	121
舟山市	地级市	56.3863	195
淮南市	地级市	54.7315	218

注：表中副省级以上和地级市排名，属不同系列（下同）。

在科研投入方面，2013 年上海、江苏、浙江三省（市）的 R&D 经费支出为 3081.5 亿元，占全国 R&D 经费总支出的 26%，远高于国内其他城市群的投入水平和全国 382.2 亿元的平均水平，而同期沪、浙、苏三省（市）的 GDP 总量占全国 GDP 总量的 18.98%，这在某种程度上也佐证了长三角地区对科研投入的重视程度。

除了对科研支出投入的高度重视外，长三角地区在吸引创业投资、人才引进等促进企业创新方面也出台了优惠的政策措施。以上海市为例。早在 2008 年，上海市浦东区就率先出台了《关于促进股权投资企业和股权投资管理企业发展的实施办法》，对在上海浦东地区进行股权投资的企业进行房租、开办费税收及现金奖励及人才奖励等方面的优惠补贴；2011 年又发布了《关于本市开展外商投资股权投资企业试点工作的实施办法》，标志着上海市在吸引外资参与设立境内股权投资基金方面率先取得重大政策突破；2015 年，《中共上海市

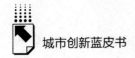

委、上海市人民政府关于加快建设具有全球影响力的科技创新中心的意见》和《关于深化人才工作体制机制改革促进人才创新创业的实施意见》两个文件出台，提出上海要服从服务国家发展战略，牢牢把握世界科技进步大方向、全球产业变革大趋势、集聚人才大举措，努力在推进科技创新、实施创新驱动发展战略方面走在全国前头、走到世界前列，加快建设具有全球影响力的科技创新中心。为此，要充分发挥人才在科技创新、产业转型等方面的引领作用，为建设具有全球影响力的科技创新中心提供坚实的人才支撑和智力保障，聚焦引进培养、使用评价、分配激励等重点环节，创新更具竞争力的人才集聚制度，完善有利于创新创业的人才发展政策体系，进一步优化人才创新创业综合环境，使上海成为国际一流创新人才汇聚之地、培养之地、事业发展之地、价值实现之地。

（二）珠三角城市群的城市创新能力

珠江三角洲城市群改革开放以来就是中国创业创新的先行区和示范区，根据 2008 年公布的《珠江三角洲地区改革发展规划纲要（2008~2020 年）》（简称《珠三角规划纲要》），珠三角城市群以广东省的广州、深圳、珠海、佛山、江门、东莞、中山、惠州和肇庆为主体，辐射泛珠江三角洲区域，并将与港澳紧密合作的相关内容纳入规划，是广东创业创新的主体。根据广东统计年鉴公布的数据显示，2014 年珠三角城市群经济总量为 13518.8 亿元，占广东省 GDP（19661.88 亿元）的 68.8%，是广东实施创新驱动发展战略的核心区域。而广东作为对全国经济社会发展和改革开放具有重大战略意义和作用的地区，其经济总量占全国经济总量的 1/10 以上（见图 7），由此可见，珠三角地区的创新发展对全国的创新驱动战略实施具有举足轻重的作用。

从本报告本次测评结果看，珠三角地区整体的城市创新能力发展

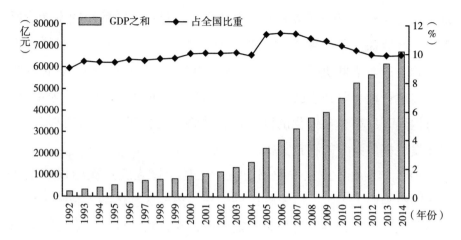

图7 广东经济总量及其占全国比重（1992～2014年）

势头相对上年有所趋缓，但仍然高于全国平均发展水平。2013年，珠三角地区有深圳、广州两个副省级城市入围，与上一年度保持一致；而地级市的城市创新排名整体上较上一年度有所减弱（见表9）。

表9 2013年珠三角地区主要城市创新能力综合测评结果

城市	排名范围	创新能力综合得分	排名
深圳市	副省级以上	94.3179	3
广州市	副省级以上	87.1399	4
佛山市	地级市	93.9660	4
东莞市	地级市	92.7860	5
中山市	地级市	79.1498	18
珠海市	地级市	75.0731	27
惠州市	地级市	70.4412	47
江门市	地级市	64.8842	83
肇庆市	地级市	64.7859	85

2014年11月，广东省人民政府发布《推进珠江三角洲地区科技创新一体化行动计划（2014～2020年）》，提出要大力实施创新驱动

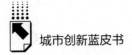

发展核心战略，以创新资源的共建共享以及科技产业的协同发展为抓手，以开展珠三角区域科技资源共享开放行动、重大科技项目联合攻关行动、产业集群协同创新行动、社会民生保障科技行动、联合构建人才高地行动、科技金融合作行动、自主知识产权促进行动为重点，着力构建开放型、一体化的区域创新体系，为推进珠三角转型升级、优化发展提供强大的科技支撑。

2015年3月，广东省委书记在十二届全国人大三次会议广东团开放团组会议上表示，国家将把整个珠三角地区整体纳入到国家自主创新示范区，等相关的规划和政策出台，珠三角地区的创业创新环境将更加适合大众创业和万众创新，成为广东经济转型升级的重要推动力。为配合广东省提出的创新驱动发展战略，提高广东的科技创新能力，2015年广东省安排了50亿元资金支持高校提高科研能力，同时，还组织实施了9个省级重大科技专项，力争在一批关键核心技术上有所突破。另外，为了提高企业的科技含量，促进现有企业产业不断升级，还专门安排了75亿元资金，对有意愿进行改造的企业进行大规模的技术改造。

2015年4月，国务院公布《中国（广东）自由贸易试验区总体方案》。根据总体方案，自贸试验区实施范围116.2平方公里，涵盖三个片区：广州南沙新区片区60平方公里（含广州南沙保税港区7.06平方公里），深圳前海蛇口片区28.2平方公里（含深圳前海湾保税港区3.71平方公里），珠海横琴新区片区28平方公里。方案对自贸试验区的定位是：自贸试验区要当好创新发展先行者，以制度创新为核心，在构建开放型经济新体制、探索粤港澳经济合作新模式、建设法治化营商环境等方面先行先试，探索全方位的创新制度体系，以发挥示范带动、服务全国的积极作用。其发展目标是经过3~5年改革试验，营造国际化、市场化、法治化营商环境，构建开放型经济新体制，实现粤港澳深度合作，形成国际经济合作竞争新优势，力争建成符合国际高标准的法治环境规范、投资贸易便利、辐射带动功能突出、监管安全高效的自由贸易园区。

（三）京津冀城市群的城市创新能力

京津冀地区是中国北方最具影响力和带动作用的城市聚集区，包括北京市、天津市和河北省的石家庄、唐山、保定、秦皇岛、廊坊、沧州、承德、张家口8个地级市及其所属区域（见表10）。经过多年发展，京津冀地区已发展成中国第三大城市群，成为北方地区创新发展和改革开放的排头兵。据公开数据显示，2014年京津冀地区的经济总量达到66474.47亿元，占全国经济总量的近1/10，尤其是随着京津冀地区不断融合发展，京津冀地区通过整合资源实现协同发展和创造更强的增长极成为大势所趋（见图8）。

表10　2013年京津冀地区主要城市创新能力综合测评结果

城市	排名范围	创新能力综合得分	排名
北京市	副省级以上	97.9361	1
天津市	副省级以上	82.8339	4
石家庄市	地级市	79.9767	16
保定市	地级市	72.6253	33
唐山市	地级市	72.2597	36
廊坊市	地级市	72.0447	39
邯郸市	地级市	71.1022	42
沧州市	地级市	67.0370	67
张家口市	地级市	65.2916	75
秦皇岛市	地级市	64.4214	92
邢台市	地级市	64.1555	96
承德市	地级市	62.4787	109

从综合测评结果看，北京市和天津市的创新能力较强，河北省除石家庄市外，其他几个城市的创新能力排名相对靠后。这从京津冀地

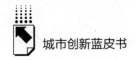

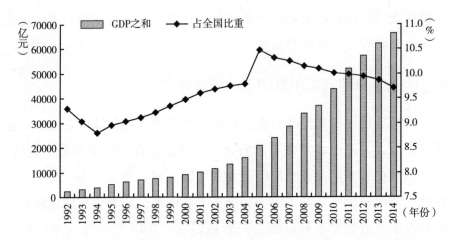

图 8　京津冀地区经济总量及其占全国比重（1992～2014 年）

区各个城市的 R&D 经费支出可以佐证京津冀地区各城市的创新能力。据科技部《科技统计年鉴（2014）》公开数据显示，2013 年京津冀地区的 R&D 经费支出共计 1895 亿元，占全国科研经费支出的 16%，位于全国科研投入水平的前列，但从个体分析也可以看出，河北省的科研投入力度较弱，甚至低于全国科研投入的平均水平，这从总体上降低了京津冀城市群的整体创新能力；仅靠北京市和天津市的辐射带动作用，难以拉动整个京津冀地区的整体经济发展水平。因此，京津冀地区协同发展还需从顶层设计层面进行统筹协调，对各个城市功能进行明确定位，同时整合各类资源，进行优势资源互补，实现协同发展。

2015 年中共中央政治局会议审议通过《京津冀协同发展规划纲要》，京津冀地区协同发展正式成为国家战略，京津冀的合作也开始深化，对通过资源整合和地区功能调整来促进京津冀三地的产业结构升级及创新发展将发挥重要作用。

伴随着京津冀协同发展，京津冀各地区都开始力争在京津冀地区协同发展中争取优势资源，实现本地区更快发展。2014 年 12 月，天津自由贸易试验区成立，是继上海自由贸易试验区之后，中央政府设立的第二批自由贸易试验区之一，也是北方第一个自由贸易区。天津自贸试验区的战略定位是：以制度创新为核心任务，以可复制可推广为基本要求，努力成为京津冀协同发展高水平对外开放平台、中国改革开放先行区和制度创新试验田、面向世界的高水平自由贸易园区。总体目标是：经过3～5年的改革探索，将天津自贸试验区建设成为贸易自由、投资便利、高端产业集聚、金融服务完善、法治环境规范、监管高效便捷、辐射带动效应明显的国际一流自由贸易园区，在京津冀协同发展和中国经济转型发展中发挥示范引领作用。

天津自贸试验区总面积119.9平方公里，涵盖三个片区。天津港东疆片区30平方公里（含东疆保税港区10平方公里），是北方国际航运中心和国际物流中心的核心功能区。将重点发展航运物流、国际贸易、融资租赁等现代服务业。区内拥有国际船舶登记制度、国际航运税收政策、航运金融、租赁业务等四大类22项创新试点政策；注册企业3200多家，其中贸易结算企业1039家，航运企业96家，租赁企业844家；物流仓库面积138.6万平方米。天津机场片区43.1平方公里（含天津港保税区空港部分1平方公里和滨海新区综合保税区1.96平方公里），是天津先进制造业企业和科技研发转化机构的重要集聚区。将重点发展航空航天、装备制造、新一代信息技术等高端制造业和研发设计、航空物流等生产性服务业。区内注册企业12000多家；世界500强企业投资项目160多个；航空物流区占地面积7.5平方公里；形成民用航空、装备制造、电子信息、生物医药、快速消费品和现代服务业等优势产业集群。滨海新区中心商务片区46.8平方公里（含天津港保税区海港部分和保税物流园区4平方公里），是天津金融改革创新集聚区，也是滨海新区城市核心区。将重点发展以金融创新为主的现代服务业。区内注册企业2900多家；聚集各类金融服务机构超过500家；是国内少数拥有金融"全牌照"

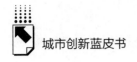
区域；在建商务楼宇 63 座，已投入使用 10 座；基金、保理、租赁、资金结算等业态快速发展。

（四）东北城市群的城市创新能力

东北三省是我国最早建立计划经济体制的地区，资源、能源、重型装备制造业基础比较强，计划经济氛围浓厚。东北地区民营经济发展薄弱。"2014 中国民营企业 500 强"中，黑龙江有 4 家、吉林有 1 家、辽宁有 9 家。最近几年，东北地区的经济增速连续下滑，2014年黑龙江、吉林、辽宁更是分别以 5.6%、6.5%、5.8% 的经济增速低于全国平均水平。2014 年，东北三省 GDP 合计约 5.75 万亿元，约占全国的 8.4%，为历年来最低水平（见图 9）。

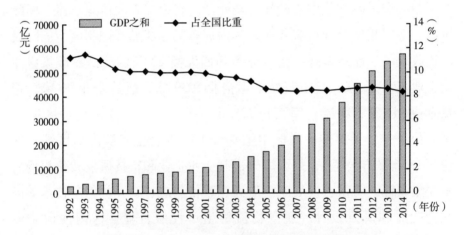

图 9　黑龙江、吉林、辽宁三省经济总量及其
占全国比重（1992～2014 年）

从本次报告的综合测评结果来看，东北地区本年度的城市创新能力有所增强，其中副省级城市中有大连市、沈阳市、哈尔滨市、长春市共 4 个城市入围，较上一年度有明显进步；但地级市的整体创新能力有所欠缺，地级市的城市创新能力排名较为靠后（见表 11）。这与

这些城市的科研投入水平相辅相成。据科技部《科技统计年鉴2014》公开数据显示，2013年东北三省的R&D经费支出共计730.4亿元，占全国科研经费支出的6%，低于全国平均每省382.2亿元的支出水平。

表11　2013年东北地区主要城市创新能力综合测评结果

城市	排名范围	创新能力综合得分	排名
大　连　市	副省级以上	74.8057	9
沈　阳　市	副省级以上	74.1153	10
哈尔滨市	副省级以上	70.6528	15
长　春　市	副省级以上	64.5862	19
大　庆　市	地级市	71.7353	40
鞍　山　市	地级市	69.5276	50
盘　锦　市	地级市	68.9020	54
吉　林　市	地级市	68.6275	56
本　溪　市	地级市	67.0731	66
辽　阳　市	地级市	64.7075	87
铁　岭　市	地级市	64.6699	89
通　化　市	地级市	64.4980	91
营　口　市	地级市	63.6764	100
辽　源　市	地级市	61.0562	124
绥　化　市	地级市	61.0251	127
松　原　市	地级市	60.7644	134
葫芦岛市	地级市	60.5061	140
吉　安　市	地级市	60.4709	141
朝　阳　市	地级市	59.8994	143
抚　顺　市	地级市	59.6992	148
锦　州　市	地级市	59.2458	159
伊　春　市	地级市	57.3818	184
丹　东　市	地级市	56.6796	192
齐齐哈尔市	地级市	56.2405	198

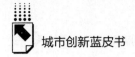

续表

城市	排名范围	创新能力综合得分	排名
佳木斯市	地级市	56.0924	201
四 平 市	地级市	55.8342	203
白 山 市	地级市	55.1221	211
七台河市	地级市	53.7200	222
白 城 市	地级市	53.2387	227
双鸭山市	地级市	52.9413	229
黑 河 市	地级市	51.9020	233
阜 新 市	地级市	45.8680	257
鸡 西 市	地级市	41.8693	263
鹤 岗 市	地级市	41.6408	264
牡丹江市	地级市	40.0283	267

由于东北地区长期以来以能源、大型装备制造业为发展基础，且计划经济意识和做法比较突出，民营经济力量不强，因此东北地区的发展创新首先在于其体制机制模式的创新。2014 年 8 月国务院印发了《国务院关于近期支持东北振兴若干重大政策举措的意见》，要求以简政放权为突破口，促进各类市场主体竞相迸发市场活力；将中关村国家自主创新示范区开展的境外并购外汇管理试点政策拓展至东北地区的重点装备制造企业，同时在东北地区开展非公有制经济发展改革试点，创新政策扶持模式，开展私营企业建立现代企业制度示范，壮大民营企业发展力量。在金融政策扶持创新方面，进一步放宽民间资本进入的领域和门槛，鼓励社会资本参与国家级重大投资示范项目和国有企业改制重组，试点民间资本发起设立民营金融机构。在市政、环保等领域，积极推广政府与社会资本合作机制（PPP）模式等。

另外，在创新人才的引进与培养方面，东北地区也面临着巨大的压力。这主要表现在东北地区的人口低出生率与老龄化、人才外流等方面。据《每日经济新闻》公布的一篇报道①数据显示，2000 年全国第五次人口普查东北地区人口净流入 36 万人，而到 2010 年全国第六次人口普查时，东北三省人口净流出 180 万人。人才的大量流失，对东北经济的发展形成了反作用力，严重影响东北地区的产业结构调整和振兴老工业基地政策的实施效果。从人口经济学的角度来看，一个地区的人口流失与经济下滑有非常密切的关系，且往往会相互作用，造成恶性循环。

在人口出生率方面，情况同样不容乐观。2010 年全国第六次人口普查数据显示，辽宁、吉林、黑龙江三省的总和生育率分别只有 0.74、0.76、0.75，远低于全国 1.18 的总和生育率水平。受此影响，老龄化问题在东北地区也更加严峻。以辽宁省为例，截至 2013 年，辽宁省老年人口达到 789 万人，占辽宁总人口的 18.5%，而全国平均水平为 14.9%。

面对大量的人才流失与人才缺乏问题，东北三省陆续出台了大学生就业补贴和鼓励创业创新政策。如黑龙江省 2015 年推出了优秀人才就业直接补贴政策，发布了《关于促进大学生创新创业的若干意见》，分 8 个方面共采取 30 条措施鼓励大学生创业创新，大大降低了大学生创业门槛，并提供大学生创业资金、创业孵化、税收优惠、担保贷款等全方位的服务与政策扶持。而辽宁省的发力点则着眼于本省的创业孵化基地，辽宁省政府《关于进一步做好新形势下就业创业工作的实施意见》指出，到 2016 年底前，每个县（市、区）至少要建设 1 个创业孵化基地，并直接对达标的创业孵化基地和返乡创业园提供财政补贴。

---

① 《东北人口危机调查：老龄化加剧经济振兴受制人才"东南飞"》，《每日经济新闻》2015 年 7 月 1 日。

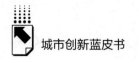

（五）中部地区的城市创新能力

中部地区包括山西、河南、湖北、湖南、安徽、江西六省，共有人口3.6亿，六省平均城市化率50.3%，仍低于全国整体水平54.8%。总体上看，中部六省的经济总量在全国的比重不断提升，在全国及对周边区域的影响力也在逐渐提高（见图10）。但从结构来看，中部地区的经济发展以第一产业和第二产业的重化工业为主，服务业所占的比重相对较低。

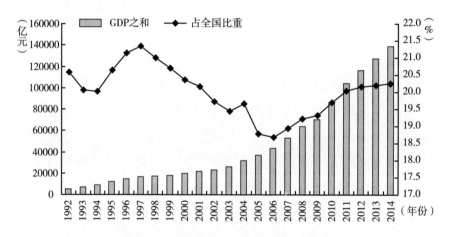

图10　中部六省的经济总量及其占
全国比重（1992～2014年）

从本次综合测评结果来看，中部六省的创新能力有所提高，创新能力较强的武汉、长沙城市创新能力较上一年度排名有所提前，另外地级市中排名前20名的城市中有3个城市入围（长沙市、合肥市、郑州市），排名前30名的城市中有7个城市入围（长沙市、合肥市、郑州市、太原市、洛阳市、南昌市、宜昌市），较上一年度有大幅增加（见表12）。

表 12　2013 年中部地区主要城市创新能力综合测评结果

城市	排名范围	创新能力综合得分	排名
武 汉 市	副省级以上	72. 0354	11
长 沙 市	地级市	95. 1941	3
合 肥 市	地级市	83. 8994	13
郑 州 市	地级市	81. 9608	14
太 原 市	地级市	77. 1266	22
洛 阳 市	地级市	76. 3897	23
南 昌 市	地级市	75. 5439	26
宜 昌 市	地级市	74. 0164	30
马鞍山市	地级市	72. 0749	38
襄 阳 市	地级市	71. 4384	41
黄 山 市	地级市	71. 0199	44
宣 城 市	地级市	69. 9217	48
运 城 市	地级市	69. 1734	52
三门峡市	地级市	68. 6006	57
岳 阳 市	地级市	68. 5614	59
铜 陵 市	地级市	65. 5086	69
平顶山市	地级市	65. 4852	70
晋 城 市	地级市	65. 3935	71
上 饶 市	地级市	65. 3572	73
安 庆 市	地级市	65. 3007	74
九 江 市	地级市	65. 0562	80
宜 春 市	地级市	64. 9901	81
晋 中 市	地级市	64. 9506	82
常 德 市	地级市	64. 8137	84
许 昌 市	地级市	64. 3171	93
焦 作 市	地级市	64. 1787	95
新 余 市	地级市	64. 0432	99
郴 州 市	副地级市	63. 5152	101
十 堰 市	地级市	63. 4921	102
滁 州 市	地级市	63. 1282	103

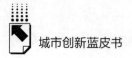

城市	排名范围	创新能力综合得分	排名
安 阳 市	地级市	62.6023	106
蚌 埠 市	地级市	62.5322	107
抚 州 市	地级市	62.2846	110
长 治 市	地级市	62.2648	111
黄 石 市	地级市	62.0736	113
鹰 潭 市	地级市	61.5437	118
益 阳 市	地级市	61.3849	120
荆 门 市	地级市	61.3507	122
朔 州 市	地级市	61.0288	126
孝 感 市	地级市	60.8933	129
鹤 壁 市	地级市	60.8375	130
池 州 市	地级市	60.8072	131
咸 阳 市	地级市	60.6388	136
新 乡 市	地级市	60.6273	137
漯 河 市	地级市	60.1641	142
鄂 州 市	地级市	59.7809	145
咸 宁 市	地级市	59.6450	149
淮 北 市	地级市	59.5193	151
周 口 市	地级市	59.4155	154
临 汾 市	地级市	59.2926	156
信 阳 市	地级市	59.2476	157
大 同 市	地级市	59.1152	160
六 安 市	地级市	59.0153	161
怀 化 市	地级市	58.9933	162
阜 阳 市	地级市	58.1636	169
衡 阳 市	地级市	58.1186	170
亳 州 市	地级市	57.9772	172
萍 乡 市	地级市	57.9235	175
张家界市	地级市	57.8321	177
开 封 市	地级市	57.7042	178

城市	排名范围	创新能力综合得分	排名
永 州 市	地级市	57. 6115	180
随 州 市	地级市	57. 3474	185
驻马店市	地级市	57. 1562	186
南 阳 市	地级市	57. 1483	187
阳 泉 市	地级市	57. 0960	188
吕 梁 市	地级市	56. 3715	196
濮 阳 市	地级市	56. 2302	199
娄 底 市	地级市	55. 8221	204
宿 州 市	地级市	55. 6402	206
邵 阳 市	地级市	55. 6047	207
商 丘 市	地级市	55. 2410	210
景德镇市	地级市	54. 8827	213
淮 南 市	地级市	54. 7315	218
荆 州 市	地级市	54. 3874	220
黄 冈 市	地级市	52. 5544	230
忻 州 市	地级市	51. 7948	236
赣 州 市	地级市	51. 6227	238

从科研经费支出来看，2013 年中部六省的科研经费支出共计1771.1 亿元，约占全国科研经费支出的 15%，支出强度较上一年度有所提高，但低于全国的科研经费支出增长速度与支出强度。因此，中部六省的创新能力还有待进一步提高。

四 城市创新能力年度视角：风险投资

近年来，我国中央、地方政府越来越重视风险投资的价值，出台了一系列促进风险投资成长的文件政策。在"大众创业、万众创新"

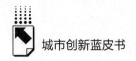

的时代背景下，风险投资具有特别重要的意义。国际经验表明，在国家创新体系和城市创新体系中，科技金融占据着重要位置；科技金融中，服务于创业阶段和成长阶段的风险投资对于项目成长具有缺之不可的作用。2015年1月，国务院决定设立400亿元规模的国家新兴产业创业投资引导基金，助力创业创新和产业升级。鉴于此，本年度城市创新能力报告的年度主题设为"风险投资"。

（一）风险投资的概念和特征

1. 风险投资的概念和特征

与传统债权债务关系的投融资方式完全不同，风险投资（Venture Capital，我国又译为"创业投资"）是一种股权投融资方式。从第一家风险投资公司[①]出现至今仅有70年的发展历程。风险投资起源于美国，是美国市场经济发展的产物[②]。根据美国风险投资协会（NVCA，National Venture Capital Association）的定义，风险投资指由风险投资家和其他投资者组成的专业投资团队投入到新兴的、迅速发展的、具有巨大市场潜力的中小型高新技术企业中的一种权益资本。一般是对以高新技术为基础的、生产与经营技术密集的创新产品或服务的投资。根据风险投资的概念，风险投资过程一般分为三个阶段：投资过程、投资后管理过程、退出过程。其中，投资过程指风险投资家在对接洽项目进行筛选后，选出具有初步投资意向的项目或企业进行商业计划书、风险、估值等方面的分析，然后再从中确定拟投资的项目或企业进行投资谈判，随后寻找其他投资者共同进行投

---

① 业内一般认为，1946年先后成立的两家公司：美国研究与发展公司（American Research and Development，ARD）与 J. H. Whitney & Co.，是最早开始从事风险投资事业的机构，虽然这两家公司最初并没有明确将自己从事的经济活动定位为风险投资，但它们所从事的活动具有风险投资事业的雏形与本质特征，因此业内一般将这两家公司视为风险投资的鼻祖。

② 祝九胜：《创业投资制度分析与机制研究》，中国财政经济出版社，2004。

资，主要包括项目初选、项目再选、项目风险和价值评估分析、向其他投资者融资、投资谈判、投资等环节；投资后管理过程指风险投资家和其他投资者进行投资后，风险投资家对企业进行发展战略、人事、财务、产品、市场等方面的全方位管理，帮助企业理顺发展脉络和思路，使企业快速成长，迅速扩大市场影响力，主要包括帮助企业制定发展战略、完善组织架构设计、规范企业管理流程、开拓产品市场供给渠道、改进产品工艺等环节；退出过程指风险投资待企业发展到相对成熟的阶段后，通过帮助企业上市、股权转让等方式退出，回收资本的同时获得高额回报的过程，主要包括帮助企业开拓公共关系、退出等环节。

风险投资的特点是风险投资家不仅对所投企业提供资金投资，而且要参与所投资企业的发展战略制定和日常管理，以及必要的市场或产品联系渠道。其主要特征有：①风险投资是一种新的金融模式，具有融资功能。风险投资首先是风险投资家和其他风险投资机构将企业发展急需的资金投入到具有投资意向的企业，解决企业发展或扩张面临的资金短缺瓶颈问题，帮助企业快速扩大和占领市场。作为一种金融资本，风险投资具备金融的一般特征：即以资本形式进入，将来仍以资本形式退出，并且获得高额资本回报。②风险投资家投资后将介入企业的管理。风险资本进驻企业后，风险投资家将会以股东或董事的身份，积极参与企业的日常管理，帮助企业制定发展战略，完善组织架构体系，规范企业管理流程，甚至帮助企业开拓产品市场供给渠道、改进产品工艺等，其目的是尽快使企业规范化运作和迅速发展壮大。正因为风险投资的这一特性，风险投资在我国很多地方又被称为创业投资。例如赛富基金投资雷士后，帮助雷士展开一系列产业链上的收购，最终使雷士快速成为照明行业的龙头企业。③风险投资具有双重委托—代理关系的特征。风险投资的双重委托—代理关系主要表现在其他投资者对风险投资家的委托—代理关系、风险投资家与企业的委托—代理关系。前者指其他投资者将资金委托给风险投资家管理，此时其他投资者是委托人，风险投资家是代理人；而进行风险投资后，风险投资家将资金委托企业家管理，此时风险投资家则变成了委托人，企业成为代理人。这种双重的委托—代理关系，使风险投资面临双重角色的转换：一方面要接受其他投资者的委托进行资本增值，另一方面要对企业进行监管以控制风险。④风险投资将促进创新发展。风险资本一般投入到具有高新技术背景的中小型企业，这类企业虽然处于初创阶段或成长阶段，但因其具有的创新特性使其长期具有潜在的高收益和高回报，这也正是风险资本投资这类企业的重要推动力。风险投资的进入使企业获得成长必需的资本投入和管理经验，使企业创新产品或服务加速进入市场，而不至于因缺少资金只能停留在试验阶段甚至夭折。从这个意义上讲，风险投资的出现加快了整个社会的创新速度，推动了社会进步。⑤风险投资的风险是有限风险。与合伙企业不同，在风险投资活动中，风险投资家一般以普通合伙人（GP）的身份存在，对筹到的投资进行管理并对合伙企业债务承担无限责任；而其他投资者以有限合伙人（LP）的身份进行投资，以出资额为限对合伙企业承担有限责任。这种制度安排既能降低投资人的风险，又能促使基金管理人即风险投资家为基金的增值勤勉谨慎服务。

2. 风险投资的范围界定

风险投资是投资于企业的权益资本，但企业从萌芽到发展壮大，一般会经历种子期、初创期、成长期、扩张期、成熟期、Pre－IPO时期等几个不同的发展阶段，企业在每个阶段的风险和融资需求也具有不同的特征。从概念上区分，风险投资一般会在企业初创期、成长期、扩张期的某一个时期投入风险资本，待企业发育相对成熟后，通过市场退出机制如上市、股权回购、并购等方式，将所投入的资本由股权形态转化为资本形态，收回投资。风险投资投入企业的金额一般比较大，投入后风险投资家将会介入企业在战略、财务、人事、市场和产品等方面的管理，以帮助企业更快成长，而且随着企业进一步发展有可能会继续进行投资直至退出。

与风险投资相对应的，还有天使投资、私募股权（PE）投资。这三者之间的区别主要是，天使投资一般投入到企业种子期或初创期阶段，且是一次性投资，投入后不会参与企业的管理，待企业进入成长期后通过股权转让退出，获得资本收益。天使投资的来源一般是个人财富。PE投资是通过私募形式募集资金，对非上市企业进行的权益性投资，最终通过上市、并购、股权回购、置换等方式套现退出，以获得资本高额回报。与风险投资相比，PE投资更青睐于较成熟、有稳定发展基础和前景的目标企业，追求单个投资项目的资本收益。因此从概念上讲，PE一般在企业进入成熟期或Pre－IPO时期进入，提供必要的资金和经验帮助完成IPO所需要的重组架构，并按照上市公司的要求帮助企业梳理治理结构、盈利模式、募集项目等，待企业上市后退出。

理论上，天使投资、风险投资、私募股权投资分别投资于不同的企业发展阶段，但投融资市场的发展、资本竞争的激烈使各类资本交叉涉足变得非常普遍，实际操作过程中VC也涉足PE的业务，PE也对初创企业进行投资，概念的边界已经变得非常模糊。如著名的PE机构凯雷（Carlyle）也涉及VC业务，其对携程网、聚众传媒的投资即是以VC形式进行的投资。

（二）中国风险投资环境及发展现状

1. 中国风险投资发展现状

相对于美国等发达国家，中国风险投资事业起步较晚。从中国第一家风险投资企业——中国新技术创业投资公司（简称"中创"）成立的1985年起算，风险投资事业在中国经历了30年的发展历程①。经过 30 年的发展，中国的风险投资事业无论在认知层面、政策层面还是市场层面，都有了一个巨大的飞跃，成为目前全球风险投资市场中最为活跃的市场区域之一（见图 11）。

图 11　中国风险投资发展趋势

据中国风险投资研究院统计数据显示，中国风险投资市场近十年来处于高速发展时期。2003 年中国风险投资规模大约为 37 亿元，投资项目 335 个。随着中国政策层面的不断重视，到 2011 年风险投资规模迅速扩张到约 2300 亿元，投资项目 1635 个。2012 年由于市场预期、IPO 暂缓等原因，风险投资规模与投资项目数量急剧减少为约 1038 亿元和 987 个。2013 年继续下滑至 701 亿元，投资项目仅 933 个。2014 年又开始逐步复苏，全年投资规模约为 1382 亿元，项目数量为 1245 个②，预

---

① 据公开资料显示，1985 年 3 月，《中共中央关于科学技术体制改革的决定》首次提出对变化迅速、具有较大风险的高技术开发工作，将设立创业投资给予支持。同年 9 月，国务院批准成立的中国新技术创业投资公司，是我国内地第一家专营风险投资业的全国性金融机构，它的成立标志着我国风险投资的开始。后因违规炒作房地产和期货而于 1998 年 6 月被中国人民银行宣布终止金融业务并进行清算。

② 2012 年之前的数据来源于《2013 中国风险投资年鉴》，2012 年之后的数据来源于资本实验室《2014 全球风险投资与趋势报告》，其中以美元计算的数据按当年最后一天的汇率折合人民币。

计2015年中国风险投资市场将有一个较大幅度的增长。主要原因在于政府层面开始高度重视创新对经济增长与发展方式转变的重要作用，以及更加认识到完善的多层次资本市场体系对中国经济转型升级的重要战略意义。

2. 中国风险投资政策环境

2013年，党的十八届三中全会指出健全多层次资本市场体系是完善现代市场体系的重要内容，也是促进我国经济转型升级的一项战略任务。长期以来，中小微型企业孕育着新的商业模式以至新兴产业，往往会成为引领经济转型的先导力量，同时这些企业又具有风险高、资产少的特点，难以获得传统的银行信贷资金支持；因此构建多层次资本市场体系，可以通过风险投资、私募股权投资等方式建立融资方和投资方风险共担、利益共享的机制，缓解中小企业和科技创新型企业融资难的问题，并由市场筛选出有发展潜力的企业，推动新兴业态和产业成长，促进经济转型升级。

2015年3月2日，国务院办公厅《关于发展众创空间推进大众创新创业的指导意见》指出，顺应网络时代大众创业、万众创新的新趋势，加快发展众创空间等新型创业服务平台，营造良好的创新创业生态环境，激发亿万群众创造活力，打造经济发展新引擎。

2015年3月13日，中共中央和国务院颁发《关于深化体制机制改革加快实施创新驱动发展战略的若干意见》，要求深化体制机制改革，加快实施创新驱动发展战略。《意见》指出，加快实施创新驱动发展战略，就是要使市场在资源配置中起决定性作用和更好发挥政府作用，破除一切制约创新的思想障碍和制度藩篱，激发全社会创新活力和创造潜能，提升劳动、信息、知识、技术、管理、资本的效率和效益，强化科技同经济对接、创新成果同产业对接、创新项目同现实生产力对接、研发人员创新劳动同其利益收入对接，增强科技进步对经济发展的贡献度，营造大众创业、万众创新的政策环境和制度环境。到2020年，基本形成了适应创新驱动发展要求的制度环境和政策法律体系，创新成果得到充分保护，创新价值得到更大体现，创新资源配置效率大幅提高，进而打造促进经济增长和就业创业的新引擎，推动形成可持续发展的新格局，促进经济发展方式的转变。

为配合大众创业、万众创新的新趋势，政府开始加大政策性引导基金的投入力度，并根据市场需求设立专项产业创业投资引导基金，以引导社会资本进入，共同解决创新型中小企融资难、融资贵的问题。2014年8月，中央财政下拨战略性新兴产业发展专项资金20亿元，与地方政府联合参股，吸引社会投资者出资设立49只创业投资基金。2014年11月，国家发改委副主任徐宪平在第16届中国国际高新技术成果交易会（"高交会"）新兴产业创业投资发展报告会上表示，预计到2014年底，中国新兴产业创业投资计划支持基金总规模将达到570亿元人民币以上，这些资金按进度完成投资后，将直接和间接地带动机构投资、银行贷款等近3000亿元人民币，可扶持3000家左右创新型企业成长。

2015年1月14日，国务院总理李克强主持召开国务院常务会议，决定设立国家新兴产业创业投资引导基金，助力创业创新和产业升级。设立各种类型的国家创业投资引导基金，目的是引导社会资本进入创新的资金池里，建立支持战略性新兴产业和创新型中小企业的市场化运行长效机制，最终破解创新型中小企业融资难题，激励创新创业，促进创新型经济加快成长。为此，国家发改委、财政部于2014年下半年开始密集出台了一系列关于推广促进政府和社会资本合作模式的文件，涉及能源、交通运输、水利、环境保护、农业、林业、科技、保障性安居工程、医疗、卫生、养老、教育、文化等多个公共服务领域（见表13）。

表13　2014～2015年发布的PPP模式政策文件

发文时间	发文单位	文件名称	主要内容
2014年9月23日	财政部	《关于推广运用政府和社会资本合作模式有关问题的通知》(财金〔2014〕76号)	财政部PPP总动员,要求积极推动项目试点,尽快形成制度体系
2014年11月29日	财政部	《政府和社会资本合作模式操作指南(试行)的通知》(财金〔2014〕113号)	制定PPP实操指南,从项目识别、项目准备、项目采购、项目执行、项目移交五个方面做具体规定
2014年11月30日	财政部	《关于政府和社会资本合作示范项目实施有关问题的通知》(财金〔2014〕112号)	发布首批PPP示范项目,30个项目遍布全国15个省市,涉及城市轨道交通、污水处理、供水供暖、环境治理等多个领域
2014年12月2日	国家发改委	《关于开展政府和社会资本合作的指导意见》(发改投资〔2014〕2724号)	国家发改委PPP模式总动员,明确项目的范围、操作模式、工作机制及政策保障,属于框架性、指导性文件
2014年12月2日	国家发改委	《政府和社会资本合作项目通用合同指南》(2014年版)	PPP项目合同指南,包括合同主体、合作关系、项目前期工作、收入和回报、不可抗力和法律变更、合同解除、违约处理、争议解决等
2014年12月30日	财政部	《关于规范政府和社会资本合作合同管理工作的通知》(财金〔2014〕156号)	规范PPP合同管理,发布PPP项目合同管理指南
2014年12月31日	财政部	《关于政府和社会资本合作项目政府采购管理办法的通知》(财库〔2014〕215号)	推广PPP模式,规范PPP项目政府采购行为,主要从PPP项目政府采购程序、争议处理和监督检查等方面做了规定

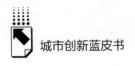

发文时间	发文单位	文件名称	主要内容
2015 年 2 月 13 日	财政部	《关于市政公用领域开展政府和社会资本合作项目推介工作的通知》（财建〔2015〕29 号）	规定在城市供水、污水处理、垃圾处理、公共交通基础设施、公共停车场、地下综合管廊等市政公用领域开展 PPP 项目推介工作的目标、原则、要求、实施、保障等
2015 年 3 月 10 日	国家发改委	《关于推进开发性金融支持政府和社会资本合作有关工作的通知》（发改投资〔2015〕445 号）	就推进开发性金融支持 PPP 项目发布了指导性意见
2015 年 3 月 11 日	国务院	《国务院办公厅关于发展众创空间推进大众创新创业的指导意见》（国办发〔2015〕9 号）	顺应网络时代大众创业、万众创新的新趋势，加快发展众创空间等新型创业服务平台，营造良好的创新创业生态环境，激发亿万群众创造活力，打造经济发展新引擎
2015 年 4 月 7 日	财政部	《关于政府和社会资本合作项目财政承受能力论证指引的通知》（财金〔2015〕21 号）	框架性文件，推进 PPP 项目实施，保障合同履行，有效防范和控制财政风险，明确和规范了 PPP 项目财政承受能力论证工作流程
2015 年 4 月 18 日	国家发改委	《关于进一步做好政府和社会资本合作项目推介工作的通知》	要求各地发展改革部门尽快搭建信息平台，及时做好 PPP 项目的推介工作。同时发展改革委将以各地已公布的项目为基础建立 PPP 项目库，集中向社会公开推介
2015 年 5 月 25 日	国务院	国务院办公厅转发财政部等部门《关于在公共服务领域推广政府和社会资本合作模式指导意见的通知》（国办发〔2015〕42 号）	要在能源、交通运输、水利、环境保护、农业、林业、科技、保障性安居工程、医疗、卫生、养老、教育、文化等公共服务领域，鼓励采用 PPP 模式，吸引社会资本参与

资料来源：作者自己整理。

2015 年 4 月 18 日，国家发改委印发了《关于进一步做好政府和社会资本合作项目推介工作的通知》，要求各地发展改革部门尽快搭建信息平台，及时做好 PPP 项目的推介工作。国家发改委将以各地已公布的项目为基础，建立全国范围的 PPP 项目库，集中向社会公开推介。首次发布 PPP 项目共计 1043 个，总投资 1.97 万亿元，项目范围涵盖水利设施、市政设施、交通设施、公共服务、资源环境等多个领域。

风险投资作为一种融资模式，其本质是资本逐利的，因此投入到企业的风险资本在适当的时机会以股权变现的形式退出，并获得高额资本回报。风险资本退出的形式一般是通过公开上市的方式完成，还可以选择并购、企业管理层股权回购等方式退出。2012 年，国家发改委暂缓新股 IPO 审批，直接压制了风险投资市场活跃度，2013 年风险投资规模继续萎缩。为改善风险投资环境、贯彻落实十八届三中全会中关于"推进股票发行注册制改革"的要求，2013 年 11 月，中国证监会①《关于进一步推进新股发行体制改革的意见》出台，继续推进新股发行体制改革，进一步提高新股定价的市场化程度，并改革新股配售方式，为实行股票发行注册制奠定良好基础。

3. 中国风险投资法律环境

2014 年后，国家税务总局、财政部等部门集中对风险投资活动中所涉及的合伙企业和外商投资企业从事创业投资活动、适用个人所得税率等法律法规进行了修订或完善，使中国的创业风险投资法律法规体系趋于完善。

风险投资企业所适用的法律可分为两个层面：一是风险投资企业在企业整个生命周期中的法律法规；二是风险投资企业投资于被投企

---

① 2013 年 7 月中央编办印发《关于私募股权基金管理职责分工的通知》，进一步规范证监会与发展改革委在私募股权基金管理上的职责分工：证监会将负责对私募基金监管；发改委负责组织拟订促进私募基金发展的政策措施，以及制定政府出资的标准和规范。

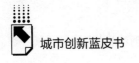

业的资本所得所适用的资本退出、所得税征收等相关法律规定。

关于风险投资企业第一个层面所适用的法律框架，依然是 2006 年开始实施的《创业投资企业管理暂行办法》、《外商投资创业投资企业管理规定》，对包括外商投资在内的创业投资企业的设立与备案、投资运作、政策扶持、监管规定等方面进行原则性的规定。由于创业投资企业一般以合伙企业的形式存在，2006 年《中华人民共和国合伙企业法》对合伙企业的有关规定进行了修订，明确"普通合伙"、"特殊普通合伙"、"有限合伙"的权利与义务；2014 年，根据近年来投资企业主体的活动变化，又对《合伙企业登记管理办法》、《外商投资企业登记管理规定》进行了进一步的修订，增加了企业信用信息公示和电子营业执照的相关规定。

创业投资企业存续期间的企业所得税，指采取股权投资方式进行风险投资的企业法人的所纳所得税。《企业所得税法实施条例》规定，创业投资企业采取股权投资方式投资于未上市的中小高新技术企业 2 年以上的，可以按照其投资额的 70% 在股权持有满 2 年的当年抵扣该创业投资企业的应纳税所得额；当年不足抵扣的，可以在以后纳税年度结转抵扣。《关于中关村国家自主创新示范区有限合伙制创业投资企业法人合伙人企业所得税试点政策的通知》对此的规定相对没有歧义：有限合伙制创业投资企业采取股权投资方式投资于未上市的中小高新技术企业 2 年（24 个月）以上，该有限合伙制创业投资企业的法人合伙人，可在有限合伙制创业投资企业持有未上市中小高新技术企业股权满 2 年的当年，按照该法人合伙人对该未上市中小高新技术企业投资额的 70%，抵扣该法人合伙人从该有限合伙制创业投资企业分得的应纳税所得额，当年不足抵扣的，可以在以后纳税年度结转抵扣。

关于创业投资企业退出被投企业层面所适用的法律，主要指股权转让时个人或投资机构所获得的资本利得税所适用的法律或法规，其中个人资本利得税适用于个人所得税法，投资机构适用于企业所得税法。

关于企业所得税，《中华人民共和国企业所得税法》第二十六条规定：股权转让利得缴纳25%的企业所得税。《中华人民共和国企业所得税法》第一条规定：合伙企业不适用本法。而《合伙企业法》第六条规定：合伙企业的生产经营所得和其他所得，由合伙人分别缴纳所得税。由此可见，合伙企业不需要缴纳企业所得税，只需要根据资本利得缴纳个人所得税。

关于个人所得税，2014年12月，国家税务总局公布了《股权转让所得个人所得税管理办法（试行）》，规定了股权转让个人所得税的征收办法及适用税率，包括公司回购股权、IPO时的老股转让，以及重组并购活动中的发行股份收购等七类情形，个人转让股权时，以股权转让收入减除股权原值和合理费用后的余额为应纳税所得额，按"财产转让所得"缴纳个人所得税。2011年公布的《中华人民共和国个人所得税法》及其实施条例，规定财产转让所得，适用比例税率，税率为20%。

由此可见，近年来中国的风险投资法律环境开始得到明显改善，但与国际风险投资环境相比，还有显而易见的差距。首先是尚未出台专门针对创业投资领域的细分法律，其次是没有专门的适用税法。国际经验表明，出台具有专门针对性的法律法规对风险投资及科技创新具有极其关键的推动作用。

以美国为例。美国风险投资的发展历程表明，对风险投资的扶持力度直接决定了风险投资的繁荣程度。20世纪70年代之前，美国风险投资处于停滞不前的状态，造成这一局面主要是因为当时美国缺乏完善的制度和政策环境。为促进风险资本投资高技术产业，70年代以后美国出台了一系列支持中小企业投融资的法律，如《小企业技术创新发展法》、《国家竞争力技术转移法》、《小企业技术转移法》

等，为中小企业的科技创新提供了公平、竞争的市场环境，吸引了大量风险资本与高新技术企业的有效结合；在税收政策方面，1978年减税法案将个人长期资本所得税率从48%降到28%，1981年经济复苏法案又进一步将资本利得税降至20%，使当年的风险投资额比前一年提高了一倍。1986年美国国会又通过了《税收改革法》，规定满足条件的风险投资机构投资额的60%免征收益税，其余40%减半征税。2003年出台的《就业与经济增长税收减免协调法案》中，又将资本利得税降到了15%[①]。正是基于政府大规模的政策扶持，美国的风险投资从20世纪80年代起进入快速发展的轨道。20世纪70年代中期美国风险投资额约有5000万美元，1980年有10亿美元，到1989年时则达到了334亿美元[②]，到2000年达到1030亿美元的峰值，造就了一大批成功的高科技创新公司如微软、苹果、谷歌、亚马逊等。

五 新常态下我国推进科技创新的政策体制环境

未来中国经济和城市发展的新常态，必然是以技术进步为主要增长动力的经济形态。我国已经做出了"实施创新驱动战略，建设创新型国家"的伟大目标和战略部署，并推进制定了《中国制造2025》、"能源互联网"、"互联网＋"、"大众创业，万众创新"、科技体制改革、加强知识产权保护力度等政策措施，为我国推进科技创新创造了较好的政策体制环境。

---

① 郝正非：《浅谈美国资本利得税对风险投资的影响》，《全国商情：经济理论研究》2009年第7期。
② 张格亮：《美国风险投资的发展历程与启示》，《牡丹江大学学报》2012年1月号。

（一）中共十八届三中全会对深化科技体制改革的重大决策部署

中共十八届三中全会的召开，为加快完善统一开放、竞争有序的现代市场体系作了重大部署，提出要完善金融市场体系，深化科技体制改革。全会通过的《中共中央关于全面深化改革若干重大问题的决定》（以下简称《决定》）提出了 60 项改革任务，其中第 13 项任务是深化科技体制改革，内容是："深化科技体制改革。（1）建立健全鼓励原始创新、集成创新、引进消化吸收再创新的体制机制，健全技术创新市场导向机制，发挥市场对技术研发方向、路线选择、要素价格、各类创新要素配置的导向作用。建立产学研协同创新机制，强化企业在技术创新中的主体地位，发挥大型企业创新骨干作用，激发中小企业创新活力，推进应用型技术研发机构市场化、企业化改革，建设国家创新体系。（2）加强知识产权运用和保护，健全技术创新激励机制，探索建立知识产权法院。打破行政主导和部门分割，建立主要由市场决定技术创新项目和经费分配、评价成果的机制。发展技术市场，健全技术转移机制，改善科技型中小企业融资条件，完善风险投资机制，创新商业模式，促进科技成果资本化、产业化。（3）整合科技规划和资源，完善政府对基础性、战略性、前沿性科学研究和共性技术研究的支持机制。国家重大科研基础设施依照规定应该开放的一律对社会开放。建立创新调查制度和创新报告制度，构建公开透明的国家科研资源管理和项目评价机制。改革院士遴选和管理体制，优化学科布局，提高中青年人才比例，实行院士退休和退出制度。"

作为对科技体制改革的保障性制度安排之一，《决定》又提出了要完善金融市场体系，健全多层次资本市场体系，推进股票发行注册制改革，多渠道推动股权融资，发展并规范债券市场，提高直接融资

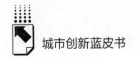

比重。发展普惠金融，鼓励金融创新，丰富金融市场层次和产品。

中共十八届三中全会确立的 60 项改革任务，是以经济建设为中心，发挥经济体制改革牵引作用，推动生产关系同生产力、上层建筑同经济基础相适应的改革。其中经济体制改革是重点，其核心问题是如何处理好政府和市场的关系，使市场在资源配置中起决定性作用和更好地发挥政府作用，加快完善现代市场体系，加快转变经济发展方式，加快建设创新型国家，推动经济更有效率、更加公平、更可持续发展。

中共十八届三中全会明确了全面深化科技体制改革的方向，对深化体制机制改革加快实施创新驱动战略进行了总体部署，对中国经济发展方式转变具有重要意义。

（二）关于深化体制机制改革加快实施创新驱动发展战略的若干意见

2015 年 3 月 13 日，中共中央和国务院颁布了《关于深化体制机制改革加快实施创新驱动发展战略的若干意见》，要求深化体制机制改革，加快实施创新驱动发展战略。

《意见》提出了中国加快实施创新驱动发展战略的总体思路和主要目标，指出要营造激励创新的公平竞争环境，发挥市场竞争激励创新的根本性作用，营造公平、开放、透明的市场环境，强化竞争政策和产业政策对创新的引导，促进优胜劣汰，增强市场主体创新动力。建立技术创新市场导向机制，发挥市场对技术研发方向、路线选择和各类创新资源配置的导向作用，调整创新决策和组织模式，强化普惠性政策支持，促进企业真正成为技术创新决策、研发投入、科研组织和成果转化的主体。强化金融创新的功能，发挥金融创新对技术创新的助推作用，培育壮大创业投资和资本市场，提高信贷支持创新的灵活性和便利性，形成各类金融工具协同支持创新发展的良好局面。完善成果转化激励政策，强化尊重知识、尊重创新，充分体现智力劳动价值的分配导向，让科技人员在创新活动中得到合理回报，通过成果应用体现创新价值，通过成果转化创造财富。构建更加高效的科研体系，发挥科学技术研究对创新驱动的引领和支撑作用，遵循规律、强化激励、合理分工、分类改革，增强高等学校、科研院所原始创新能力和转制科研院所的共性技术研发能力。创新培养、用好和吸引人才机制，围绕建设一支规模宏大、富有创新精神、敢于承担风险的创新型人才队伍，按照创新规律培养和吸引人才，按照市场规律让人才自由流动，实现人尽其才、才尽其用、用有所成。

（三）关于发展众创空间推进大众创新创业的指导意见

2015年3月2日，国务院办公厅《关于发展众创空间推进大众创新创业的指导意见》（国办发〔2015〕9号）指出，顺应网络时代大众创业、万众创新的新趋势，加快发展众创空间等新型创业服务平台，营造良好的创新创业生态环境，激发亿万群众创造活力，打造经济发展新引擎。

该指导意见提出到2020年，要形成一批有效满足大众创新创业需求、具有较强专业化服务能力的众创空间等新型创业服务平台；培育一批天使投资人和创业投资机构，投融资渠道更加畅通；孵化培育一大批创新型小微企业，并从中发掘出能够引领未来经济发展的骨干企业，形成新的产业业态和经济增长点；创业群体高度活跃，以创业促进就业，提供更多高质量的就业岗位；创新创业政策体系更加健全，服务体系更加完善，全社会创新创业文化氛围更加浓厚。

在总目标的基础上，《指导意见》提出了8项具体任务，并对组织实施进行了明确部署。

（1）加快构建众创空间。总结推广创客空间、创业咖啡、创新工场等新型孵化模式，充分利用国家自主创新示范区、国家高新技术

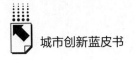

产业开发区、科技企业孵化器、小企业创业基地、大学科技园和高校、科研院所的有利条件，发挥行业领军企业、创业投资机构、社会组织等社会力量的主力军作用，构建一批低成本、便利化、全要素、开放式的众创空间。发挥政策集成和协同效应，实现创新与创业相结合、线上与线下相结合、孵化与投资相结合，为广大创新创业者提供良好的工作空间、网络空间、社交空间和资源共享空间。

（2）降低创新创业门槛。深化商事制度改革，针对众创空间等新型孵化机构集中办公等特点，鼓励各地结合实际，简化住所登记手续，采取一站式窗口、网上申报、多证联办等措施为创业企业工商注册提供便利。有条件的地方政府可对众创空间等新型孵化机构的房租、宽带接入费用和用于创业服务的公共软件、开发工具给予适当的财政补贴，鼓励众创空间为创业者提供免费高带宽互联网接入服务。

（3）鼓励科技人员和大学生创业。加快推进中央级事业单位科技成果使用、处置和收益管理改革试点，完善科技人员创业股权激励机制。推进实施大学生创业引领计划，鼓励高校开发开设创新创业教育课程，建立健全大学生创业指导服务专门机构，加强大学生创业培训，整合发展国家和省级高校毕业生就业创业基金，为大学生创业提供场所、公共服务和资金支持，以创业带动就业。

（4）支持创新创业公共服务。综合运用政府购买服务、无偿资助、业务奖励等方式，支持中小企业公共服务平台和服务机构建设，为中小企业提供全方位、专业化优质服务，支持服务机构为初创企业提供法律、知识产权、财务、咨询、检验检测认证和技术转移等方面的服务，促进科技基础条件平台开放共享。加强电子商务基础建设，为创新创业搭建高效便利的服务平台，提高小微企业市场竞争力。完善专利审查快速通道，对小微企业亟须获得授权的核心专利申请予以优先审查。

（5）加强财政资金引导。通过中小企业发展专项资金，运用阶段参股、风险补助和投资保障等方式，引导创业投资机构投资于初创期科技型中小企业。发挥国家新兴产业创业投资引导基金对社会资本的带动作用，重点支持战略性新兴产业和高技术产业早中期、初创期创新型企业发展。发挥国家科技成果转化引导基金作用，综合运用设立创业投资子基金、贷款风险补偿、绩效奖励等方式，促进科技成果转移转化。发挥财政资金杠杆作用，通过市场机制引导社会资金和金融资本支持创业活动。发挥财税政策作用支持天使投资、创业投资发展，培育发展天使投资群体，推动大众创新创业。

（6）完善创业投融资机制。发挥多层次资本市场作用，为创新型企业提供综合金融服务。开展互联网股权众筹融资试点，增强众筹对大众创新创业的服务能力。规范和发展服务小微企业的区域性股权市场，促进科技初创企业融资，完善创业投资、天使投资退出和流转机制。鼓励银行业金融机构新设或改造部分分（支）行，作为从事科技型中小企业金融服务的专业或特色分（支）行，提供科技融资担保、知识产权质押、股权质押等方式的金融服务。

（7）丰富创新创业活动。鼓励社会力量围绕大众创业、万众创新组织开展各类公益活动。继续办好中国创新创业大赛、中国农业科技创新创业大赛等赛事活动，积极支持参与国际创新创业大赛，为投资机构与创新创业者提供对接平台。建立健全创业辅导制度，培育一批专业创业辅导师，鼓励拥有丰富经验和创业资源的企业家、天使投资人和专家学者担任创业导师或组成辅导团队。鼓励大企业建立服务大众创业的开放创新平台，支持社会力量举办创业沙龙、创业大讲堂、创业训练营等创业培训活动。

（8）营造创新创业文化氛围。积极倡导敢为人先、宽容失败的创新文化，树立崇尚创新、创业致富的价值导向，大力培育企业家精神和创客文化，将奇思妙想、创新创意转化为实实在在的创业活动。加强各类媒体对大众创新创业的新闻宣传和舆论引导，报道一批创新

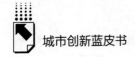

创业先进事迹，树立一批创新创业典型人物，让大众创业、万众创新在全社会蔚然成风。

（四）关于在公共服务领域推广政府和社会资本合作模式指导意见

2015 年 5 月 22 日，国务院办公厅转发财政部、国家发展改革委、中国人民银行《关于在公共服务领域推广政府和社会资本合作模式指导意见的通知》（国办发〔2015〕42 号，以下简称《通知》）指出，在公共服务领域推广政府和社会资本合作模式，是转变政府职能、激发市场活力、打造经济新增长点的重要改革举措，广泛采用政府和社会资本合作模式，对统筹做好稳增长、促改革、调结构、惠民生、防风险工作具有战略意义。

《通知》指出在公共服务领域推广政府和社会资本合作模式，立足于加强和改善公共服务，形成有效促进政府和社会资本合作模式规范健康发展的制度体系，培育统一规范、公开透明、竞争有序、监管有力的政府和社会资本合作市场。着力化解地方政府性债务风险，积极引进社会资本参与地方融资平台公司存量项目改造，争取通过政府和社会资本合作模式减少地方政府性债务。在新建公共服务项目中，逐步增加使用政府和社会资本合作模式的比例。

《通知》的发布，对中国全面深化金融体制改革和创新进一步扫清了障碍，对民间资本和政府合作的制度体系提供了全面保障，形成了对科技创新体制改革的有力支撑。

六　新常态下我国城市创新面临的挑战与政策选择

当前我国经济企业环境正转向新常态，我国城市创新也面临着环境变化带来的挑战和机遇。机遇主要体现在国家更加重视创新在经济社会发展中的突出作用（比如，推动科技体制改革和加强保护知识产权等），也体现在经济新常态对各种企业创新形成的倒逼作用。当然挑战也很严峻，主要体现在企业面临着结构性的重大调整，政府的创新投入也会受到财政收入增幅下滑的影响。

（一）我国城市创新面临的障碍和问题

1. 政策机制尚未完全理顺，科技创新思路不够明晰

2014年以来，从中央到地方层面都出台了一系列鼓励创新创业、改革市场机制、完善配套环境等多方面的政策措施，从制度安排上对十八届三中全会的总体部署进行了进一步细化和阐述，从这个意义上讲，政策层面正逐步引导大众创业、万众创新成为新常态下经济增长的新引擎，释放出来关于经济发展方式转变、经济结构调整的积极信号。可以说，大众创业、万众创新的新氛围正在逐步形成。

但政策部署与真正落地还有相当大的差距。就政策层面来讲，至少缺乏关于科技体制改革、市场体制机制改革、创新驱动战略、税收与金融政策等方面的具体实施细则，使得政策实际上只具有方向性和引导性，而不具有可实施性、可操作性，政策效应及预期效果都将大打折扣。因此，尽快出台详细完善、科学合理且具有实际可操作性的细则或条例，是摆在政府决策部门面前的首要任务。

2. 配套体系不全面、不完善，科技创新缺乏有利氛围

科技创新氛围的形成是一个漫长渐近的过程，需要从观念意识到人才培养、从政策部署到市场机制、从教育到知识产权保护多个维度进行全方位科技创新体系建设。当前，我国的创新体系建设过程才刚刚开始起步，无论是意识形态还是配套机制都需要完善。从配套体系方面讲，需要有专门从税收政策、财政政策、人才政策、金融政策、科技成果转化政策、企业政策，针对科技创新的特点与需求进行详细

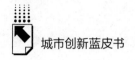
的设计与实施指导，但目前这些配套政策仅在通用的政策层面进行小调或微调，无法真正满足科技创新的需要；另外，有些政策调整进度缓慢，与当前正在形成的全面创新需求不匹配，甚至阻碍了创新体系的建设与形成。

3. 城市创新程度参差不齐，无法形成全面创新大格局

城市创新是国家创新、大众创新的载体和具体体现，当前由于中国各个城市的经济发展水平差异较大，在创新方面形成了以北上广深为代表的城市创新第一梯队和其他二三线城市创新的第二梯队或第三梯队。第一梯队的城市创新主要表现在经济比较发达、第三产业比重较高、对创新的意识或需求比较迫切，这类城市的城市创新是以创意为先导、科技金融为支撑、成果转化和产业化为主体的城市创新；而其他城市因经济发展水平限制、第三产业相对不发达等原因，更加倚重通过对第二产业等支柱产业的技术改造进行创新，这从发展模式上与第一梯队的城市创新有着根本区别。由于我国城市较多，城市间发展水平更是千差万别，因此城市发展不同阶段进行创新各有特点，无法形成全面创新的合力，全面创新大格局的形成面临较大困难。

4. 科技成果转化能力不强，无法形成规模化、产业化应用

科技成果转化是创新成果规模化和产业化应用的前提，科技成果转化率从某种程度上可以作为衡量一个国家或地区创新程度的标准之一。与国际水平相比，我国的科技成果转化能力只有发达经济体的1/4，还处于较低的水平。

造成这种局面的主要原因有体制机制不健全、转化模式落后、知识产权保护意识不强等方面。从体制机制的角度看，科技成果转化的障碍主要在于科研组织实施与市场需求脱节、对科研人员的激励机制不健全、科技创新成果所有权界限模糊等，导致科研创新的积极性不高，缺乏成果转化意愿和动力；从转化模式看，科技成果转化缺少灵活的转化模式，科技成果产业化过程中的投融资、产学研结合等方面的制度，存在重重障碍或壁垒，机制不灵活，错失很多市场机会，最终无法形成规模化、产业化发展应用。此外，我国对创新的知识产权保护力度不够，也是影响创新成果转化的重要原因之一。

（二）加快推进科技创新的政策建议

1. 必须解决科研投入的长期可持续问题

长期可持续且高强度的研发经费投入是建设创新型国家的必备条件之一，也是突出标志之一。我国政府财政科技支出占全部科研经费的比重很高，在政府财政收入增速下降的情况下，未来我国科研投入的可持续性存在不确定性。2011～2013年，我国政府科技经费支出增速、在总经费中的占比都已经连续三年下降。从中国企业的研发积极性看，在经济下行过程中，企业普遍减少了研发经费支出。比如2014年中国最大500家企业的研发强度仅为1.25%，连续三年下滑；研发投入增速同比增长7.4%，连续三年下滑[①]；同时，高技术企业在中国企业中的比重还很小，中国企业目前还没有走上创新驱动发展的道路。这是一个涉及科研投入的长期可持续的重大问题，就是中国政府必须采取措施，使中国企业自己建立良性循环的、技术创新驱动的发展路径，靠企业增加研发投入而不是主要靠政府增加研发投入。第一，要灵活采用政府财政补贴、政府采购、加速折旧、税收抵免、投资抵免等多种方式，利用政策的导向作用，促使企业建立健全技术创新机制，引导企业增加研发投入。第二，要拓宽科技金融融资渠道，对科技贷款实行贴息、减息等政策，为技术开发、科技成果转化提供融资保障。第三，要加大对基础研究、共性技术的政府投入力

---

① 参见中国企业联合会《2014中国企业500强发展报告》，企业管理出版社，2014，第31页。

度。2013 年，我国基础研究经费仅占总经费的 4.7%，政府必须扮演更为积极的角色，充分利用 WTO《补贴与反补贴措施协议》规定，合理加大政府对基础性研究的投入力度，解决公共产品私人投入不足的问题，引导和带动社会力量提高对基础性研究的关注；对产业支柱领域和未来发展关键领域的，具有前瞻性、超前性的产业共性技术予以支持。

2. 必须提高科研经费使用效率，避免坠入"科研经费陷阱"

许多城市近年来不断扩大政府研发资金投入，引进海外科技人才，希望在短时间内在科研产出上取得较大进步。但最大的问题在于研发投入高，并不等于科研效率高，更不等于科研质量高。事实上，由于前面所提到的科研管理、教育体制等体制机制原因，中国的科研资金使用效率很低，高质量科研产出与巨额投入不成比例。这被称作"科研经费陷阱"。"2014 彭博全球创新指数"中，中国在全球 200 多个国家和地区中名列第 25 位，其中研发强度排第 21 位、制造能力排第 1 位、高技术密度排第 3 位，专利活动排第 4 位，但生产率只排第 74 位。如果在科研体制、教育体制存在巨大问题和漏洞的条件下增加科研投入，可能只会"播下龙种，收获跳蚤"。长期来看，我们必须严厉打击科技、教育领域存在的腐败现象，做到"治标"。近年来我国政府科研经费被挪用、侵占、套取的案件呈高发之势，教育腐败案件也比比皆是。典型的如上海交通大学的陈进用假"汉芯"骗取国家亿元科技经费的科技腐败行为。科技教育行政部门作为科研项目的"甲方"，掌握着大量的项目资源和经费来源，成为一些高校和科研人员获取项目的主要公关对象。一些项目立项程序暗箱操作，经费使用无序可循，很容易诱发腐败和经费滥用现象。在项目验收中，"重立项、轻成果"，让验收和审计沦为形式。对于科教领域的腐败现象，必须采取严厉措施进行打击，先治标再治本，先做到"不敢腐"，再做到"不能腐、不想腐"。

另外，必须使科技、教育领域去行政化，使行政力量主导让位于学术主导，做到"治本"。科教领域的腐败现象，主要原因是行政权力过多介入科技项目审批。这暴露出我国以行政为主导的科研管理体制已经不能适应科研发展的需要。我国科研项目的立项、科研经费的管理、科研成果的评价，一路走来，都由行政部门主导。必须改变行政管理人员过多参与设立项目、选择评审专家等决策过程，而从事学术研究的专家、学者应有的主体地位得不到体现和尊重的现状，明确政治和科技的界限，完善科技人员的"同行评议"制度，充分发挥科学基金制的作用，建立以专家为主导的科技体系。由科技部、财政部共同起草的《关于深化中央财政科技计划（专项、基金等）管理改革的方案》（国发〔2014〕64号）已于2014年12月3日颁布，该方案的突出特点就是政府不再直接管科技项目，而是由第三方的专业机构负责项目审批和结项，专家委员会将发挥更大作用。如果能落实，将有效提高政府财政科研经费的使用效率。

3. 必须解决科研—产业"两层皮"问题

根据科技部提供的资料，目前全国5100家大专院校和科研院所，每年完成的科研成果有3万项，但其中能够转化并批量生产的仅有20%左右，形成产业规模的仅有5%。根据教育部门公布的统计数字表明，我国高校科技成果转化率还不到20%、专利实施率不到15%，而发达国家高达70%～80%。科研部门和产业部门之间的交叉很少，分别形成了各自的"闭循环"，高校和科研机构热衷于"申请课题—开展研究—通过评审—再申请课题"的循环，产业部门则陷入"引进技术—生产产品—技术落后—再引进技术"的循环。第一是要推进高校、国有科研机构的"去行政化"改革，督促科研机构和科技人员按照学术规律办事，提高科研成果的可转化率。要改变科研机构长期以来作为政府附属物的地位，推进"去行政化"改革，做到

"政校分离"、"政研分离",形成"专家治校"、"专家治所"的学术气氛。在此基础上,要改变科研人员的研究习惯,特别是偏向纵向研究项目而忽视横向项目,重视职称评定而忽视科技成果转化,重视项目立项轻视结项,重论文专著和鉴定轻科技开发、成果转化和推广等习惯。纵向课题大多解决"顶天"的理论问题,横向课题一般解决"立地"的实际问题,两者同等重要。第二是要拓宽科技成果转化的融资渠道,推进风险投资进入前期研究、中试阶段,做到"产研融"相结合。科技成果转化本质上是商业活动和风险活动,没有风险投资的参与是不可能完成的。实践表明,一项技术成果在实验室达到成熟阶段,只意味着其在市场上的历程完成了 20%,剩下的 80% 则体现在技术工厂化、产品化及市场的开拓和推广等方面。从国外风险投资的情况来看,对一项成果的资金投入,起步阶段是 10%,创业阶段是 40% ~ 50%,后期是 40% ~ 50%。而这正是高校和科研机构科技成果转化最大的"痛处"。第一,政府部门要简化科技企业的审批手续,方便技术人员入股和工商登记;也要尽快对校有科技企业进行清产核资、明晰产权,搞股份制改造,改变现有的校办产业经营管理体制,从分散的产品经营模式转到产品经营和资本经营相结合的集约化经营模式。第二,在风险投资政策方面,政府要推进金融体制改革,促进风险投资业快速健康发展,推进风险投资参与科研成果转化。要改变高校科研机构的高新技术企业主要依赖国家财政拨款和向金融系统借贷的融资结构,加强科技金融如 VC、PE、孵化器等机构参与科技成果转化。第三,要切实落实知识产权战略,打击侵犯知识产权行为,保护知识产权的合法权益。近年来我国对知识产权的重视程度越来越高,但总体上国家还没有形成完善的知识产权保护法律和机构框架。要落实知识产权战略,应以现在的知识产权审判庭为基础,组建审理特定类型知识产权案件的专门知识产权法院;该法院不再是普通法院系统的组成部分,而是直接隶属于最高人民法院，统一管辖对知识产权行政部门就知识产权做出的行政决定不服提起的行政诉讼案件和知识产权效力、异议等案件。同时要加强对知识产权法官的专业化培养，由最高人民法院、国家知识产权局和教育部组织知识产权法官的定期培训，创造条件帮助法官熟悉知识产权审判的理论与实践。

（执笔人：冯立果　李素云）

测 评 报 告

Assessment Report

B.2
中国城市创新能力的分析与评价方法

摘　要：　对城市创新能力的科学分析与评价，既能够对城市创新实践提供理论指导和客观评判，也具备重要的政策与实践意义。本报告在对创新理论进行较为全面的梳理和总结的基础上，参考世界主要创新评价指标体系，通过构建命题的核心与理论支撑，提出了我国城市创新能力的理论框架，构建了包含三个维度、多项具体指标的城市创新能力评价指标体系，并且提供了相关指标的具体编制过程和方法。

关键词：　城市创新能力　理论框架　指标体系

正如习近平所指出的，"创新是引领发展的第一动力"。当前，面对全球新一轮产业革命的重大机遇和挑战，加上我国经济发展步入"新常态"，面对实现"两个一百年"奋斗目标的历史任务和要求，必须深化体制机制改革，加快实施创新驱动发展战略。为此，《中共中央国务院关于深化体制机制改革加快实施创新驱动发展战略的若干意见》（2015年3月13日）明确提出，破除一切制约创新的思想障碍和制度藩篱，激发全社会创新活力和创造潜能，提升劳动、信息、知识、技术、管理、资本的效率和效益，强化科技同经济对接、创新成果同产业对接、创新项目同现实生产力对接、研发人员创新劳动同其利益收入对接，增强科技进步对经济发展的贡献度，营造大众创业、万众创新的政策环境和制度环境。

作为创新资源的主要积聚地，城市是创新的主阵地。新型城镇化，不仅是人的城镇化，更是创新资源的空间积聚化。各种创新资源快速向城市集中，为创新工作的推进创造了深厚的条件和广阔的市场，因此，以创新驱动战略为指导，以提升城市自主创新能力为核心，以体制和机制的创新为根本动力，以营造创新生态为突破口，健全创新生态体系、聚集创新资源资本、突出效益效率、着眼引领示范，探索区域创新发展模式，必将形成若干区域创新发展增长极，增强国家综合实力，提升国际竞争力，努力建设成为创新型国家。

我们认为，创新能力比创新本身更为重要，因为，它是经济社会发展的最主要驱动力，直接决定着创新的深度和广度，关乎创新驱动战略的实现。因此，科学研究城市创新能力，可以有效评测城市创新能力状况，动态监测城市创新能力的发展、变化及其中存在的问题，为城市政府及时调校创新发展的规划、调整创新发展的政策，提供科学的决策支撑。

一　创新理论研究综述

在《中国城市创新报告（2014）》中，我们对既往的创新理论进

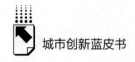

行了回顾与评析。近年来，随着世界各国创新战略的推进，相关研究获得了进一步的突破。

（一）国家层面的创新战略

从当今世界各国的情况看，在国家层面提出重大创新战略的，主要是德国和中国。

1. 德国的创新战略

2006 年，德国发布了《德国高技术战略》。这项战略出台的背景是，尽管德国是世界重要的出口国，但在产品生产成本上缺乏竞争力，从而导致很多企业将总部或制造基地转移到其他国家。

这项战略的目标，就是要通过提高创新能力，克服德国制造业的成本劣势，保持全球市场领导者地位。这项战略选择了 17 个重点技术创新领域，包括能源技术、健康与医药技术、通信与信息技术、安全技术、种植技术、环境技术等。

2008 年世界金融危机爆发后，既往经济发展模式受到冲击，德国于 2010 年提出《德国高技术创新战略 2020》，重点关注气候变化与能源、健康与营养、移动、安全和通信等五大领域。

2013 年，德国联邦教研部与联邦经济技术部联合发布了一项专门报告——《保障德国制造业的未来：关于实施"工业 4.0"战略的建议》，宣称"第四次工业革命"到来。

此《建议》将 18 世纪的机械制造设备定义为工业 1.0，20 世纪初的电气化定义为工业 2.0，始于 20 世纪 70 年代的信息化被定义为工业 3.0，目前的物联网和制造业服务化被定义为工业 4.0（Industry 4.0）。

关于工业 4.0，《建议》将其描述如下：在一个"智能、网络化的世界"里，物联网和服务网（the Internet of Things and Services）将渗透到所有的关键领域；智能电网将能源供应领域、可持续移动通信战略领域（智能移动、智能物流），以及医疗智能健康领域融合；在整个制造领域中，信息化、自动化、数字化贯穿整个产品生命周期、端到端工程、横向集成（协调各部门间的关系），成为工业化第四阶段的引领者。

2014年，德国发布《生产、自动化与物流中的工业4.0》，从应用技术的视角，对工业4.0进行了剖析。

2014年11月13日，德国内阁通过了联邦政府的新高科技战略，期望将创新理念转化为创新活动，保障德国经济发展。

2015年3月12日，德国电气电子行业协会（ZWEI）确定工业4.0的参考架构（RAMI4.0）并定义工业4.0组件（Industrie 4.0 – Komponente）。

2015年4月14日，德国联邦政府宣布，正式启动升级版"工业4.0平台"。此前的德国"工业4.0平台"，由德国机械设备制造业联合会、德国电气电子行业协会和德国联邦信息产业、电信和新媒体联合会主导。升级版"工业4.0平台"，其领导组由德国经济部长加布里尔、教育和科研部长万卡以及企业界、工会及科技界代表组成。

2. 中国的创新战略

中国非常重视创新驱动战略，特别是城市创新。根据《国家发展改革委关于推进国家创新型城市试点工作的通知》（发改高技〔2010〕30号），国家发展改革委选择并支持深圳、大连、青岛、厦门、沈阳、西安、广州、成都、南京、杭州、济南、合肥、郑州、长沙、苏州、无锡、烟台等17个城市开展创建国家创新型城市试点。

党的十八大报告明确提出实施创新驱动发展战略，科技创新是提高社会生产力和综合国力的战略支撑，必须摆在国家发展全局的核心位置。

2014年8月，在中央财经领导小组第七次会议上，习近平强调要加快实施创新驱动发展战略，推动以科技创新为核心的全面创新，

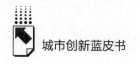

增强科技进步对经济增长的贡献度，推动经济持续健康发展。

在 2014 年夏季达沃斯论坛开幕式上，李克强表示："只要大力破除对个体和企业创新的种种束缚，形成'人人创新'、'万众创新'的新局面，中国发展就能再上新水平。"

2015 年中国政府工作报告首次提出制订"互联网＋"行动计划。按照国家发改委一份报告中的解释，"互联网＋"代表一种新的经济形态，即充分发挥互联网在生产要素配置中的优化和集成作用，将互联网的创新成果深度融合于经济社会各领域之中，提升实体经济的创新力和生产力，形成更广泛的以互联网为基础设施和实现工具的经济发展新形态。

2015 年 5 月，国务院颁布了《中国制造 2025》。其基本思路是，借助两个 IT 的结合（Industry Technology & Information Technology，工业技术和信息技术），以推进智能制造为主攻方向，实现制造业由大变强的历史跨越。其目标是：到 2020 年，基本实现工业化，制造业大国地位进一步巩固，制造业信息化水平大幅提升；到 2025 年，制造业整体素质大幅提升，创新能力显著增强，全员劳动生产率明显提高，两化（工业化和信息化）融合迈上新台阶；到 2035 年，我国制造业整体达到世界制造强国阵营中等水平；新中国成立一百年时，制造业大国地位更加巩固，综合实力进入世界制造强国前列。此文件被称为中国版的"工业 4.0"规划。

（二）创新的内涵

一般认为，现代意义上的"创新"，最早由熊彼特提出。熊彼特认为创新是生产函数的改变，生产函数则由于生产要素的配置组合不同（即新的生产方式）而造成产品在种类、数量和质量上有所不同，即产生新的产品。这种生产要素配置的变化就是创新。但这些变化除了生产新产品，还包括新市场开拓、新生产组织、新产业结构等等，这些各种各样的变化都是创新。

　　熊彼特之后，陆续有许多学者分别以不同角度探讨创新。Schon（1967）将创新定义为："把无法估计测量的不确定因素，转换成可以量化的风险的过程"。Holt（1983）进一步从知识创造的角度定义创新为："创造新事物相关知识与信息的过程"。

　　此后，创新概念逐渐普及，越来越多的学者针对不同面向的创新加以定义，如 Zaltman、Duncan 与 Holbek（1973）认为，在创意上、运作上或实体的加工方面所认为的新观念，即可称为创新。而 Rothwell（1986）则将创新定义为引进一项新生产规程或技术装备所需的技术、资金、管理、设计、生产、市场等各个步骤（见图 1）。

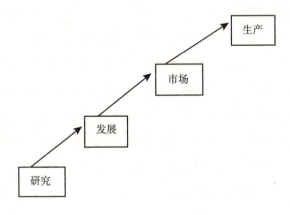

图 1　创新的线性模型

　　Clark 与 Guy（1988）则强调信息与知识的概念，认为创新是将知识转换为具体产品的过程中，人、财、物，以及相关部门的互动与回馈。直到 Kline（1986）具体提出了一种非线性模型（见图 2），强调创新路径的多样化、网络化，甚至还包括了回馈机制。此时，创新不再是单纯的从研发到市场、生产的过程，以此模型中可看出，研发与生产、市场营销、生产管理和测试、市场分析等个各流程间，存在更紧密的互动与交流关系，通过交互作用不断激发多样化的创新成果。

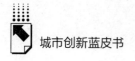
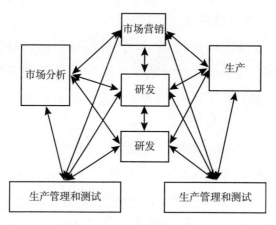

图 2 创新的非线性模型

在图 2 的创新过程中，各个环节的交互变化，都会产生密切的网络关系，因此，拉沃（Love，2001）等人将创新视为一种由日常惯例、社会约束、组织的强度与范围，以及人际互动等因素共同作用而形成的一种持续的不断演化的过程；爱尔兰国家政策顾问委员会（FORFAS，2004）针对创新过程中的网络关系下了一个较为具体的定义：①具有合作与竞争性；②其所在位置可位于一个或多个地理区域内；③专门锁定在某特殊区域并与若干共通的技术产生联系；④以科学为基础或是与商业产生联系；⑤有正式与非正式两种形态。由此形成复杂的创新系统。

在 2014 年夏季达沃斯论坛开幕式上，李克强表示：创新不单是技术创新，更包括体制机制创新、管理创新、模式创新，中国 30 多年来改革开放本身就是规模宏大的创新行动，今后创新发展的巨大潜能仍然蕴藏在制度变革之中。

2015 年，Burgelman 发表于 *The Oxford Handbook of Creativity, Innovation, and Entrepreneurship* 上的论文，讨论了诺贝尔化学奖得主普利高津的思想及其在创新中的应用，主要是创新的非线性观。那么，可以说，创新是从点到线再到面，从无到有的过程，是一种包含互动学习及技术演化的状态，且包括从创意到生产再到营销的整个过程中，是每一项生产技术、管理、财务等各个环节之间互动学习所造成产品或技术创新、改良的变化过程。

（三）创新的过程研究

20 世纪 50 年代至 60 年代，主导创新理论的模型为技术推动模型，此模型主要认为创新由科技上的发明所推动，然后经由设计及工程、制造活动进入市场到销售，也就是市场被认为是科技成果的接受者。因此，以企业角度来看，研发投入越多，意味着可以获得更大的市场占有率。

20 世纪 60 年代后期至 70 年代初期，关于创新的产生与扩散，产生了新的观点，也就是需求拉动模型的兴起。此模型强调，消费需求是产品创新的主要来源，而更多的研发投入未必带来更多的创新活动，消费需求才是推动产品创新的原动力。

20 世纪 70 年代后期至 80 年代初期，创新模型超越了此前的线性模型，逐渐产生了非线性的连接模型。该模型强调，创新过程是科技与市场之间的互动关系。

20 世纪 80 年代中期至 90 年代，整合理论开始兴起。该模型强调，在创新过程中，市场、研发，产品开发、生产工序等各环节具有平行的相互影响，并非由某个单一因素所推动，或是一步一阶段地发生。

20 世纪 90 年代后期至 21 世纪初，创新系统被普遍接受为研究经济体中创新与经济发展的分析性工具。该模型把研究的焦点放在一国经济体中创新（或新事物）产生与扩散的过程。它特别重视创新在国家范围内如何被引入与扩散，以及为何国家经济体之间有所差异，以及创新对经济体成长的重要性。此观念性的架构是建立在市场经济的前提下，而改变是现代市场经济的关键特征。创新既可以是社

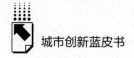

会的、制度的、组织的，抑或是技术的。创新系统的研究取向，认为科学知识只是技术变迁的其中一项影响因素，其他因国家差异所造成的影响力也必须列入考虑。这些因素包括社会与文化因素，特别是能影响现代市场经济运作的因素。国家体制的因素因国而异，并影响创新的产生与扩散过程（Hung，2002）。Nelson（1992）的研究显示，国家系统的差异性会借由产生知识的机构与所产出知识之特性、组织方式和扩散机制的运作、机构间关联性加以呈现。

近年来，OECD 及各国开始研究国家创新体系，尝试从指标的搜集与分析来研究各国之创新系统，目的在于塑造良好的创新及市场环境，使企业在此环境中更能利用国家的比较优势来发展其竞争优势，因此完善的国家创新体系正是发展国家竞争优势的关键。

（四）创新的环境

在研究日本"二战"后的经济发展经验时，Freeman（1987）发现，政府政策、企业研发、教育及职业训练体系和产业结构是影响产业创新的关键。

Lundvall（1992）与 Nelson（1992）几乎同时提出，在一国之内，有一些基本要素及相互关系对于新的、具有经济效益的知识有产生扩散的作用。而此国家创新系统即由制度和经济结构构成，它能影响社会中的技术变迁的速度与方向，包括技术扩散体系、R&D 系统及对新技术的态度。

关于创新的发生与发展，Carlsson（1995）的"技术系统（technological system）"观念也与创新系统有着类似的看法。技术系统包括影响技术的产生、散播与利用的代理者网络关系与制度结构。

能产生成功的创新及从中获取利益的厂商或产业只集中在少数几个国家。每一个具有创新能力的国家也只在某些领域能有较大的竞争优势。

例如，Porter（1990）针对国家为何能支持企业的创新活动提出解释，并归结出四项环境因素：第一为生产因素；第二为需求条件；第三为相关产业及支持产业；第四为厂商策略、结构与竞争对手。此四项关键要素之间形成双向强化的"钻石体系"。

（五）创新能力的研究

关于"创新能力"，一般认为是由 Burns and Stalker（1961）提出，用来表示组织成功采纳或实施新思想、新工艺以及新产品的能力。Persaud（2001）则认为，"创新能力"是解决问题的能力，这项能力与所具有知识的多寡有关，而知识分别源自经验、可公开取得之信息以及创新者发明家的创意与人格特质。

关于创新能力的研究，大体上形成了企业、区域以及国家三个层面的定义。关于企业的创新能力，Lall（1992）定义为企业有效吸收、掌握和改进现有技术，并创造新技术所需要技能和知识的能力；Trott（1998）把它定义为企业创造创新产出的潜力。

对于区域创新能力，多数文献较为一致地把它定义为一个区域形成创新产出的能力。如2006年，中国城市发展研究会组织开展《中国城市创新能力科学评价》课题研究，提出创新能力是指在创新过程中，在充分利用现代化信息与通信技术的基础上，不断地将知识、技术、信息等要素纳入社会生产过程中所具有的一种能力。

而对于国家创新能力，Furman，Porter and Stern（2002）用它解释发达国家之间创新能力的差异。按照他们的定义，国家创新能力是用来衡量一个国家创新活力的，是指国家能够发生一系列产业化相关创新的潜能。因此，创新能力并不等同于科技的发达，还包括将新技术产业化的能力。这一能力不仅指已实现的创新水平，还反映了某一国家对创新环境有影响的基础条件水平、投资和公共政策。此理论架构包括三部分：①一般创新环境，包括一个国家对科技进步所投入的

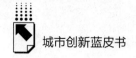

人、财、物等资源，支持创新活动的公共政策（包括教育投资、知识产权保护、国际贸易的开放程度以及研发奖励政策），以及现有技术的先进程度等。②产业集群的创新环境，为各个互动的产业所构成，以"钻石体系"的四个维度分析其之间的互动：成熟的需求（买方），相关的支持性产业（专业化的供应商及配套产业），高质量及专业化的投入（高质量的人力资源、较强的基础研究、高质量的基础建设、充足的风险资本），密集的当地竞争以及鼓励创新的环境。③以上两部分的联结的质量。产业集群的创新环境和一般创新环境是相互作用的、相互加强的，二者互动的好坏同样会对一个国家的创新能力产生影响。例如，一个国家的大学教育体系就是一个重要的联结桥梁。

（六）创新评价的研究进展

创新，由于其难以精确描述的特性，许多人认为要针对创新给予量化的衡量是不可能的。例如，创新的基本特征之一"新颖性"（novelty）就面临定义及操作上的困难性。然而，相关的努力还是持续进行着。

我们追溯文献发现，世界上较为规范的评估活动，开始于20世纪60年代的美国。当时，美国实施了多项改革计划，但受到民众质疑，为了回应质疑，便对改革效果进行评估。此后，各国相继展开了类似的评估活动，但是，评估的对象扩大到环境、国防、住房、科技等多个领域。

对于创新工作而言，较早开展评价的，当属经济合作与发展组织（OECD）。1964年OECD编撰了《为调查研究与发展（R&D）活动所推荐的标准规范》（《弗拉斯卡蒂手册》），为实施R&D活动统计调查的国际标准化和规范化奠定了基础。

从20世纪60年代开始，OECD成员国按照这一手册系统地开展了有关 R&D 活动的统计调查工作。此后，一些非 OECD 国家也按照《弗拉斯卡蒂手册》实施了本国的 R&D 调查。

后来，联合国教科文组织（UNESCO）也参考了该手册，分别于 1978 年和 1979 年提出了《科技统计国际标准化建议案》和《科技活动统计手册》。

20 世纪 80 年代以来，OECD 出台了一系列的科技测度的手册，包括《技术国际收支手册》（《TBP 手册》）、《专利手册》、《科技人才资源手册》（《堪培拉手册》）、《技术创新手册》（《奥斯陆手册》）等。

1992 年，《技术创新手册》（《奥斯陆手册》）正式发布，这标志着对创新的评估已经成为一个专门的规范项目。此后，OECD 各成员国基本按照《奥斯陆手册》的评估框架，对本国的创新活动进行评估；非 OECD 成员国特别是一些发展中国家，也参考《奥斯陆手册》评估本国的创新，如 2001 年出版的 *Bogota Manual*，就是拉丁美洲根据自身情况对《奥斯陆手册》进行修订以后所出台的规范。

从实践看，1992 年《奥斯陆手册》出台之后，创新评估在世界范围内开始了大规模的实践。1993 年，欧盟地区进行了第一次创新调查，其后进行了连续调查。美国、日本、加拿大、澳大利亚等国也相继进行了创新调查，调查结果受到各国政府的重视，作为政府制定政策的依据之一。

尽管 OECD 给出了一定的规范，但是由于创新活动日益活跃，创新范围和方式不断变革，对于创新评估的研究也趋于活跃。例如，纳尔逊（Nelson，2002）设计了一套综合指标体系来评估各国创新能力，指标主要包括 R&D 经费来源、R&D 经费配置、大学的作用、支持和影响创新的政府政策等。此外，2014 年 3 月，中国科学技术发展战略研究院发布了《国家创新指数报告 2013》。2014 年，康奈尔大学、英士国际商学院（INSEAD）和联合国专门机构世界知识产权

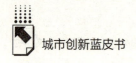
组织（WIPO）共同发布《2014 年全球创新指数（GII）》，是该指数的第 7 版。2015 年 1 月 28 日，彭博社网站发布全球创新指数，列出世界创新国家前 50 名。2015 年 3 月，国家统计局社科文司《中国创新指数研究》课题组发布了 2013 年中国创新指数。

二　世界主要创新评价指标体系
（2014~2015）

在《中国城市创新报告（2014）》中，我们介绍了 OECD 出版《奥斯陆手册》的创新模型，欧盟构建了"创新记分板（EIS）"，澳大利亚创新记分板（AISC），INSEAD 与 WIPO 则设计了全球创新指数，国家统计局社科文司的"中国创新指数（CII）"等主要创新评价指标体系。此处，我们将介绍 2014 年至 2015 年 3 月，世界公布的最新创新评价指标体系。

（一）彭博社2015年全球创新指数

2015 年 1 月 28 日，彭博社网站发布全球创新指数，列出世界创新国家前 50 名。其中前 10 位分别是韩国、日本、德国、芬兰、以色列、美国、瑞士、新加坡、法国和英国。中国名列第 22 位。

全球创新指数由彭博社通过对全球超过 200 个国家包括研发、制造、高科技公司、教育、研究人员和专利六项指标综合分析，对全球前 50 个国家的综合创新能力进行排名发布。

此项调查以 81 项指标为基准对各国进行排名。排位高的国家在以下方面得分高，它们是"创新基础设施，包括信息交流技术；商业成熟度，包括知识工作者、创新关联、知识获得；创新输出，包括创新产品、服务以及网络创新。"

此项调查还发现包括中国、巴西、印度在内的中产收入经济体正在缩小与包括美国、日本、德国在内的高收入国家在创新质量方面的差距。

然而，彭博社称，这一调查忽略了最重要的一个要素，那就是政府监管的价值，而该价值很难用数字来衡量。政府监管"可以加速也可以放缓创新想法的执行"。彭博社举出德国汽车制造商奥迪的例子。由于德国驾车条例十分严格，奥迪在美国进行了新型自动系统的测试。然而各国政府对 Uber 应用程序的态度却是另外一个指示器。

彭博社指出，此次排名结果并非是给予那些排名高的国家"吹捧的权利"，而是"试验创新的公式能否被投入使用，以及哪些公司、国家可以复制创新"。

（二）2014年全球创新指数（GII）

2014 年全球创新指数（GII），是该指数的第 7 版，由康奈尔大学、英士国际商学院（INSEAD）和联合国专门机构世界知识产权组织（WIPO）共同发布。

全球创新指数（GII）根据 81 项指标对全球 143 个国家和经济体的创新表现进行排名。GII 由世界知识产权组织（WIPO）、康奈尔大学和英士国际商学院共同发布。

GII 现已进入发布的第七个年头，是创新指数的首要参考指标，亦是政策制定者、商界领袖和其他利益有关方的基准工具。本报告由世界知识产权组织（WIPO）、康奈尔大学和英士国际商学院共同发布，载有全球经济体创新能力和结果的排名。

全球创新指数报告的核心部分由全球经济体创新能力和结果的排名组成。全球创新指数认识到创新在促进经济增长和繁荣中发挥着关键作用，而且认识到应当对适用于发达经济体和新兴经济体的创新建立广阔的视野，因而纳入了传统创新措施之外的指标，例如研发水平。

在短短 7 年的时间里，全球创新指数已将自己树立为创新指数中领

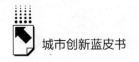
先的参考数据，而且发展成促进公私部门对话的颇具价值的基准工具，供政策制定者、商界领袖和其他利益有关方持续评估自身的进展状况。

为了支持全球创新辩论、引导各项政策、突出良好做法，需要利用有关指标对创新和相关政策表现进行评估。全球创新指数创造环境，使创新要素得到持续评估，其特色列举如下。

第一，143个国家的情况介绍，包括根据81项指标得出的数据、排名和优劣势情况。

第二，根据30多个国际公私部门指标得出的81个数据表，其中56个是可靠数据，20个是综合指标，5个是调查问卷。

第三，透明且可复制的电脑计算方法，其中每个指数排名（全球创新指数、产出和投入次级指数）有90%的置信区间，加上要素分析，这些会使每年的排名产生变化。

全球创新指数的计算方法：2014年全球创新指数是以两个次级指数的平均值计算。创新投入次级指数衡量的是国家经济要素，这些要素体现出创新活动，要素共分为五大类：机构、人力资本与研究、基础设施、市场成熟度、企业成熟度。

创新产出次级指数体现的是创新成果的实际证据，分为两大类：知识与技术产出、创意产出。

指数提交给欧洲委员会联合研究中心，进行独立统计审计。如需下载报告全文请访问 www. globalinnovationindex. org。

（三）国家统计局社科文司"中国创新指数"

2015年3月，国家统计局社科文司《中国创新指数研究》课题组发布了2013年中国创新指数。

中国创新指标体系分成三个层次。第一个层次用以反映我国创新总体发展情况，通过计算创新总指数实现；第二个层次用以反映我国在创新环境、创新投入、创新产出和创新成效等4个领域的发展情况，通过计算分领域指数实现；第三个层次用以反映构成创新能力各方面的具体发展情况，通过上述 4 个领域所选取的 21 个评价指标实现（见表 1）。

表 1　中国创新指标体系框架

	指标名称	计量单位	权数
创新环境 （1/4）	经济活动人口中大专及以上学历人数	人/万人	1/5
	人均 GDP	元/人	1/5
	信息化指数	%	1/5
	科技拨款占财政拨款的比重	%	1/5
	享受加计扣除减免税企业所占比重	%	1/5
创新投入 （1/4）	每万人 R&D 人员全时当量	人年/万人	1/6
	R&D 经费占 GDP 比重	%	1/6
	基础研究人员人均经费	万元/人年	1/6
	R&D 经费占主营业务收入比重	%	1/6
	有研发机构的企业所占比重	%	1/6
	开展产学研合作的企业所占比重	%	1/6
创新产出 （1/4）	每万人科技论文数	篇/万人	1/5
	每万名 R&D 人员专利授权数	件/万人年	1/5
	发明专利授权数占专利授权数的比重	%	1/5
	每百家企业商标拥有量	件/百家	1/5
	每万名科技活动人员技术市场成交额	亿元/万人	1/5
创新成效 （1/4）	新产品销售收入占主营业务收入的比重	%	1/5
	高技术产品出口额占货物出口额的比重	%	1/5
	单位 GDP 能耗	吨标准煤/万元	1/5
	劳动生产率	万元/人	1/5
	科技进步贡献率	%	1/5

测算显示，分领域看，创新环境指数、创新投入指数、创新产出指数和创新成效指数分别为 150.1、154.1、168.4 和 138.4，分别比上年增长 4.2%、1.3%、2.6% 和 4.6%。

2013 年中国创新指数增幅有所回落，但四个分领域中的多数指

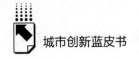

标仍保持平稳发展态势，表明我国创新环境持续优化，创新投入力度继续加大，创新产出能力不断提高，创新成效显著增强。

（四）中国科学技术发展战略研究院"国家创新指数"

2014年3月，中国科学技术发展战略研究院发布了《国家创新指数报告2013》。这项报告目的在于客观监测和评价国家创新能力，中国科学技术发展战略研究院从2006年开展研究，2011年开始正式发布报告。最新版是2014年的《国家创新指数报告2013》。

根据《中共中央国务院关于深化科技体制改革加快国家创新体系建设的意见》（中发〔2012〕6号）关于"建立全国创新调查制度，加强国家创新体系建设监测评估"的要求，科技部推进国家创新调查制度建设，创新活动统计调查和创新能力监测评价是其两大重要组成部分。创新能力监测评价是通过构建指标体系，对国家、区域和企业等主体的创新能力进行综合分析、比较与判断。根据建立国家创新调查制度的新要求，《国家创新指数报告2013》调整和完善了评价指标体系和分析内容，力求通过指标描述和数据分析来客观反映中国国家、区域和企业的创新能力及其与世界先进水平的差距。

《国家创新指数报告2013》借鉴了国内外关于国家竞争力和创新评价等方面的理论与方法，从创新资源、知识创造、企业创新、创新绩效和创新环境5个方面构建了国家创新指数的指标体系。本报告继承了以前的指标体系结构，即国家创新指数由5个一级指标和30个二级指标组成。但在二级指标选取上进行了局部调整，增加相对指标，减少规模指标，力求更好地反映创新质量和效率。兼顾指标含义和数据可获得性，本次调整了7个指标，一是去掉了"每百人互联网用户数"、"高技术产业增加值"和"高技术产品出口额"3个指标，增加了"有效专利数量"、"万名企业研究人员拥有PCT专利数"和"企业R&D研究人员占全社会R&D研究人员比重"3个指标；二是微调了 4 个指标，将 "R&D 经费总额"、"发明专利授权数"、"每万企业研究人员拥有三方专利申请数"、"高技术产业增加值占 GDP 的比重" 分别改为 "R&D 经费占世界比重"、"万名研究人员的发明专利授权数"、"三方专利总量占世界比重" 和 "知识密集型产业增加值占世界比重"。20 个定量指标突出了创新规模、质量、效率和国际竞争能力，同时兼顾大国小国的平衡；10 个定性调查指标反映创新环境（见图 3）。

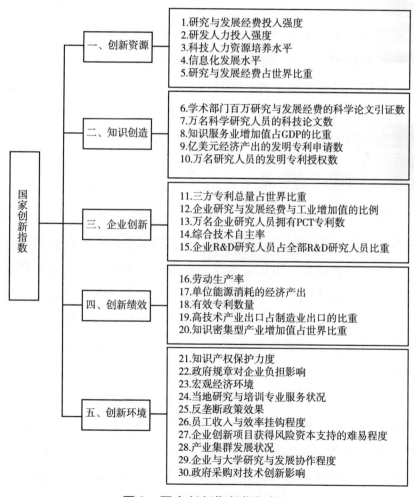

国家创新指数

一、创新资源
1.研究与发展经费投入强度
2.研发人力投入强度
3.科技人力资源培养水平
4.信息化发展水平
5.研究与发展经费占世界比重

二、知识创造
6.学术部门百万研究与发展经费的科学论文引证数
7.万名科学研究人员的科技论文数
8.知识服务业增加值占GDP的比重
9.亿美元经济产出的发明专利申请数
10.万名研究人员的发明专利授权数

三、企业创新
11.三方专利总量占世界比重
12.企业研究与发展经费与工业增加值的比例
13.万名企业研究人员拥有PCT专利数
14.综合技术自主率
15.企业R&D研究人员占全部R&D研究人员比重

四、创新绩效
16.劳动生产率
17.单位能源消耗的经济产出
18.有效专利数量
19.高技术产业出口占制造业出口的比重
20.知识密集型产业增加值占世界比重

五、创新环境
21.知识产权保护力度
22.政府规章对企业负担影响
23.宏观经济环境
24.当地研究与培训专业服务状况
25.反垄断政策效果
26.员工收入与效率挂钩程度
27.企业创新项目获得风险资本支持的难易程度
28.产业集群发展状况
29.企业与大学研究与发展协作程度
30.政府采购对技术创新影响

图 3　国家创新指数指标框架

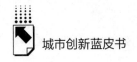

评价结果显示，美国因创新资源和创新绩效的绝对优势，成为最具创新能力的国家；亚洲的日本和韩国分别居第 2 位和第 4 位；欧洲国家创新依然强劲，瑞典、芬兰、荷兰、丹麦、德国依次占据十强的后 5 位；在金砖国家中，中国创新能力继续处于领先地位，俄罗斯、南非、巴西和印度分别居第 32 位、35 位、38 位和 39 位。

三　城市创新能力的理论框架

按照我们在《中国城市创新报告（2014）》的研究，从层级上看，创新可分为 4 个层级：个体、组织（企业等单位）、区域和国家。城市是区域概念但又有显著特征。将城市创新能力纳入科学研究的范畴，就需要沿袭从休谟、罗素、维特根斯坦、波普、库恩、拉卡托斯直到奎因的科学研究范式，需要构建命题的核心与理论支撑。

（一）创新与创新能力

正如前文所介绍，当今学术界对"创新"的理解，一是认为创新是多维度的，不仅包括技术创新，还包括组织、体制与机制等各方面的创新，涵盖研究、市场、生产、服务等各个环节；二是从非线性的角度解读创新，认为各个因素之间是互动关系。这是广义的创新概念，有助于我们深刻认识"创新"的各种特性，拓展创新研究。但是，从更直接的"效率"角度看，"创新"的界定仍应回到熊彼特1912 年《经济发展理论》中的定义，创新是指经济上引入某种"新"的东西，不等同于技术上的发明，只有当新的技术发明被应用于经济活动时，才能成为"创新"。因为，实践中，不少学术论文和发明创造，被"创新"出来之后就被束之高阁，按照学术界的广义创新理解，这些是创新，但是，其并无实际意义。因此，我们认为，只有那些"有用"的创新才是创新。

关于创新能力，我们既往发布的《中国城市创新报告》将其界定为"在创新过程中，充分利用现代化信息与通信技术的基础上，不断地将知识、技术、信息等要素纳入社会生产过程中所具有的一种能力"。这个定义，放在当下，依然有价值。与其他相关定义相比，此定义强调了创新的能力，也就是说，考察的是比创新本身更为重要、更有价值的因子；最近几年，学界也出现了其他一些评测创新能力的指标体系，但其将创新产出纳入其中，显然将定义扩大化，将创新能力与创新混为一谈，因为创新能力不等于创新本身。综上考虑，并结合国内外相关最新文献，我们将创新能力的定义确定为：进行创新所具备的主客观条件，或者说在创新过程中，所具备的创新环境与创新基础条件，以及将创新成果转化为生产力的能力。

创新能力可划分为个体、企业、区域和国家创新能力 4 个层次。对不同层次、不同研究对象创新能力的定义，可以从创新能力的基本定义出发，依据不同层次、不同对象的不同特点作出相应的界定和说明。其中，城市创新能力与区域创新能力的中观概念，在不同经济体中的意义不同。在发达市场经济国家中，经由自由竞争而聚集的创新群落（如"硅谷"）等，是极为重要的区域创新系统；但是，对发展中国家而言，当政府在经济中的地位较强时，基于行政的地理范围（即城市）较之一般意义上的区域，更容易成为创新发源地和集散地。

正如德国学者李斯特所说的，创造财富的能力远比财富本身重要。对于一个城市、企业或国家而言，创新能力远比创新行为本身重要。创新，是一种创造性破坏（creative destruction），具有不确定性，有可能成功，有可能失败。创新能力是体现与实现创新行为的基础，它不一定是创新的充分条件，却是创新的必要条件。

（二）城市创新能力的理论模式

城市为何成为创新的区域系统？这主要是集聚效应（combined

effect）所致。按照经济学的定义，集聚效应是指各种生产要素和产业活动在地理空间上的集中，从而产生的积极经济效果，并吸引各类经济要素和产业活动向一定地区靠近的向心力，这也是导致城镇的形成和不断生长的重要因素。关于城市因集聚效应而成为创新系统的最典型案例，是美国的硅谷。在硅谷，聚集了众多创新企业，并且有越来越多的创新企业被吸引过来，目前已经成为全球最主要的高科技公司的集中地区。那么，为何存在集聚效应？一是城市能够减少交易成本。城市区域的基础背景对创新系统的影响来自于制度与文化背景及其邻近性。制度的影响是因为区域可以使区域范围内的创新系统各部分相互作用时，减少摩擦与冲突；文化的影响使潜在的知识更容易交流；邻近性的影响在于减少知识、要素等交流时的限制，这包括空间上的邻近性与技术上的邻近性（Kirat and Lung, 1999）：空间上的邻近性是行动者间互动的实体物理空间，但并非邻近性的充要条件，技术上的邻近性则是在地理空间的基础上透过各种生产关系所形成的相互依赖性，这点促使各行动者间存在互动的基础，产生实际的邻近性。

二是分工的效应。城市本身是一个分工系统，被区分为各种功能区域：金融区域、商贸区域、居住区域、工业园区、文化区域等等。基于地理位置的临近性，创新主体可以减少生产资源和产品的运输成本，可以减少创新知识和配套材料获得成本等，从而可以经由专业化的创新投入，以更少的成本获得更多的创新产出。

可见，从本质上讲，因为集聚效应的存在，城市是一种区域创新系统。当然，并非所有城市都能成为良好的创新系统，换句话说，并非所有的城市都能成为硅谷或者能够与硅谷并驾齐驱，道理很简单，集聚效应只是一个必要条件，实际上，作为一个系统，创新是建立在一定创新基础条件和创新支撑能力之上，并由创新主体的研发、市场与市场等各种因素的交互作用，推动技术创新。实践中，在这一方面，各个城市存在相当大的差异，这也是导致其创新能力和创新结果各异的根本原因。

在城市这一创新系统中，品牌是既往研究中经常被忽略的一个重要因子。正如我们既往的研究所揭示的，"是新技术产业化的永久体现。一个企业、一个城市只有拥有了自己的品牌，才能在日益激烈的市场竞争中占有一席之地，才能提高其自身的竞争力，才能为推进科技创新和新技术产业化占据相应的市场空间"。由此，在《中国城市创新报告（2014）》中，我们提出城市创新能力的"非线性模型"或称之为"叠加钻石模型"（从形状上看，相当于两个钻石模型的拼接，故名。本文继续沿用此模型），见图4。

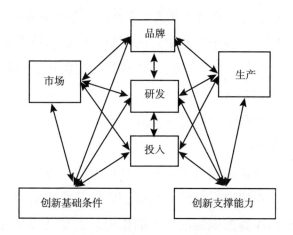

图4　城市创新能力的"叠加钻石模型"

（三）城市创新能力的内容及功能

科学评价城市创新能力，应首先正确认识城市创新活动，这包括以下几个基本构成因素：一是创新活动所处的环境；二是创新活动的行为主体；三是行为主体之间的联系和运行机制。

1. 城市创新能力的主体

城市创新能力，依赖于执行的主体。这些主体，包括企业、科研

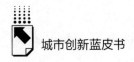

机构、教育与培训机构、中介机构、政府部门、金融部门等等。上述"主体"，各具不同的创新功能和创新优势，共同构成并驱动着城市创新的发展。

（1）企业

在城市创新活动中，企业是研发的主要力量，是创新的重要行为主体。无论是熊彼特的创新理论，还是罗默的新增长理论，抑或纳尔森的国家创新体系理论，均将企业的创新视为推动经济增长的杠杆性力量。《中共中央国务院关于深化体制机制改革加快实施创新驱动发展战略的若干意见》（2015年3月13日）明确提出"完善企业为主体的产业技术创新机制"，还提出要"扩大企业在国家创新决策中的话语权"。

企业的创新，是一个维度颇广的概念，既包括技术创新、管理创新，也包括制度创新、组织创新，还包括文化创新、知识创新。由于企业以利润或价值最大化为目标，决定了它们必然以市场需求为中心，从事应用技术和新产品的研发和生产。

（2）科研机构

科研机构主要是指拥有一定水平和数量的科研人员，依据一定的研究基本条件，专门地有组织地从事研究与开发活动的机构。在我国目前，科研机构在城市创新活动中的作用，主要是开发新的具有较强共用性质的知识和技术资源，为企业创新提供知识供给。因此，各类科研机构的研究活动大多属于基础性、前沿性、战略性的，具有大投入、高风险等特征。

当然，按照2015年初中共中央办公厅、国务院办公厅印发的《关于加强中国特色新型智库建设的意见》，关于咨政建言、理论创新、舆论引导、社会服务、公共外交等方面的研究，将大大加强。这些也关系到创新能力的构建。

（3）教育与培训机构

教育与培训机构（Education training institutions）主要包括五

类：高等院校、大中等职业教育系统、中初等教育系统、继续教育系统和职业培训系统等。不同类型的教育与培训机构，在城市创新活动中的作用和功能有所不同。高等院校，既培养人才，也进行知识创新和部分技术创新。中初等教育系统，主要是为高等院校和大中等职业教育系统培养和输送人才。大中等职业教育系统、继续教育系统和职业培训系统，主要是传播技能型知识和培养技能型人才。

值得一提的是，《国务院关于加快发展现代职业教育的决定》（国发〔2014〕19 号）明确提出，加快发展现代职业教育，对于深入实施创新驱动发展战略，创造更大人才红利，加快转方式、调结构、促升级具有十分重要的意义。因此，其对于创新能力的构建，具有不可忽视的重大作用。

（4）中介机构

在创新中，中介机构起到桥梁作用，即为知识和技术等的供方和需方牵线搭桥。其功能主要包括向供、需双方提供有关创新的信息（包括"大数据"）、技术、知识和人才等的交易场所、中介服务、资金和保险等。在城市创新活动中，作为连接其他行为主体的"桥梁"，中介机构主要起到促进知识和技术等的转移或扩散的作用，是不可或缺的创新组成部分。中介机构包括提供各类中介服务活动的专门机构（如公证性中介机构、代理性中介机构、信息技术服务性中介机构），也包括从事一定中介服务的高校、企业、科研机构、社团及政府部门。中介服务活动的范围广阔，具备多样性，而且随着城市创新活动中信息、知识、人才、技术和服务等供求双方的要求而发展变化。

（5）政府部门

在城市创新活动中，市场应当起"决定性作用"，政府的作用则主要是负责法规和政策的制定与实施，为创新工作创造一个良好的外

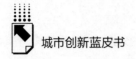

部环境。所谓创新政策，是指能对创新活动产生影响的法律、法规和规章等，包括城市的科技政策、产业政策、财税政策、金融政策、资源能源政策、文化与教育政策等。政府的具体工作包括政策和法规的制定、宏观经济周期的平滑、知识产权的保护、引导创新主体的行为等。

（6）金融部门

按照《中共中央国务院关于深化体制机制改革加快实施创新驱动发展战略的若干意见》（2015 年 3 月 13 日）的定位，金融对技术创新所起的主要是"助推作用"。

按照我们的理解，金融部门对城市创新能力的影响主要在于两个方面，一是直接介入，如知识流的表现方式也可以用资金流的方式表现，特别是在研发投资和购买知识产品与设备的投资方面。二是延伸影响，如金融部门对创新产业的资金偏好，以及金融部门本身是否有足够的能力来应对创新产业所面临的高度风险。

（7）产业结构与组织

产业结构与组织既是城市创新效率的体现，也是观察城市经济活动的重要拓扑。对产业结构而言，它体现了产业的类型与组成，可以了解其在创新方面的特征与可能的网络形态；至于产业组织，则是产业群落的集中体现，从产业群落的发展可以观察企业之间的交互关系，这也是创新中重要的一环。

2. 创新主体间的互动

要提高城市的创新能力，首先要增强各个创新行为主体的创新能力并提高创新效率，其次要促进各个创新行为主体之间的合作，形成一个充满活力的开放式创新生态系统（封闭系统必然导致"熵增"）。创新要素和创新资源，只有在各个创新的行为主体间高效流动，才有助于降低创新成本、提高创新效率，并减少创新风险，从而提高城市创新的整体效率。因此，各个创新行为主体之间的有效互动，是与城市创新活动效率密切相关的重要因素。就《中共中央国务院关于深化体制机制改革加快实施创新驱动发展战略的若干意见》来说，人才、资本、技术、知识自由流动，企业、科研院所、高等学校协同创新，创新活力竞相迸发，创新成果得到充分保护，创新价值得到更大体现，创新资源配置效率大幅提高，创新人才合理分享创新收益，使创新驱动发展战略真正落地，进而打造促进经济增长和就业创业的新引擎，构筑参与国际竞争合作的新优势，推动形成可持续发展的新格局，促进经济发展方式的转变。

（1）创新要素和创新资源的流动

创新要素和创新资源的流动，主要是企业、科研机构和教育及培训机构之间的互动带来的信息（包括"大数据"）、知识、技术和人才的流转。在城市创新活动中，促进信息、知识、技术和人才在企业、科研机构和教育及培训机构中高效和快速的流转，是推动各个创新行为主体自身的发展、实现科研成果迅速转化为产业成果、提高城市或区域的整体竞争能力的关键因素。

创新要素和创新资源在各个创新行为主体之间的流转方法和途径，主要有以下方式：技术转让、官产学研合作、设备和软件的购置、信息萃取与传播、人才流动、科技园区、孵化器等。

在创新要素和创新资源的流动中，城市政府如何研究制定合适的法规和政策，已经成为城市创新体系优化的重要因素。城市政府促进创新要素和创新资源转移和流动的政策主要包括：财政、税收、金融、土地等等。

（2）创新行为主体之间的互动

创新行为主体之间的互动，主要是通过科技、信息、人才和资金等的流转而实现。

企业之间的互动。主要包括研发上的合作、技术入股、渠道合作、战略合作等等。企业间的创新合作，是企业获得竞争优势、得以

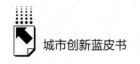

持续发展的重要基础。在实践中，具备长久竞争优势的企业，极少"独立"进行创新活动，而是采取开放式的思路，通过合作研究等开展创新活动，获得持久的竞争力。

企业与科研机构之间的互动。主要通过合作建立研发机构、科研人员的流动与合作、委托研究、科研机构与企业合建、技术转让等形式，推进科技和人才的流动，促进研究成果的创新与转化和产业的发展。

企业与大学之间的互动。大学主要是为包括企业在内的各类组织培育人才，促进知识和技术的流动；大学与企业之间，也通过委托研究、合作研究、管理和经营人员的培训等方式开展合作；企业也通过设置奖学金等方式资助大学的知识创新和人才的培养。

科研机构与大学之间的互动。主要包括合建实验室、联合培养研究生、联合培训高级科研和教学人员、科研和教学人员的双向流动、开展合作研究、联合举办学术活动等形式，促进科技的传播和高端人才的培养。

中介机构与其他主体之间的互动。主要为其他各种创新主体之间的供求需要，提供牵线搭桥的服务。

3. 相关基础设施建设

相关基础设施建设是城市创新能力建设的必要条件，是各个创新主体所必需的，而且一般不可能由市场行为解决，而应当由城市政府提供。

（1）城市科技基础设施

加强城市科技基础设施建设，对提高城市创新能力来说是必需的。城市科技基础设施是科技的物质技术基础，主要指大型科研基础设施（实验室、实验装置等）。广义的科技基础设施，也包括公共图书馆、科学文献情报中心、科技出版、科技普及组织等。城市的科技基础设施可以为实现科学技术创新提供科学研究系统，为突破科学和技术的瓶颈、解决关键技术问题等提供物质技术基础，在创造和传播科技与信息中具有至关重要的作用。

（2）城市教育基础设施

在城市创新活动中，教育与培训机构是主要的行为主体之一。目前，教育的基础设施，主要由政府提供；培训机构，则由政府和非政府投资提供。目前，这方面的重要作用，日益受到重视，但是，对教育基础设施的投入，仍然显得不足。从发达国家的经验看，优先发展教育，加大教育基础设施的超前投入力度，是获得持久创新能力的关键基础。

（3）城市互联网与信息基础设施

互联网与信息革命为创新带来了巨大的活力。近年来，我国提出的"新四化"（新型工业化、信息化、城镇化、农业现代化），其中一个新的提法就是"信息化"。信息化主要是以智能化工具为代表的新型生产力。据《2006～2020年国家信息化发展战略》的界定，信息化是充分利用信息技术、开发利用信息资源、促进信息交流和知识共享、提高经济增长质量、推动经济社会发展转型的历史进程。

到2015年，国务院在政府工作报告中提出"互联网＋"，开始高度重视互联网在创新中的作用。"互联网＋"不同于德国的"工业4.0"，后者主要是传统产业＋互联网和信息技术，而"互联网＋"则是互联网＋传统产业，在两种创新模式中，互联网的引领地位不同，这与两国的产业结构及其基础的差异有关。但无论哪一种模式，均是创新驱动新一轮工业革命的路径。

可见，加强互联网和信息的基础设施，将决定一个城市创新活动的整体效率。

（4）城市知识基础设施

知识基础设施是世界银行于1998年提出的。在知识经济时代，

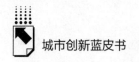

一旦将知识作为基础设施来看待，那么，城市知识基础设施将是一个包纳大学、科研机构、企业等组织和广大城镇就业人员在内的紧密联系的网络，通过各个主体之间的协同和互动，知识得以生产、传播与应用，生产力得以快速发展。

城市知识基础设施，主要由四部分组成：①载体，主要指高素质、高技能的人。在城市知识基础设施的网络中，每个人都能够经由"干中学"、"终身学习"等途径，不断提高知识素养，提升创新思维。②主体，包括大学、科研机构、企业和中介服务等。③渠道，主要是知识网络，如专业学会、民间社团组织等知识网络，可以促进知识和信息的流转。④手段，主要以电视、广播、通信（包括互联网）等电信基础设施为手段，加快知识生产、传播和应用。

（5）科技工业园区

20 世纪中期以来，各类经济和科技结合的园区出现在世界各国。如法国的经济园区建设始于 20 世纪 60 年代，目前主要包括四类：产业经济园区、高新科研园区、企业孵化园区、物流仓储园区。我国的园区建设，开始于 20 世纪 80 年代初。从我国目前的情况看，园区类型包括经济技术开发区、高新技术产业开发区、保税区、出口加工区、边境经济合作区等等。

其中的科技工业园区，主要是高新技术产业开发区，成立的出发点是为发展高新技术而设置的，一般依托于大学和科研机构，依靠科技和经济实力，以地方政府的产业政策、土地、融资和税收等方面的优惠政策为条件，以高新技术企业为主体，成为科技孵化与产业转化及经济快速发展的主阵地。

在城市的创新体系中，科技工业园区为高等院校、科研机构和企业以及中介组织等方面的合作创造了一个区域性的软硬发展环境，提高了创新的效率。

四 中国城市创新能力评价指标体系构建

根据我们构建的城市创新能力的"叠加钻石模式",充分考虑数据的可得性,我们将城市创新能力分解为"创新基础条件与支撑能力"、"技术产业化能力"和"品牌创新能力"等三个一级指标和若干下级指标,由此构建一套评价指标体系。

(一)城市创新能力的分解

现有关于城市创新能力的评价指标体系,多集中于技术(评价城市的技术创新能力)或结果(比较城市创新的产出或绩效)。我们认为,城市创新能力应当包括城市所有创新要素和行为主体的总体创新能力,特别是城市创新体系的协调与整合能力。那么,一方面,创新本身并不局限于技术创新,还包括组织创新、体制创新等等,因此不能将创新能力局限于是技术创新能力,还要将新知识、新技术转化为生产力的能力因素涵盖进来,否则,单边的技术创新不一定能够有效转化为生产力。另一方面,城市创新的产出实际上是结果性的指标,与创新能力有联系但不等于创新能力:创新能力强的城市,创新结果或绩效可能相应也较强,也可能不强,因为创新具有不确定性。这好比说,一个人的工作能力很强,但他的工作成绩并不必然一直突出。此外,品牌也是城市创新能力的重要组成部分,也是竞争能力的体现。那么,城市创新能力可分解为三个方面:创新基础条件与支撑能力、技术产业化能力、品牌创新能力(见图5)。

从三个一级指标来看,"创新基础条件与支撑能力"是城市创新能力的基础驱动力,也是"技术产业化能力"和"品牌创新能力"的基础。在信息化和知识经济时代,科技已成为现代经济发展中最主要的推动力,正如邓小平指出的:"科学技术是第一生产力"。因此,缺乏科技创新的基础条件和支撑,城市创新便无从谈起。

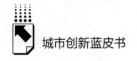
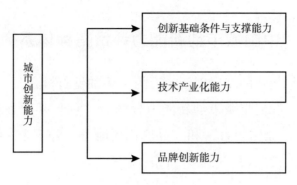

图 5 城市创新能力的分解

"技术产业化能力",考察的是科学技术向生产力转化的能力。只有实现产业化,科技才能更好地发挥其对经济社会进步的推动作用,为改善民生福祉做贡献。从根本上讲,科技是一种心智上的"软件"(或者说是典型的软实力),若要发挥作用,必须投入到生产和生活的实践领域之中,特别是同人们的生产活动相结合,扩散到生产力的各基本要素之中,形成综合的能力,提高劳动生产率,促进生产力的飞速发展,推动经济和社会的进步。

"品牌创新能力"与"新技术产业化能力"一样是城市的核心竞争能力,也是"新技术产业化能力"的体现方式。对一个城市而言,拥有品牌优势,便拥有了在市场竞争中占据一席之地的先机和优势,便具备了其他城市所不具备的竞争力,将为城市吸引外来投资、企业、科技、人才等的"软环境",并为推进科技创新和新技术产业化占据相应的市场空间。

(二)城市创新能力评价指标体系

1. 指标选择的基本原则

我们的指标体系是在对创新理论和国内外主要创新指标体系进行过深入研究的基础上提出来的,可以概括为"科学性、可操作性、开放性"三个原则。

（1）科学性

所谓科学性，是指创新能力评价指标体系要符合创新有关理论，反映中国各区域创新能力的真实状况。要科学地选取评价指标，采用科学合理的评价方法，缩小误差，使评价结果更加客观。

（2）可操作性

可操作性是保障指标数据的获取以及获取指标数据成本能够有效控制的重要条件。为了便于监测，指标体系所依赖的数据支撑必须具有一定的可行性，即实际操作的可能性和便利性。这就需要在框架指标设置上，不仅要避免那些定义复杂、计算繁复的指标，更要避免那些在理论上可行而实践中难以获取或取得代价过大的指标。如能够统计到县级的研发（R&D）等直接指标是尚未开展的工作，使我们的数据可得性受到限制，估计这类指标的统计很长时间内也不会取得，因为县级一般不做研发（R&D）等指标的统计，而实际上也是存在的，比如将专利成果分到县级，有的县几乎是零；但是县级确实存在对发明创造的应用。因此，这些指标只好舍弃。

（3）开放性

由于我国尚未建立常规的创新数据收集与统计制度，一些能够较好地反映创新能力指标，数据不可得。考虑到城市创新能力的新的发展趋势，新兴城市具有新的经济引力和环境支撑能力，比如沿海沿江城市的海运和水运能力，处于交通大动脉节点上的城市，拥有空港的城市，都为现代要求的快捷、大量、方便的客货运能输，无疑会给城市带来新的生机和新的经济发展模式。随着创新统计制度的建立，我们将对指标体系进行补充和完善。

2. 指标框架及说明

中国城市创新能力评价指标体系分为两个层次：第一个层次反映城市总体创新能力情况，通过计算综合指数得来；第二个层次反映构

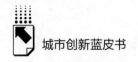

成城市创新能力各方面的具体情况，通过"创新基础条件与支撑能力"、"技术产业化能力"和"品牌创新能力"等三个一级指标来反映。每个一级指标下又分为若干二级和三级指标，具体见表2。

表2　城市创新能力的分析与评价方法指标体系

单位：%

一级指标	二级指标	三级指标
创新基础条件与支撑能力(40)	政策条件(20)	1. 教育支出占GDP比重(50)
		2. 科学支出占GDP比重(50)
	人才保障(20)	3. 科学技术人员占从业人员比重(50)
		4. 信息技术人员占从业人员比重(50)
	信息化水平(20)	5. 每万人国际互联网用户数(70)
		6. 每万人移动电话用户数(30)
	文化支撑(20)	7. 每万人公共图书馆藏书量(33.4)
		8. 每万人剧场影院数(33.3)
		9. 每万人博物馆数(33.3)
	可持续能力(20)	10. 建成区绿化覆盖率(50)
		11. 污水集中处理率(50)
技术产业化能力(35)	产业条件(50)	12. 每万人工业企业数(20)
		13. 每万人吸引外商投资额(20)
		14. 人均地区生产总值(20)
		15. 沪深A股数量及市值(20)
		16. 每万人专利实施许可数(20)
	结构优化(50)	17. 电信业务收入(33.4)
		18. 第三产业占GDP的比重(33.3)
		19. 人均工业总产值(33.3)
品牌创新能力(25)	品牌水平(50)	20. 城市综合知名度(50)
		21. 驰名商标数量及知名度(50)
	品牌支撑(50)	22. A级景区数量及知名度(25)
		23. 非物质文化遗产数量及知名度(25)
		24. 全国历史文化名村镇数量及知名度(25)
		25. 全国重点文物保护单位数量及知名度(25)

现将指标简要说明如下。

（1）创新基础条件与支撑能力

创新基础条件与支撑能力指标是驱动城市创新能力发展所必备的基础和支撑能力的重要参数，包括政策条件、人才保障、信息化水平、文化支撑、可持续能力等5个二级指标，其中，文化支撑是新增指标。《中共中央国务院关于深化体制机制改革加快实施创新驱动发展战略的若干意见》提出"营造鼓励创新、宽容失败的创新文化"，文化支撑不仅是创新的文化氛围，还包括为创新提供的文化基础设施。

根据现有统计制度规定的调查参量和数据可得性，我们选取了11项三级指标。其中，新增加文化支撑类的指标3项，分别为每万人公共图书馆藏书量、每万人剧场影院数、每万人博物馆数；减少1项指标，即空气质量达标天数，主要是最新的《中国城市统计年鉴》减少了这一统计指标。下面逐项说明：

1）教育支出占GDP比重。这个指标反映以教育为基础，百年树人，以人为本，以知识为本的政策在财政上的体现，反映了人的培养和教育，知识后继的情况的一个基础支撑指标。

2）科学支出占GDP比重。这个指标直接反映了财政用于科学支出占国民收入的支出比例，指标直接反映财政支持科技事业的程度，是支撑类指标最直接反映某一城市对科技支持力度的相对指标。

3）科学技术人员占从业人员比重。科学研究、技术服务和地质勘查业人员就是科学技术人员，其比重表征了城市科学技术人员逐年增长的程度，表征了劳动者知识水平，知识水平是创新的决定性要素，因此这个指标是一个直接衡量创新能力的指标。

4）信息技术人员占从业人员比重。信息技术人员主要为信息传输、计算机服务及软件业等的从业人员占比情况，是反映创新能力的重要指标之一。

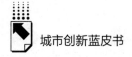

5）每万人国际互联网用户数。这是反映信息化水平的指标。能否最大限度地实现互联网的应用范围，是表征城市科技进步的重要参数之一，互联网传播知识迅速便捷对空间环境起了重要的支撑作用。鉴于国家提出"互联网＋"战略，互联网对创新的驱动能力和作用将大大加强，因此，我们适当增加了互联网指标的权重。

6）每万人移动电话用户数。这是反映信息化水平的指标。计算公式为：每万人移动电话用户数＝移动电话用户数÷年末常住人口（万人）。

7）每万人公共图书馆藏书量。这是指市区每万人拥有的公共图书馆藏书量，其中公共图书馆图书总藏量指图书馆已编目的古籍、图书、期刊和报纸的合订本、小册子、手稿以及缩微制品、录像带、录音带、光盘等视听文献资料数量的总和。知识积累程度与创新能力直接相关，因而是支撑创新的重要指标。

8）每万人剧场影院数。主要指市区每万人拥有的剧场与影院数。剧场与影剧院数指独立核算的专用剧场和文化部门主管的能演出戏剧的影剧院、兼映电影的剧院场，以及附属在剧院、团公开营业的非独立核算的剧场、排演场。影剧是文化的反映，反过来也促进文化的创新与发展，从而也是创新的重要文化支撑力量。

9）每万人博物馆数。主要指市区每万人拥有的博物馆数。按照美国博物馆协会的定义：博物馆是收集、保存最能有效地说明自然现象及人类生活的资料，并使之用于增进人们的知识和启蒙教育的机关。有助于知识增进的博物馆，是创新驱动的重要文化支撑。

10）建成区绿化覆盖率。该数值直接反映现代城市的绿化的生态环境，是对气候调节、宜居状态的反映，是留住高级科技人才的条件之一，所以选为支撑参数之一。

11）污水集中处理率。该指标是指在一定时期内（通常为一年），城镇生活污水处理量与城市生活污水产生量的比率。它反映了城市可持续发展能力。

（2）技术产业化能力

技术产业化能力是主类直接指标，分为产业条件和结构优化等2个二级指标，共有8项三级指标，该类指标直接反映创新能力程度、规模和能力。

12）每万人工业企业数。这是考察企业多样性的一个指标，多样性反映了城市发展的全面性、多样性和灵动性，会带来更多的创新点，为城市创新发展提供更多的平台。

13）每万人吸引外商投资额。这是对吸引外资能力的一个考评，说明在综合条件下，招商引资的能力和水平。外资现阶段不但带来资金、就业等直接利益，还能够带来技术和管理优势。因此该指标是直接指标之一。

14）人均地区生产总值（人均GDP）。这个指标反映的是现有年份当年的经济增长总量的人均值。经济发展是实现城市创新的第一基础，只有一定的经济基础，才能支撑创新的投入和支出。此指标也是反映城市创新绩效的指标之一。

15）沪深A股数量及市值。这是反映城市技术产业化条件和能力的一个重要指标，表明了城市技术创新的结果。

16）每万人专利实施许可数。专利是受法律保护的发明创造，是创新的表现。但是，专利如果只是落在纸上或实验室中，对产业发展没有实质价值，所以，我们采用的是每万人专利实施许可数这一指标，考察的是进入应用环节的专利，作为产业条件的重要指标。

17）电信业务收入。该指标反映现代电子信息技术应用于创新方面的程度，反映出创新的现代特征的成分。

18）第三产业占GDP的比重。这个参数反映了经济结构调整的状态和情况，是人均GDP的补充和修订。随着经济发展，国家经济结构向现代化发展的趋势标志之一是第三产业的扩大，第三产业扩大

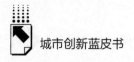

反映了国民经济结构向良性和协调性发展，服务向社会化倾斜，有利于城市创新的开展，所以是城市创新的重要支撑因素之一，是直接指标。

19）人均工业总产值。该指标的高低是直接反映创新能力的指标。现代企业竞争力的核心就是创新程度和能力，工业总产值可以直接反映综合创新能力。

（3）品牌创新能力

品牌创新能力是直接反映城市持久创新的指标群，包括品牌水平与品牌支撑等 2 个二级指标，共有 6 项三级指标，是直接调查方法取得的数据，反映了一个城市历史和现在的继承和发展，也反映了它们持久创新的能力和基础。

20）城市综合知名度。该指标是评价一个城市知名度和综合知名度的指标，它对城市创新能力的影响是人文的、历史的，也是现实的。

21）驰名商标数量及知名度。该指标是城市创新基本细胞——企业、商铺等，在继承和发展过程中创造的品牌效应，有的甚至申请了专利保护，是和专利拥有同等知识产权法律地位的无形资产，记载和宣示了其质量、信誉等价值，是创新成果的结晶。因此被列为重要评价指标之一。

22）A 级景区数量及知名度。这是城市吸引居民的一个重要指标，间接作用于城市创新环境。

23）非物质文化遗产数量及知名度。这是现代城市知名度的集中表现指标之一。它是以人为本的活态文化遗产，它强调的是以人为核心的技艺、经验、精神，其特点是活态流变。

24）全国历史文化名村镇数量及知名度。该指标反映了中国历史物质文化遗产的情况，对城市创新和文化传承是重要的支撑指标之一。

25）全国重点文物保护单位数量及知名度。该指标是城市重要的文化资产，对外资、人文、宜居的影响是综合的，保护与继承、继承与发展都是重要的基础，也是创新的重要基础指标之一。

五 指标的编制方法

（一）确定权重

各个指标的权重是根据指标在评价体系中的重要性、其数量反映所评价问题的表征程度来确定的。但即使这样，也会由于不同的人有不同的评价。为科学起见，我们采用主成分法与德尔菲法结合的方法给出。

主要步骤如下：

第一步，给定初始的样本矩阵，对矩阵中的原始指标数据进行标准化处理；

第二步，利用德尔菲法，根据一组专家的经验判断，对指标变量在实际评估中的重要程度进行打分，分别赋予权数，并根据确定的权数对标准化的样本矩阵进行处理，得到新的数据表；

第三步，对新形成矩阵中的指标数据进行主成分分析，最终确定各指标的权重。

（二）标准化处理

本文研究所使用的数据主要来源于《中国城市统计年鉴》、样本城市的统计年鉴以及我们自己的数据库等资料。由于城市技术创新能力评价体系中各项指标数据的量纲不同，需对原始数据进行无量纲化处理。

根据指标的特性采取不同的标准化方法。

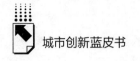

第一，指标数值为百分数的，如果指标的最大值（或目标值）可以达到100％，则使用观测原值作为标准化值。

第二，具有量度单位的指标（如指标数值的单位为"个"、"平方公里"等等），如果指标是"正向指标"（即越大越好），标准化的方法为："观测原值"除以"观测值的最大值"，计算方法见公式（1）。

$$Z_i = \frac{X_i - X_{min}^i}{X_{max}^i - X_{min}^i} \text{ 或 } Z_i = \frac{\mathrm{Ln}(X_i) - \mathrm{Ln}(X_{min}^i)}{\mathrm{Ln}(X_{max}^i) - \mathrm{Ln}(X_{min}^i)} \tag{1}$$

第三，具有量度单位的指标，如果指标是"逆向指标"（即越小越好），标准化值＝观测值最小值/观测原值。计算方法见公式（2）。

$$Z_i = \frac{X_{max}^i - X_i}{X_{max}^i - X_{min}^i} \text{ 或 } Z_i = \frac{\mathrm{Ln}(X_{max}^i) - \mathrm{Ln}(X_i)}{\mathrm{Ln}(X_{max}^i) - \mathrm{Ln}(X_{min}^i)} \tag{2}$$

那么，所有指标经过标准化处理以后，其指标值均分布在0～1之间，1代表最高水平。

（三）指数的合成计算

对经过标准化处理的各项指标进行加总，即得出整个评价体系的综合得分。

1. 分类指数的合成方法

本体系由创新基础条件与支撑能力、技术产业化能力、品牌创新能力三个分类组成。将某一类的所有指标无量纲化后的数值与其权重按公式（3）计算就得到类指数。

$$I_i = \frac{\sum Z_j W_j}{\sum W_j} \tag{3}$$

2. 综合指数合成方法

将城市创新能力评价指标体系中的所有三级指标无量纲化后的数

值与其权重按公式（4）计算就得到综合指数。

$$I = \frac{\sum_{i=1}^{N} Z_i W_i}{\sum_{i=1}^{N} W_i} \tag{4}$$

（执笔人：刘正山）

参考文献

Burgelman, R. A. (2015). 24 Prigogine's Theory of the Dynamics of Far – From – Equilibrium Systems: Application to Strategic Entrepreneurship and Innovation in Organizational Evolution. The Oxford Handbook of Creativity, Innovation, and Entrepreneurship, 433.

Bradford, N. , & Bramwell, A. (Eds.). (2014). Governing Urban Economies: Innovation and Inclusion in Canadian City Regions. University of Toronto Press.

Cooke, P. , & Morgan, K. (1999). The associational economy: firms, regions, and innovation. OUP Catalogue.

Da Silva, M. A. P. M. (2012). "A Model of Innovation and Learning with Involuntary Spillovers and Absorptive Capacity", *Economics of Innovation and New Technology*, 21 (7), 613 –630.

Drucker, P. (2014). Innovation and entrepreneurship. Routledge.

Garcia, B. C. , & Chavez, D. (2014). Network – based innovation systems: A capital base for the Monterrey city – region, Mexico. *Expert Systems with Applications*, 41 (12), 5636 – 5646.

Kim, Y. , & Kim, S. M. (2014, November). The Analysis on the Changes of Commercial Areas by development of Innovation City. In ERSA conference papers (No. ersa14p1019). European Regional Science Association.

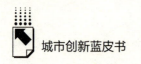

Lundvall, B. Å. (Ed.). (2010). National systems of innovation: Toward a theory of innovation and interactive learning (Vol. 2). Anthem Press.

Nelson, R. R. (1993). National innovation systems: a comparative analysis. University of Illinois at Urbana – Champaign's Academy for Entrepreneurial Leadership Historical Research Reference in Entrepreneurship.

OECD and Eurostat. (1997). Oslo Manual (2nd Edition). Paris: OECD Publishing.

OECD and Eurostat. (2005). Oslo Manual (3rd Edition). Paris: OECD Publishing.

OECD. (2006). Competitive cities in the global economy. Paris: OECD Organisation for Economic Co – operation and Development.

Rasiah, R. (2011). "The Role of Institutions and Linkages in Learning and Innovation", *International Journal of Institutions and Economies*, 3 (2): 165 – 172.

Rajah Rasiah, Thiruchelvam Kanagasundram and Keun Lee. (2012). Innovation and Learning Experiences in Rapidly Developing East Asia, London and New York: Routledge.

Utterback, J. M., & Abernathy, W. J. (1975). A dynamic model of process and product innovation. *Omega*, *3* (6), 639 – 656.

彼得·杜拉克:《创新与企业家精神》,海南出版社,2000。

陈至立:《加强自主创新促进可持续发展》,《中国软科学》2005 年第 9 期。

戴维·莫利、理查德·纳尔逊:《牛津创新手册》,知识产权出版社,2009。

郭亚军:《综合评价理论与方法》,科学出版社,2002。

克瑞斯提诺·安东内利:《创新经济学、新技术与结构变迁》,高等教育出版社,2006。

弗里曼:《技术进步与经济理论》,经济科学出版社,1992。

李继勇、张艳红等:《城市技术创新能力的评价分析》,《数学的实践与认识》2005 年第 6 期。

杨平:《欧盟建立创新评价指标体系及其与美日的比较》,《全球科技经济瞭望》2002 年第 8 期。

胡志坚：《国家创新系统——理论分析与国际比较》，社会科学文献出版社，2000。

吴贵生、王毅：《技术创新管理》，清华大学出版社，2009。

熊彼特：《经济发展理论》，商务印书馆，1990。

张洁、刘科伟、刘红光：《我国主要城市创新能力评价》，《科技管理研究》2007 年第 11 期。

周天勇：《中国城市创新报告（2014）》，社会科学文献出版社，2014。

赵黎明、冷晓明等：《城市创新系统》，天津大学出版社，2002。

B.3
中国城市创新能力测评结果

一　副省级（含）以上城市创新能力测评

（一）副省级（含）以上城市创新能力综合测评

序次	城市名称	创新能力综合得分
1	北京市	97.9361
2	上海市	96.4877
3	深圳市	86.8509
4	天津市	82.8339
5	杭州市	81.8762
6	重庆市	79.4720
7	广州市	78.7512
8	青岛市	75.1167
9	大连市	74.8057
10	沈阳市	74.1153
11	武汉市	72.0354
12	厦门市	71.2697
13	宁波市	71.0892
14	成都市	70.9538
15	哈尔滨市	70.6528
16	南京市	68.8391
17	西安市	67.5872
18	济南市	66.3808
19	长春市	64.5862

（二）副省级（含）以上城市创新基础条件和支撑能力测评

序次	名称	创新基础条件与支撑能力
1	北 京 市	98.2759
2	上 海 市	94.3728
3	深 圳 市	89.5574
4	广 州 市	85.0546
5	杭 州 市	84.7297
6	重 庆 市	83.8595
7	武 汉 市	82.9893
8	青 岛 市	80.5129
9	天 津 市	79.8998
10	沈 阳 市	79.8544
11	大 连 市	79.1433
12	哈尔滨市	77.9841
13	西 安 市	77.9700
14	厦 门 市	77.9296
15	济 南 市	74.9749
16	成 都 市	74.9585
17	宁 波 市	69.5642
18	长 春 市	66.8198
19	南 京 市	60.7234

（三）副省级（含）以上城市技术产业化能力测评

序次	城市名称	技术产业化能力得分
1	上 海 市	98.8505
2	北 京 市	97.4397
3	深 圳 市	88.3756
4	天 津 市	88.1399
5	杭 州 市	78.7731
6	大 连 市	78.3416
7	南 京 市	77.4499

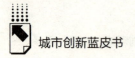

续表

序次	城市名称	创新能力综合得分
8	宁 波 市	75.0158
9	广 州 市	74.5567
10	沈 阳 市	73.6032
11	青 岛 市	73.2653
12	哈 尔 滨 市	67.8103
13	重 庆 市	67.7631
14	厦 门 市	66.4574
15	武 汉 市	64.5291
16	长 春 市	64.0951
17	成 都 市	63.7950
18	济 南 市	59.2955
19	西 安 市	57.6993

（四）副省级（含）以上城市品牌创新能力测评

序次	名称	品牌创新能力
1	北 京 市	98.0873
2	上 海 市	96.5637
3	重 庆 市	88.8445
4	杭 州 市	81.6549
5	深 圳 市	80.3859
6	天 津 市	80.1002
7	成 都 市	74.5685
8	广 州 市	74.5380
9	南 京 市	69.7693
10	青 岛 市	69.0748
11	宁 波 市	68.0320
12	厦 门 市	67.3509
13	沈 阳 市	65.6496
14	武 汉 市	65.0181

续表

序次	名称	品牌创新能力
15	西 安 市	64.8176
16	大 连 市	62.9152
17	哈尔滨市	62.9023
18	济 南 市	62.5498
19	长 春 市	61.6998

二 地级城市创新能力测评（前100名）

（一）地级城市创新能力综合测评（前100名）

综合序次	名称	综合
1	苏 州 市	98.4159
2	无 锡 市	97.3269
3	长 沙 市	95.1941
4	佛 山 市	93.9660
5	东 莞 市	92.7860
6	常 州 市	91.3129
7	潍 坊 市	86.2769
8	南 通 市	85.3394
9	福 州 市	85.2073
10	绍 兴 市	84.9894
11	烟 台 市	84.5934
12	嘉 兴 市	83.9466
13	合 肥 市	83.8994
14	郑 州 市	81.9608
15	泉 州 市	80.3226

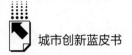
综合序次	名称	综合
16	石家庄市	79.9767
17	扬 州 市	79.7425
18	中 山 市	79.1498
19	温 州 市	78.0609
20	昆 明 市	78.0107
21	淄 博 市	77.5044
22	太 原 市	77.1266
23	洛 阳 市	76.3897
24	台 州 市	76.3665
25	威 海 市	75.9024
26	南 昌 市	75.5439
27	珠 海 市	75.0731
28	金 华 市	75.0711
29	镇 江 市	74.6163
30	宜 昌 市	74.0164
31	湖 州 市	73.0114
32	芜 湖 市	72.8200
33	保 定 市	72.6253
34	徐 州 市	72.5073
35	东 营 市	72.3322
36	唐 山 市	72.2597
37	临 沂 市	72.1152
38	马 鞍 山 市	72.0749
39	廊 坊 市	72.0447
40	大 庆 市	71.7353
41	襄 阳 市	71.4384
42	邯 郸 市	71.1022
43	呼和浩特市	71.0712
44	黄 山 市	71.0199
45	海 口 市	70.7607
46	乌鲁木齐市	70.6629

综合序次	名称	综合
47	惠 州 市	70.4412
48	宣 城 市	69.9217
49	兰 州 市	69.9001
50	鞍 山 市	69.5276
51	南 宁 市	69.4218
52	运 城 市	69.1734
53	泰 州 市	69.0055
54	盘 锦 市	68.9020
55	聊 城 市	68.7286
56	吉 林 市	68.6275
57	三 门 峡 市	68.6006
58	济 宁 市	68.5710
59	岳 阳 市	68.5614
60	德 州 市	68.3186
61	滨 州 市	67.9004
62	包 头 市	67.7720
63	银 川 市	67.3760
64	连 云 港 市	67.3489
65	鄂 尔 多 斯 市	67.2515
66	本 溪 市	67.0731
67	沧 州 市	67.0370
68	泰 安 市	66.0801
69	铜 陵 市	65.5086
70	平 顶 山 市	65.4852
71	晋 城 市	65.3935
72	绵 阳 市	65.3669
73	上 饶 市	65.3572
74	安 庆 市	65.3007
75	张 家 口 市	65.2916
76	桂 林 市	65.2794
77	漳 州 市	65.2185
78	克 拉 玛 依 市	65.1834
79	盐 城 市	65.0696

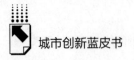

续表

综合序次	名称	综合
80	九 江 市	65.0562
81	宜 春 市	64.9901
82	晋 中 市	64.9506
83	江 门 市	64.8842
84	常 德 市	64.8137
85	肇 庆 市	64.7859
86	龙 岩 市	64.7323
87	辽 阳 市	64.7075
88	淮 安 市	64.6823
89	铁 岭 市	64.6699
90	三 明 市	64.5994
91	通 化 市	64.4980
92	秦 皇 岛 市	64.4214
93	许 昌 市	64.3171
94	嘉 峪 关 市	64.2515
95	焦 作 市	64.1787
96	邢 台 市	64.1555
97	枣 庄 市	64.1027
98	汕 头 市	64.0996
99	新 余 市	64.0432
100	营 口 市	63.6764

（二）地级城市创新基础条件和支撑能力测评（前100名）

序次	城市名称	基础条件与支撑能力得分
1	苏 州 市	96.1136
2	长 沙 市	94.6713
3	无 锡 市	93.6298
4	东 莞 市	90.7748
5	潍 坊 市	86.5570

续表

序次	城市名称	基础条件与支撑能力得分
6	佛 山 市	86.5477
7	合 肥 市	84.6959
8	太 原 市	83.6076
9	嘉 兴 市	80.4626
10	烟 台 市	80.2930
11	福 州 市	79.8943
12	昆 明 市	78.6557
13	南 通 市	78.6141
14	常 州 市	78.3766
15	大 庆 市	77.7854
16	珠 海 市	77.4018
17	南 昌 市	77.1458
18	郑 州 市	77.1168
19	石 家 庄 市	76.2572
20	中 山 市	74.2490
21	绍 兴 市	74.1170
22	洛 阳 市	73.8518
23	海 口 市	73.4721
24	唐 山 市	72.6942
25	银 川 市	72.4488
26	三 门 峡 市	72.0602
27	临 沂 市	71.9372
28	南 宁 市	71.4065
29	威 海 市	70.8653
30	宜 昌 市	70.3561
31	金 华 市	69.8689
32	呼 和 浩 特 市	69.8094
33	淄 博 市	69.7391
34	惠 州 市	69.7159
35	兰 州 市	69.6886

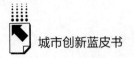

序次	城市名称	基础条件与支撑能力得分
36	泉 州 市	69.6191
37	运 城 市	69.5236
38	温 州 市	69.3337
39	邯 郸 市	69.1778
40	台 州 市	69.0348
41	东 营 市	68.7785
42	保 定 市	68.6761
43	徐 州 市	68.2725
44	廊 坊 市	68.1026
45	湖 州 市	67.8257
46	乌鲁木齐市	67.3394
47	榆 林 市	67.1460
48	绥 化 市	67.0732
49	宜 春 市	66.7990
50	桂 林 市	66.4861
51	张 家 口 市	66.1186
52	绵 阳 市	65.8591
53	秦 皇 岛 市	65.4436
54	济 宁 市	65.3093
55	扬 州 市	65.1757
56	黄 山 市	65.1418
57	沧 州 市	65.0525
58	嘉 峪 关 市	64.7340
59	芜 湖 市	64.4660
60	吉 林 市	64.2828
61	襄 阳 市	64.2339
62	克拉玛依市	64.1619
63	肇 庆 市	64.1185
64	铁 岭 市	64.0047
65	辽 阳 市	63.9772

序次	城市名称	基础条件与支撑能力得分
66	盘 锦 市	63. 9059
67	鞍 山 市	63. 8000
68	十 堰 市	63. 6623
69	滨 州 市	63. 4336
70	宝 鸡 市	63. 3500
71	上 饶 市	63. 2483
72	安 阳 市	63. 1840
73	抚 州 市	63. 0125
74	邢 台 市	63. 0064
75	聊 城 市	62. 9905
76	泰 安 市	62. 6696
77	乌 海 市	62. 6544
78	本 溪 市	62. 6065
79	安 庆 市	62. 6035
80	呼伦贝尔市	62. 1341
81	晋 中 市	62. 0716
82	九 江 市	62. 0704
83	宣 城 市	61. 9976
84	许 昌 市	61. 8566
85	德 州 市	61. 8563
86	石 嘴 山 市	61. 8528
87	乌兰察布市	61. 8222
88	晋 城 市	61. 7449
89	岳 阳 市	61. 6810
90	包 头 市	61. 6264
91	滁 州 市	61. 6206
92	玉 林 市	61. 5677
93	承 德 市	61. 5484
94	咸 阳 市	61. 5471
95	朝 阳 市	60. 8863

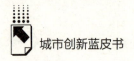
续表

序次	城市名称	基础条件与支撑能力得分
96	枣 庄 市	60.8406
97	朔 州 市	60.7542
98	连 云 港 市	60.7137
99	常 德 市	60.5855
100	蚌 埠 市	60.1729

（三）地级城市技术产业化能力测评（前100名）

序次	城市名称	技术产业化能力得分
1	苏 州 市	99.1869
2	无 锡 市	98.5012
3	常 州 市	98.1766
4	东 莞 市	96.3961
5	佛 山 市	90.9780
6	镇 江 市	90.5998
7	南 通 市	90.4418
8	泰 州 市	87.9512
9	长 沙 市	87.0720
10	扬 州 市	86.6844
11	嘉 兴 市	85.8746
12	绍 兴 市	80.6856
13	福 州 市	80.5852
14	芜 湖 市	80.3770
15	合 肥 市	79.3011
16	威 海 市	78.3692
17	马 鞍 山 市	77.5969
18	东 营 市	77.3594
19	淄 博 市	76.9573
20	郑 州 市	76.6399

序次	城市名称	技术产业化能力得分
21	烟 台 市	76.6388
22	淮 安 市	75.9227
23	徐 州 市	75.5217
24	铜 陵 市	75.4244
25	盘 锦 市	74.7983
26	鄂尔多斯市	74.2486
27	营 口 市	73.9063
28	珠 海 市	73.7025
29	中 山 市	73.2765
30	盐 城 市	73.2693
31	湖 州 市	72.8731
32	潍 坊 市	72.2121
33	台 州 市	72.0053
34	温 州 市	71.6574
35	聊 城 市	71.1013
36	泉 州 市	71.0532
37	德 州 市	70.5560
38	昆 明 市	70.4867
39	包 头 市	70.1068
40	本 溪 市	70.0250
41	石 家 庄 市	69.9111
42	连 云 港 市	69.8724
43	乌 鲁 木 齐 市	69.5631
44	南 昌 市	69.4664
45	鞍 山 市	69.3234
46	金 华 市	68.3523
47	新 余 市	67.9937
48	呼 和 浩 特 市	67.8939
49	唐 山 市	67.8109
50	惠 州 市	67.8032

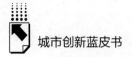

序次	城市名称	技术产业化能力得分
51	宿 迁 市	67.6885
52	洛 阳 市	66.3548
53	鹰 潭 市	66.3229
54	克拉玛依市	66.2338
55	吉 林 市	66.0362
56	抚 顺 市	65.6705
57	襄 阳 市	65.5485
58	株 洲 市	65.4014
59	宣 城 市	64.9522
60	佳 木 斯 市	64.9090
61	大 庆 市	64.8861
62	临 沂 市	64.8274
63	海 口 市	64.7078
64	丹 东 市	64.6006
65	焦 作 市	64.4507
66	枣 庄 市	64.3783
67	滨 州 市	64.3215
68	太 原 市	64.2036
69	九 江 市	64.1771
70	三 明 市	63.8318
71	铁 岭 市	63.7961
72	锦 州 市	63.6338
73	三 门 峡 市	63.6044
74	鹤 壁 市	63.0947
75	荆 门 市	63.0251
76	江 门 市	62.9781
77	鄂 州 市	62.8581
78	黄 山 市	62.7733
79	岳 阳 市	62.5756
80	郴 州 市	62.5376

序次	城市名称	技术产业化能力得分
81	肇 庆 市	62.4833
82	辽 阳 市	62.4496
83	济 宁 市	62.4169
84	泰 安 市	62.3019
85	南 宁 市	62.1635
86	沧 州 市	61.9689
87	舟 山 市	61.7372
88	宜 昌 市	61.7089
89	通 化 市	61.6726
90	湘 潭 市	61.6311
91	许 昌 市	61.5872
92	辽 源 市	61.5357
93	漳 州 市	61.4909
94	蚌 埠 市	61.4196
95	白 山 市	61.3313
96	衢 州 市	61.0059
97	兰 州 市	60.9240
98	贵 阳 市	60.8190
99	衡 阳 市	60.7706
100	汕 头 市	60.7372

（四）地级城市品牌创新能力测评（前100名）

序次	城市名称	品牌创新能力得分
1	苏 州 市	97.5122
2	泉 州 市	95.1259
3	长 沙 市	93.0786
4	绍 兴 市	92.2220
5	佛 山 市	92.1202

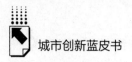

序次	城市名称	品牌创新能力得分
6	潍 坊 市	89.0858
7	无 锡 市	86.8694
8	保 定 市	86.6551
9	烟 台 市	86.4974
10	温 州 市	86.1206
11	常 州 市	85.0089
12	石 家 庄 市	84.7863
13	福 州 市	83.9489
14	宜 昌 市	83.0051
15	廊 坊 市	82.4002
16	郑 州 市	81.5489
17	中 山 市	80.1377
18	运 城 市	79.9742
19	洛 阳 市	79.9489
20	台 州 市	79.6570
21	金 华 市	78.5016
22	黄 山 市	78.4425
23	扬 州 市	78.1418
24	晋 城 市	78.0384
25	襄 阳 市	77.6042
26	邯 郸 市	76.7393
27	平 顶 山 市	76.5005
28	宣 城 市	76.2390
29	淄 博 市	75.9321
30	岳 阳 市	74.8907
31	晋 中 市	73.8055
32	马 鞍 山 市	73.3531
33	东 莞 市	73.2762
34	合 肥 市	73.0818
35	南 通 市	72.7013

续表

序次	城市名称	品牌创新能力得分
36	昆 明 市	72.6531
37	龙 岩 市	72.0462
38	嘉 兴 市	70.8320
39	太 原 市	70.1583
40	泰 州 市	69.6284
41	绵 阳 市	69.5213
42	兰 州 市	69.4906
43	济 宁 市	69.3446
44	临 沂 市	68.8667
45	长 治 市	68.6717
46	渭 南 市	68.3369
47	漳 州 市	68.0917
48	丽 水 市	67.7881
49	湖 州 市	67.5952
50	镇 江 市	67.3886
51	张 家 口 市	67.3553
52	滨 州 市	67.1244
53	南 昌 市	67.1002
54	桂 林 市	67.0091
55	盐 城 市	66.8977
56	上 饶 市	66.5722
57	邢 台 市	66.3517
58	天 水 市	66.3290
59	宁 德 市	66.1964
60	株 洲 市	66.1357
61	吉 林 市	66.1349
62	威 海 市	66.0505
63	鞍 山 市	65.7344
64	海 东 市	65.6280
65	西 宁 市	65.4811

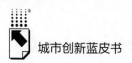
续表

序次	城市名称	品牌创新能力得分
66	常 德 市	65.2894
67	临 汾 市	65.1787
68	南 阳 市	65.1273
69	吕 梁 市	64.8799
70	承 德 市	64.8740
71	江 门 市	64.8390
72	宝 鸡 市	64.6352
73	沧 州 市	64.5387
74	泰 安 市	64.2396
75	遵 义 市	64.1495
76	乌鲁木齐市	64.0605
77	唐 山 市	64.0290
78	呼和浩特市	64.0009
79	嘉 峪 关 市	63.9854
80	安 庆 市	63.9712
81	三 明 市	63.9534
82	赤 峰 市	63.8272
83	泸 州 市	63.7537
84	大 同 市	63.6613
85	通 化 市	63.3439
86	贵 阳 市	63.3023
87	南 宁 市	63.1845
88	延 安 市	63.0682
89	汕 头 市	62.9666
90	双 鸭 山 市	62.9446
91	拉 萨 市	62.9329
92	呼伦贝尔市	62.9094
93	银 川 市	62.6181
94	吉 安 市	62.5532
95	德 州 市	62.5129

序次	城市名称	品牌创新能力得分
96	咸 阳 市	62.5066
97	怀 化 市	62.4703
98	焦 作 市	62.4076
99	十 堰 市	62.2701
100	荆 州 市	62.1910

三 县级城市创新能力测评（前100名）

序次	城市名称	创新能力综合得分
1	昆 山 市	98.1930
2	江 阴 市	97.1325
3	常 熟 市	90.5286
4	张 家 港 市	88.1547
5	宜 兴 市	86.7464
6	龙 口 市	85.7448
7	太 仓 市	84.7622
8	义 乌 市	84.7449
9	桐 乡 市	83.7922
10	晋 江 市	82.5587
11	余 姚 市	82.3332
12	永 康 市	80.0586
13	慈 溪 市	80.0200
14	海 宁 市	79.7575
15	诸 城 市	78.7229
16	诸 暨 市	77.8782
17	石 狮 市	77.5630
18	平 湖 市	77.1501
19	上 虞 市	75.9652

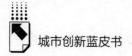
续表

序次	城市名称	创新能力综合得分
20	招 远 市	75. 1925
21	临 安 市	74. 6295
22	即 墨 市	74. 6284
23	蓬 莱 市	74. 4733
24	武 夷 山 市	74. 2184
25	荣 成 市	74. 1585
26	昌 吉 市	73. 7558
27	延 吉 市	73. 2081
28	赤 水 市	73. 0486
29	高 密 市	72. 8887
30	大 理 市	72. 7968
31	奉 化 市	72. 5680
32	东 阳 市	72. 0794
33	海 门 市	72. 0391
34	丹 阳 市	71. 9599
35	富 阳 市	71. 8436
36	瑞 安 市	71. 6774
37	嵊 州 市	71. 6055
38	临 海 市	71. 5741
39	寿 光 市	71. 4760
40	浏 阳 市	71. 2658
41	南 安 市	71. 1155
42	龙 泉 市	71. 0892
43	阿 勒 泰 市	71. 0053
44	绥 芬 河 市	70. 9234
45	溧 阳 市	70. 7605
46	乐 清 市	70. 6183
47	哈 密 市	70. 5389
48	靖 江 市	70. 3467
49	武 安 市	70. 1656

续表

序次	城市名称	创新能力综合得分
50	界首市	70.0028
51	建德市	69.8570
52	巢湖市	69.7653
53	敦煌市	69.5588
54	高平市	69.4983
55	永安市	69.4949
56	温岭市	69.4773
57	石河子市	69.3400
58	扬中市	69.2236
59	滕州市	69.2049
60	东台市	69.1667
61	韩城市	69.0738
62	启东市	69.0679
63	福清市	68.9718
64	兴化市	68.9303
65	宜都市	68.9145
66	海城市	68.8683
67	二连浩特市	68.8522
68	兰溪市	68.8084
69	江山市	68.8070
70	大丰市	68.7574
71	天长市	68.6163
72	增城市	68.5285
73	句容市	68.4929
74	长乐市	68.4902
75	肥城市	68.4106
76	都江堰市	68.4100
77	胶州市	68.1795
78	霍林郭勒市	68.1347
79	宁国市	68.1169

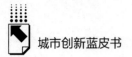

续表

序次	城市名称	创新能力综合得分
80	桐 城 市	68.1123
81	新 泰 市	68.0844
82	莱 州 市	68.0091
83	喀 什 市	67.9408
84	丹 江 口 市	67.9359
85	登 封 市	67.8873
86	安 丘 市	67.8415
87	恩 施 市	67.8275
88	曲 阜 市	67.8048
89	文 登 市	67.7773
90	永 城 市	67.7570
91	如 皋 市	67.7010
92	尚 志 市	67.6048
93	瓦 房 店 市	67.5792
94	钟 祥 市	67.5595
95	塔 城 市	67.5412
96	泰 兴 市	67.4341
97	伊 宁 市	67.3802
98	章 丘 市	67.2797
99	枝 江 市	67.2421
100	邹 城 市	67.1584

专题研究

Monographic Studies

B.4
中关村科技创新规律研究

摘　要：　中关村科技创新的发展并非偶然。新中国前期在该地区的科教资源布局和创新研发投入，使中关村地区成为我国科教智力资源最密集的区域，为改革开放后科技人员下海创业和科技创新奠定了物质基础；改革开放后对中关村科研人员的解放思想和"松绑"，开启了中关村地区持续30多年的科技创新演化历程。中关村现已成为科技创新的一个著名品牌，其整个演化过程，是一个体制机制不断改革、活力不断激发的过程，更是国家意志和市场力量的无缝接力。近年来，中关村的创业创新和发展已经展示出诸多较以往完全不同的新特征，进入全新的发展阶段，主要是以新型孵化器为载体的新型创业创新活动蓬勃发展，"新中关村现象"已经展现在人们面前。新中关村现象的核

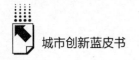

心是人力资本，助推力量是新型科技金融，背景特征是移动互联网崛起，最大经济社会价值是中关村对周边地区创业创新的空间扩散作用。今天的中关村已经具有超越硅谷、做有全球影响力的科技创新中心的关键要素基础。《中关村国家自主创新示范区发展规划纲要（2011～2020 年）》和《国民经济"十二五"规划》指出，中关村发展的远期目标就是成为具有全球影响力的科技创新中心和高技术产业基地。随着"新中关村现象"的勃兴以及中关村地区科研院所体制改革的红利释放，中关村发展完全有理由进入一个全新的发展阶段，做"世界的中关村"和全球最重要的科技创新中心之一，引领世界科技创新和商业模式创新的潮流。

关键词：　中关村　科技创新　新中关村现象

在我国科技发展史、创新史及经济发展史上，中关村占有特殊地位。它是我国第一个国家级高新技术产业开发区，第一个国家自主创新示范区，第一个国家级人才特区。它是我国科技体制机制改革的试验田，是引领创新的风向标和领头羊。中关村的诞生，来自于美国硅谷的启示，初期目标是要成为"中国的硅谷"。经过 30 多年演进和快速成长，中关村在经济规模上已是仅次于硅谷的全球第二大科技园区，在科技创新与创业的一些方面已经开始超越硅谷。当前，中关村已经处在一个新时代的前沿，它不仅仅是"中国的硅谷"，更是"世界的中关村"和具有全球影响力的科技创新中心。

一 中关村现象：政府和市场的有机结合

中关村和"中关村现象"的诞生并非偶然。新中国前期在该地区的科教资源布局和创新研发投入，使中关村地区成为我国科教智力资源最密集的区域，为改革开放后科技人员下海创业和科技创新奠定了物质基础；改革开放后对中关村科研人员的解放思想和"松绑"，开启了中关村地区持续30多年的科技创新演化历程。30多年来，中关村经历了"电子一条街"、个人电脑和门户网站、移动互联网等阶段[①]，始终站在改革开放的最前沿。中关村的整个演化过程，是一个体制机制不断改革、活力不断激发的过程，更是国家意志和市场力量无缝接力的过程。近年来，中关村的创业创新和发展已经展示出诸多较以往完全不同的新特征，进入全新的发展阶段。

（一）计划时期的科技资源布局奠定了中关村发展的基础

毛泽东在《论十大关系》中有一段著名的话："我们一为'穷'，二为'白'。'穷'，就是没有多少工业，农业也不发达。'白'，就是一张白纸，文化水平、科学水平都不高。一张白纸，正好写字。"[②]解放之初的中关村，正是这样一种"一穷二白"的情况：一无自然资源，二无人力资源，甚至长期以来只是一个偏居北京城西北一隅的只有几十户人口的小村庄以及大片荒乱之地。然而，新中国成立后在中关村及周边地区的大规模科技资源布局，却改变了中关村既往的发

---

① 也有人将其划分为"电子一条街"（1980～1988年）、北京新技术产业开发试验区（1988～1998年）、中关村科技园区（1999～2006年）、中关村国家自主创新示范区（2009年至今）等四个发展阶段。

② 毛泽东：《论十大关系》，1956年4月25日，全文参见新华网：http://news.xinhuanet.com/ziliao/2004-12/30/content_2393996.htm。

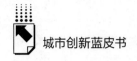

展路径。20 世纪 50 年代初，我国采取"赶超战略"和"举国体制"，建立了与中央计划经济相适应的苏联模式的科研院所体制，并将中国科学院在京研究所选址并建立在中关村地区，"八大学院"随后也建设在这里。国家通过行政力量将有限的科技资源向有限领域、有限地区集中，从而使中关村快速地成为全国最密集的科教活动区。

计划时期国家在中关村地区的科技资源布局主要体现在两个方面：一是科技基础设施，二是科研人员。新中国成立以来，向中关村地区的科技、教育投资达到上百亿元。截至 20 世纪 80 年代中期，海淀区内有北京大学、清华大学等高等院校 50 所，中国科学院等各级各类科研院所 138 所，拥有全国一流的实验室和实验设备；拥有科技人员 8 万人，其中高级职称的占 1/3 以上；设置各种专业近 1000 个；每年在校大专学生和研究生 10 万人，大学毕业生 2 万人[1]。在计划经济和举国体制条件下，中关村地区这种高密度科教资源和人力资源配置的确也创造了大量科学技术发明成果，其代表就是以"两弹一星"、合成牛胰岛素、复方蒿甲醚等。然而，这种科研体制的封闭性也决定了它们只能是科学技术发明成果，科学家和工程师只能在清贫中度日。

（二）改革开放使中关村的创新潜能得以释放

邓小平恢复工作后，高度重视科学技术和教育工作，先后召开了科学和教育工作座谈会以及全国科学大会，恢复了科教知识分子的政治地位和待遇，恢复了科学技术领域的国际交流，发表了"科学技术是生产力"的重大论断。一系列拨乱反正和解放思想工作，逐渐打开了潜藏在中关村地区数万科技人员中的科技创新和创业潜能。改革开放 30 多年来，科学家们越来越多的科技发明成果能够与经济发

---

① 北京市地方志编委会：《中关村科技园区志》，北京出版社，2008，第 2 页。

展相结合，从而驱动着中关村科技创新不断演化与升级。

1. 电子一条街时期：市场行为和结果

计划时期的中关村，可谓是"科研院所一条街"，是科教举国体制的典型。但中关村"电子一条街"的诞生，却是一种市场行为和市场结果。中国科学院的科技人员突破原有的体制束缚，下海创业、辞职创业等，开创了我国科技人员兴办民营科技企业的滥觞；更重要的是，从一开始，中关村发展就是仿照美国硅谷模式并希望建设成"中国的硅谷"。

1979 年，中国科学院物理所研究员陈春先访问美国，有机会参观了波士顿附近的"128 号公路"和加州的"硅谷"，美国高技术科研成果的产业化，特别是惠普、王安、苹果和乔布斯等创业创新故事使陈春先深受启发。回国后，陈春先为中科院科研人员做了《技术扩散与新兴产业》的报告。他指出，"美国科学家、工程师有一种强烈的创业精神，总是急于把自己的发明、专有技术知识变成产品，自己去借钱，合股开工厂；那里已经形成了几百亿元产值的新兴产业；中关村地区的人才密度绝不比旧金山和波士顿地区低，素质也并不差，但有很大的潜力没有挖出来。"因此他提出要在中关村建立"中国的硅谷"，并决定亲自付诸实践。1980 年底，陈春先创办了一家名为"北京等离子体学会先进技术发展服务部"的民办科研机构；科学家开始了直接参与公司经营管理、科研成果实现经济价值的过程。这是我国改革开放后第一家民营科技企业，在科技举国体制的大环境下开启了"以市场为导向"的技术服务和创新之路。

陈春先的探索引起了轩然大波。经过激烈的大讨论，陈春先的大方向被认为是正确的，于是 1984 年中关村的一大批科学家和知识分子走出科研院所和高校，创办了科海、京海、四通、信通（"两通两海"）、联想等民营科技企业，最终形成了"高层领导支持，研究所

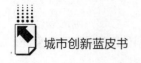
长和科研人员联合创业"的局面①。

到 1987 年，中关村地区的各类科技企业达到 148 家，当年总收入约 10 亿元人民币。由此，中关村被称为"电子一条街"。1988 年，中央财经领导小组对在中关村建立新技术开发区的调查报告进行讨论后认为，北京中关村电子一条街兴办高技术产业的经验值得重视，同意在中关村地区试办高技术产业开发区。这是我国第一个国家级高技术产业开发区，也是经济、科技、教育体制改革的试验区。

2. 个人电脑和门户网站时期：中关村融入世界

经过 20 世纪 80 年代的探索后，90 年代时期中国对微机的市场需求逐渐迸发出来，中关村开始进入个人电脑（PC）时期。在硬件方面，由组装个人电脑逐步出现了联想、方正等一批国产品牌计算机；在软件方面，以汉字显示、汉字输入为代表的计算机汉化技术继续快速发展，如金山 WPS 中文办公软件，"中文之星"中文平台软件及方正汉字激光照排等；同时也出现了以用友财务软件为代表的应用软件。以四通、方正、联想为代表的一批高技术企业进入了高速成长期。

20 世纪 90 年代后期，全球互联网兴起，中关村进入门户网站时代。在北京市新技术产业开发试验区内出现了瀛海威、搜狐、新浪等中国首批从事互联网接入和增值服务的互联网公司。1999 年前后，中关村地区出现了以"硅谷电脑城、太平洋数码电脑城、海龙电子城、鼎好电子城、中关村 e 世界"为代表的电子产品交易市场，交易对象是个人电脑配件、电脑组装、电脑整机、电脑维修以及软件、电子游戏机、电脑学习机等电子消费产品。中关村成了我国最大的计算机、软件和消费类数码产品的销售中心。截至 2005

---

① 具体过程可参见凌志军《中国的新革命：1980～2006 年，从中关村到中国社会》，湖北长江出版集团，2008，第一部。

年，中关村高新技术企业达到 16000 多家，年销售收入上亿元的高新技术企业达到 550 多家，上市公司达到 79 家；一批海外留学人员相继回国在中关村地区形成创业热潮，在互联网搜索、软件、集成电路设计等领域进行创业创新；中关村企业国际化发展的趋势不断加强。

3. 移动互联网时期：中关村引领创业创新潮流

近年来，智能移动终端的高速发展促使我国经济社会发展进入了移动互联网时期。2014 年，中国智能手机销量达到 5.19 亿部，3G、4G 信号用户总数已突破 6.7 亿户，网民人数达 6.5 亿人。有研究预期，到 2018 年我国智能手机用户数量将超过 7 亿户。在这种背景下，闻名全国的中关村电子大卖场逐渐式微，中关村的创业创新出现了前所未有的诸多新特点，其中最主要的是两点。

第一，"天使投资＋合伙人制＋股权众筹"成为主流创业创新模式。一大批围绕移动互联网的新型孵化器涌现，比如车库咖啡、创新工场、常青藤创业园、亚杰商会、创业家、创业邦、联想之星、3W咖啡、IC 咖啡、36 氪等，形成了涵盖早期办公、投融资服务、商业模式构建、团队融合等服务在内的创业生态体系；它们依托丰富的天使投资和创业服务机构，促进一批新兴企业在短期内快速发展；新型孵化器和投资机构协同发展；平台型企业成为推动创业服务业的新兴力量；以创业教育、创业孵化、天使投资和创业社区为重点内容的中关村创业服务业得到快速发展。

第二，创业创新的商业模式从产业链向生态圈转变。移动互联网的崛起，是一个生态系统的崛起，它从最顶层的硬件层、移动操作系统、运营商、零售商，到中间过渡的 OTT、移动浏览器、移动应用，最后到最底层的发布系统和投放层，全面改变着城乡消费者的行为方式，形成了跨界融合的创业创新商业模式，对许多产业的市场格局进行重构。比如小米、乐视、京东、百度、联想等都涉足了许多看似完

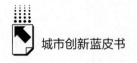

全毫无关联的领域，但其实都是在以移动互联网为核心打造开放式的
创业创新生态圈。

（三）中关村发展过程中各级政府的作用及中关村管委会的关键角色

中关村的演进历程，是一个生产力不断突破计划体制束缚、市场
主体不断壮大的过程，是一个创新模式从以科研院所研发为主体转变
为以企业创新为主体、科技研发与市场相结合的过程，是一个国有单
位"清一色"到多种所有制互为补充、健康发展的过程，更是一个
政府和市场关系不断磨合、不断默契的过程。

1. 中关村发展过程中政府的"因势利导"作用

政府与市场（含市场主体）的关系是所有国家或地区经济发展
过程中都必须面临并解决的问题。处理好这一关系，将显著提升经济
增长的动力和水平；相反则会贻误发展机遇。林毅夫在《新结构经
济学：反思经济发展与政策的理论框架》中使用"增长甄别与因势
利导"的概念和理论来阐释政府在产业选择和经济发展中的关键作
用[1]。尽管这一理论在学术界仍有争议，但纵观中关村发展历程，能
够显著地发现改革开放后中央、北京市及海淀区政府在中关村发展中
的"因势利导"作用。比如，1980 年陈春先在创办"先进技术发展
服务部"时引起了轩然大波，正是胡耀邦、胡启立、方毅等中央领
导认为陈春先的做法是完全对头的，"可以较快地把科研成果转化为
直接生产力，又可以让一些有贡献的科技人员先富起来，打破大锅
饭、铁饭碗"，直接解放了思想，破除了枷锁。中关村早期成立的公
司中，十有八九与时任海淀区委书记贾春旺的推动有一定关系，他是

---

① 林毅夫：《新结构经济学：反思经济发展与政策的理论框架》，北京大学出版社，2012，第
117～178 页。

第一个利用职权来支持科技人员创业的政府官员，比如他曾命令属下的公社书记把土地和房产借给创业企业，让这些企业全部申报"知青企业"以享受减税的好处①。由于中关村智力密集的发展特征，1984 年国家发改委牵头组成中关村开发规划办公室，起草了《中关村科技、教育、新兴产业开发规划纲要（汇报稿）》；1987 年国家科委完成了《北京中关村建立高技术开发区》的调研报告；1988 年中共中央财经领导小组认为中关村电子一条街兴办高技术产业的经验值得重视，同意在中关村地区试办高科技产业开发区，随后批准了北京市新技术产业开发试验区的成立。

2. 中关村管委会的"亲市场、大服务、小政府"角色

政府对中关村发展的"因势利导"作用中，有一个关键角色必须重视，那就是承担园区管理的机构。我国批准的城市高新区基本上都是单一的行政区域和单一的园区管理机构。1988 年北京市新技术产业开发试验区最初的范围也仅限于海淀区中关村地区，而早期成立的"试验区办公室"也有许多值得称赞和借鉴的地方，比如以公开竞聘方式组成办公室人员，以"亲市场、大服务、小政府"为原则开展工作，提出了富有远见的战略设想：跟踪世界先进水平，建立一批在国内外有影响的技工贸一体化的高技术、高效率的企业；争取在不久的将来使中关村地区成为世界上有一定影响的、高水平的新技术开发区。然而，这时的"试验区办公室"仍然只是海淀区政府的副区级派出机构，级别低，缺乏必要而相对集中的调控权，缺乏必要的经济实力，难以从根本上理顺与各方面的关系；虽然赋予了它"对试验区的发展进行全面规划并组织实施，对新技术企业进行协调、服务、管理和引导"的职能，但由于层次低，不可能站在全市的角度

---

① 凌志军：《中国的新革命：1980～2006 年，从中关村到中国社会》，湖北长江出版集团，2008，第 49～50 页。

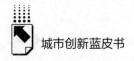
对产业结构和产品结构的调整、技术进步和技术改造做出通盘规划。

中关村园区管理机构的角色的真正改变是从 1997 年北京市新技术产业开发试验区管委会（简称北京试验区管委会）成立开始的。1994 年，国家科委将丰台园、昌平园纳入试验区政策范围，从此中关村跨出海淀区、形成"一区多园"的跨行政区域空间格局①。为了解决"一区多园"出现的园区管理体制的设置问题，1997 年 11 月北京试验区管委会正式成立，在行政关系上作为北京市政府的正局级派出机构，实行"以市为主、市区两级管理"的新体制，是海淀园、丰台园、昌平园办公室的业务领导机构；经市政府授权，享有市级经济管理权限。1998 年，试验区管委会更名为中关村科技园区管委会。2003 年北京市政府办公厅《中关村科技园区管理体制改革方案》中指出，中关村管委会主要通过调研、规划、协调、督办、服务等方式，实现对园区的宏观管理。这种特殊的园区管理模式，具有中关村园区管理机构从一开始就具有的"亲市场、大服务、小政府"特征。2009 年，中关村国家自主创新示范区成立后，中关村管委会更加强调其统筹职能，对各分园的整体发展规划、空间规划、产业布局、项目准入标准等重要业务实施统一领导，其作用更多地体现在体制机制创新和政策引导上。这对我国其他地区的产业园区转型发展具有重要启示意义。

二　新中关村现象：关键要素的演进规律

在市场与政府的协作、交互和叠加作用下，中关村的发展进入全新阶段，形成"新中关村现象"，其标志是六大创业社区正在兴起，

---

① 1999 年，电子城、亦庄园纳入试验区政策范围，形成"一区五园"的空间格局；2001 年，德胜园和健翔园纳入，"一区七园"；2012 年形成了"一区十六园"的空间格局。

"天使投资+合伙人制+股权众筹"成为主流创业模式，大企业内部创业成为必然选择，股权奖励成为吸引人才的主要手段，产业链正让位于创业生态圈，尖端技术创业正在中关村不断涌现。

"新中关村现象"的形成，是各类因素的历史演化的结果，其核心是人力资本，助推力量是新型科技金融，背景特征是互联网崛起，最大经济社会价值是中关村对周边地区创业创新的空间扩散作用。

（一）中关村人力资本演进：从单一型到复合型

人力资本是全球科技园区创新的原动力，中关村的成功经验也不例外。从早期"电子一条街"时期中关村范围的体制内科研人员"下海"创业，到全国乃至全世界的科技人才汇聚中关村创业创新，根据中关村成长演进阶段，中关村的从业人员和人力资本也有时代特征。

1. 早期单纯科技人员创业的时代

在中关村的"电子一条街"时代，创业创新人群主要是体制内的科研院所和高校的科技人员，他们在各种因素作用下"下海经商"创办民营科技企业。到1987年，中关村各类科技企业达到148家，从业人员达到3800多人，科技人员占46%。由于他们的科研人员身份以及市场需求，中关村地区才形成了微机与电子元件和信息产业的技术市场。这一时期政府对自发出现的科技人员创业热情采取了支持和因势利导的态度，特别是高等院校、科研院所在对科技企业的管理制度上进行了重大变革，比如1983～1987年，中科院进行了一系列促进科技成果转化的改革探索，其中最重要的是实行"一院两制"，即在中科院内实行科学研究管理和创办科技企业两种管理制度；同期，以北京大学、清华大学为代表的高等院校和以电子工业部所属研究机构为代表的部属科研机构也出台了一些改革措施，中关村地区出现了科技人员自主"下海"创办民营科技企业和高等院校、科研院所出资设立科技企业的局面。这一时期最重要的人事制度安排是允许参与创办科技企业的在职员工保留双重身份，研究员或教授兼任董事长或总经理；这种"双重身份"制度，鼓励科研人员迈出高等院校和科研院所的大门进入经济领域工作，对科技成果推广和转化发挥了重大作用，同时也形成了诸多院办、校办高技术企业，比如联想集团、北大方正集团、清华紫光集团等。[①]

2. 个人电脑和门户网站时代的劳动密集型人力资本

中关村的个人电脑和门户网站时代，从业人员高度复杂化。

第一，高技术创业和从业人员逐渐高端化和多元化。截至 2005 年，中关村科技园区高技术企业达到 16452 家，从业人员达到 68 万人，学历教育从业人员占 77.9%（2000 年时为 60.1%），其中博士以上学历占 1.3%，硕士学历占 7.8%，大学学历比例占 47.9%，大专学历占 20.9%。从业人员中，科技活动人员 22.7 万人、研发人员 13.4 万人，研发经费占营业收入比例达到 4.6%，新产品销售收入占比约 38%。从业人员中，约有 45% 具有职称，其中高级职称者占 8.2%，中级职称者占 15.9%，初级职称者占 15.6%，高级技术工人占 5%。

第二，计算机组装、销售、维修等环节具有高劳动密集型特征，市场人员具有高流动性特征。比如 2007 年，中关村 e 世界、鼎好、海龙等电子卖场的单日客流有 15 万人次左右。

第三，这一时期的海外人才也有一定规模的回归。比如 1998 年，企业从业人员达到 17.3 万人，在册员工 14.5 万人，其中归国留学人员达到 907 人、外籍人员 685 人。

3. 移动互联网时代的多元化、复合型人力资本

移动互联网时代的中关村，已经成为年轻人创新创业的乐土，高

---

① 2001 年 11 月，国务院办公厅转发教育部、国务院体改办等部门《关于北京大学清华大学规范校办企业管理体制试点指导意见》，正式终止了这种"双重身份"局面。

端人才加速聚集。2013年，中关村"人才特区"建设成效显著，从业人员预计将超过189.9万人。从学历结构看，拥有本科及以上学历的从业人员再创新高，达到94.9万人，占从业人员总数的比重攀升至50%以上，其中，拥有硕士和博士学历的从业人员数量达到18.3万人和1.8万人，分别较上年增加了17.0%和21.3%；留学归国从业人员规模达到1.9万人，同比增长22.7%。

从年龄构成看，年轻化趋势明显。①从从业人员年龄看，2013年，中关村从业人员平均年龄为33岁，29岁及以下的从业者占从业人员总数的46.5%。②从创业者年龄看，2013年，中关村示范区35岁及以下的创业者共6785人，占当年示范区创业者的五成，其中30岁以下的创业者占比达22.6%。中关村创业者群体中主要分为：大企业骨干离职创业者、连续创业者、"90后"创业者、海外创业者几大类。其中，"90后"群体逐渐成为创业主力军。当前中关村已经出现"21岁"创业热潮，创业者年龄大都在21岁左右，以大学三年级学生为主。2014年《福布斯》发布的"中国30位30岁以下创业者"榜单中，有13位来自中关村。

（二）中关村科技与金融：从自发到自觉深度融合

与传统产业不同的是，高新技术产业集群创新的初始投入大、市场风险高，仅凭银行、政府等部门的支持难以有效解决资金难题，而且投融资运作模式较单一，效率也不尽理想。因此，良好的金融环境能够对创新起到促进作用。自20世纪80年代以来，中关村金融从自发到自觉，从分散到综合，从平面到立体，从产业到平台，从市场－政府二元到政府－市场紧密协作，探索出一条与众不同的创新金融发展路径。

1. "电子一条街"早期以自源性融资为主导

应该说，在"电子一条街"的早期，中关村民营高科技公司的

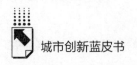
资金来源基本上属于自源性的。表1给出了中关村早期部分公司创办之时的资金来源情况，从中不难发现一个规律：早期公司的资金来源，要么是自筹资金，要么是上级机构出资。

表1 中关村早期部分公司资金来源

年月	名称	负责人	资金来源
1980年10月	先进技术发展服务部	陈春先	自筹资金
1982年12月	京海公司	王洪德	自筹资金
1984年4月	中科院电气高技术公司	汪德正	中科院电工所投资115万元
1984年4月	钟声电子科技开发公司	梁炳有	北京师范学院出资30万元
1984年5月	四通公司	李文元	四季青乡提供资金2万元和开发经营场地
1984年11月	中国科学院计算技术研究所新技术发展公司（联想公司前身）	柳传志	中科院计算技术研究所投资20万元

由于当时尚处于计划经济占主导时期，中关村的企业基本为自发聚集，尚未形成规模，也存在一些争议（1982年12月，陈春先的服务部被指责"科技咨询搞乱了科研秩序，搞乱了科技人员思想"），银行对于民营公司的融资较为谨慎，因此，多数民营企业从银行获得融资较为困难。

另外，早期的创业者坚持"以贸养技，以贸养工"路线，实行"科工贸教一体化"，因此，对资金的缺口不够大。例如，1984年，有关部门对中关村31家企业统计分析发现，贸易收入占75.05%，生产收入占3.65%，技术性收入占21.3%。

2. 政府引导各类资金助推中关村创新

1986~2000年，特别是随着中关村的发展进入新技术产业开发试验区时期，政府充分发挥作用，引导政策资金、股权融资、创业投资等进入中关村，大大改善了创新投资环境。

（1）政策资金

1986年，国务院批准实施"星火计划"，以期促进广大科研院所和科技工作者向农村推广科技成果，帮助农村发展经济。1988年，为实施科教兴国战略，发挥我国科技力量的优势和潜力，以市场为导向，促进高新技术成果商品化、高新技术商品产业化和高新技术产业国际化，国务院批准"火炬计划"。

"星火计划"和"火炬计划"带来的政策资金，大大促进了中关村中小企业的发展。1997年，中关村的61个项目被列为1997年重点国家级火炬计划项目，66个企业被列为国家火炬计划重点高新技术企业，政策资金为这些企业的发展提供了的重要支持。

（2）股权融资

1993年，四通电子公司在香港上市，成为中关村一家在香港上市的民营IT公司。同年，中科院中国科健股份有限公司在深圳证券交易所上市，这是中科院第一家上市股份制企业。截至2004年，中关村共有上市公司56家，其中中国内地主板41家、中国香港13家、美国纳斯达克2家。

（3）创业投资

1989年3月，北京高技术创业服务中心成立。该中心是北京市最早成立的科技企业孵化器。1999年，经国务院批准，中关村成立科技型中小企业技术创新基金是由科技部科技型中小企业技术创新基金管理中心实施，这是用于支持科技型中小企业技术创新的政府专项基金。

随后，国内外各类创业投资不断进入中关村。到2002年5月，中关村共有134家创业企业获得风险投资，投资额达到9亿美元。其中，中国网通融资额度达到3.25亿美元，新浪网络科技公司获得投资8000万美元。

（4）科技担保

1999年12月16日，中关村科技担保公司（后更名为中关村科

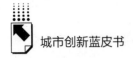
技融资担保有限公司）成立，业务范围覆盖贷款担保、票据担保、集合信托计划担保、集合企业债券担保、集合票据担保、履约担保、诉讼保全担保、委托贷款、典类融资等业务品种。其目的是构建以信用为基础的"担保贷款绿色通道"，将企业信用与担保业务和银行信贷业务进行有机结合，形成园区中小企业、商业银行、担保公司、信用中介机构之间的共赢机制。经由发展，该公司的融资性担保占北京全市的25%以上，是工业和信息化部指定的全国担保机构创新孵化培训基地和国内最具影响力的担保机构之一。

3. 政府—市场互补协作，推动科技金融体系变革

在中关村科技园区时期，中关村重新思考政府与市场的关系，政府积极主动在市场失灵的方面发挥作用，与市场互补，采取了一系列的革命性措施，构建了一套完整的科技金融体系。到2007年，以企业信用为基础的中关村投融资体系基本形成，中关村代办股份转让、创业投资引导资金、信用贷款等国家投融资试点工作稳步推进，极大地推动了科技创新。

（1）信用体系建设

在尚未出台全国性信用法规的情形下，2001年，中关村园区将信用体系建设作为软环境建设的重要组成部分。到2003年，被列入国家发改委全国中小企业信用服务体系建设试点。

2003年，中关村园区推出了叠加信用条件的"瞪羚计划"、"集成电路企业绿色通道"和"软件外包企业绿色通道"等中小企业信用援助计划，帮助和引导企业自觉提高信用自律意识。2003年获得"瞪羚计划"、"集成电路设计"以及"软件外包"专项贷款担保的企业数量为43家，获得贷款担保金额总计4.5亿元；2004年获得"瞪羚计划"、"集成电路设计"以及"软件外包"专项贷款担保的企业数量为105家，获得贷款担保金额总计9.47亿元；2005年获得"瞪羚计划"、"集成电路设计"、"软件外包"和"留学绿通"（2005

年开始要求做征信报告）专项担保贷款的企业数量为 209 家，获得贷款担保金额总计 16 亿元。

通过信用援助计划，大量企业快速发展壮大起来。2003 年，园区技工贸总收入超过 1 亿元的企业有 372 家，2004 年达到了 473 家，2005 年达到了 556 家，三年内园区技工贸总收入超过 1 亿元的企业数量呈逐年上升趋势。

（2）创业投资促进体系建设

对高科技企业而言，在初创阶段，银行大多不愿意放贷，传统投资机构也倾向于投资成熟期企业，因此，不少前景较好的企业往往在初创阶段因为资金空缺问题而死亡。为了让初创期企业渡过发展"死亡谷"，在国内尚无先例的情况下，中关村管委会创新财政资金使用方式，于 2001 年底设立了"中关村科技园区创业投资引导资金"，对经认定的创业投资机构投资于园区企业给予一定比例的跟进投资资金支持。引导资金采用的是市场化方式运作：政府不介入投资管理，委托专业投资管理机构进行管理。这样做的好处是，既能实现政府的公共政策目标，又可以大大提高公共财政资金的使用效率，同时提升了企业的市场化融资能力。

2005 年，根据国务院《关于支持做强中关村科技园区若干政策措施的会议纪要》中同意中关村科技园区根据《创业投资企业管理暂行办法》开展相关优惠政策试点的精神，中关村在国内率先建立了政府创业投资引导资金的母基金运作方式，明确了"政府引导＋民间参与＋专业管理"的创新运作原则。

2007 年上半年，经过公开征集、专家评审等程序，中关村创业投资引导资金出资 1.65 亿元，以参股方式分别与中国光大控股有限公司、联想控股有限公司、联华控股有限公司、启迪控股股份有限公司及中海创业投资有限公司合作，发起成立四家创业投资企业，资金总规模为 55 亿元，中国第一批有政府创业投资引导资金参股的专业

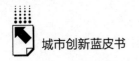

化、市场化创投基金正式面世。

为了引导社会资本投资园区高新技术企业，中关村管委会于2005年底出台《中关村创业投资企业风险补贴办法》，即对经认定的创业投资企业，当其投资园区处于初创期的高新技术企业时，按其实际投资额的一定比例给予创业投资企业风险补贴引导和促进国内外创业投资机构投资园区初创企业。截至2007年10月，受理IDG、盈富泰克、清华创投等10多家创投机构的风险补贴项目40多个，给予风险补贴3400万元，引导社会投资总额约5亿元人民币。

中关村创业投资促进体系的建设，为众多创业企业带来了资本、资源和资讯，改善并活跃了园区创业投资环境，也成为园区产业发展的专业化平台。

（3）构建多层次资金资本市场

第一，设立"新三板"。2006年1月23日，经国务院批准，中关村非上市股份公司进入证券公司代办转让系统进行股份报价转让试点（即新三板）正式启动。这是我国多层次资本市场建设的一个重要创新举措，对满足不同发展阶段企业多元化的融资需求，推进创业投资和股权私募发展，增强企业自主创新能力和促进高新技术产业发展具有重要意义，也为探索建立统一监管下的全国性场外市场积累了经验。

第二，探索开展科技小额贷款、知识产权质押贷款等创新型科技金融业务。如2006年10月，中关村在全国率先推出知识产权质押贷款业务以支持科技型企业融资发展，并出台了相应的贷款贴息政策。

第三，风险投资引导政策。2006年11月和2007年3月，中关村分别出台了促进创业投资四个办法。在中关村经验的基础上，2007年财政部和科技部联合发布了《科技型中小企业创业投资引导基金管理暂行办法》。

第四，创新企业的孵化器。自1989年第一家孵化器——试验区创业服务中心成立以来，中关村逐渐形成了完善的孵化网络。截至2007年，中关村科技园孵化器64家。一批高新技术企业在中关村完成技术研发或孵化成功后，向外省市转移布局，或在外省市建立产业化生产基地和销售分中心，有力地带动了全国创新的发展。

4. 借助"互联网+"推进金融与科技的深度融合

自2008年世界金融危机以来，中关村金融创新进入新阶段，在完善的中关村科技金融框架基础上，借助"互联网+"，推进金融与科技的深度融合，引领创新创业和经济发展。

（1）打造互联网金融生态体系

在国家有关部门的支持下，中关村大力构建互联网金融生态体系。2015年4月21日，全国首家互联网金融行业服务平台——中关村互联网金融服务中心正式成立。

第一，在政策上，2013年率先出台了《关于促进互联网金融创新发展的意见》及相关的配套政策，明确在工商注册、房租补贴、互联网金融转型升级、互联网金融产业成立引导基金等方面予以支持。

第二，在产业上，互联网支付、P2P、众筹融资、金融电商、商业保理等各类互联网金融业态聚集发展。目前，中关村已经会集近200家互联网金融机构，并发起设立了全国第一家互联网金融的行业组织——中关村互联网金融行业协会。

第三，在载体上，积极引导互联网金融要素在中关村互联网金融产业基地以及互联网金融产业园等载体上聚集发展。

第四，在环境上，注重金融风险防控。中关村依托相关行业协会及联盟，探索建立了区域信用体系；依托中关村互联网金融研究院等行业研究机构，推动行业交流、人才培养及行业的前瞻性理论研究。

（2）构建中关村创业金融服务平台

2009年12月16日，中关村创业金融服务平台正式启动，该平

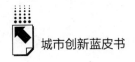
台由北京中关村科技创业金融服务集团有限公司统筹负责。该平台通过设立统一的中关村企业融资服务申请通道，收集企业融资需求，为企业量身打造融资方案和融资需求培育方案。

此外，中关村还建立了由金融机构、担保机构、私募股权投资、会计师事务所、律师事务所等组成的中关村创业金融服务联盟，给申请企业出具受理意见，并定期将受理企业情况反馈给创业金融服务平台。

（3）在"瞪羚计划"基础上实施"展翼计划"

2013年，中关村国家自主创新示范区启动"展翼计划"。被纳入中关村示范区"展翼计划"政策扶持范围内的企业主要为尚未达到"瞪羚计划"标准却具有高成长性的科技型中小企业。

为配合"展翼计划"的实施，中关村科技担保公司制定了专属服务方案及系列产品，目前已安排2亿元注册资本金专项用于为"展翼企业"提供融资担保，并成立了专门的小微事业部，纳入"展翼计划"名单的企业最高可获得500万元的贷款担保。

（4）成立股权众筹联盟

当前，在中关村，以"天使投资＋合伙人＋股权众筹"模式实现的创新创业逐渐成为主流模式，其中股权众筹不仅为创业筹集资金，更可获得更多资源，打造创业团队的"长板"。

2015年7月9日，中国首个由政府指导、企业自发形成的股权众筹联盟在中关村成立。联盟的重要任务之一就是要建立行业自律的技术标准，推动合格投资人、项目备案与登记确权、信息公开、操作流程、标准法律文件等制度和规范的建立，进而规范行业发展，规避行业系统性风险。

（5）完善多层次孵化器体系

仅就中关村的创新创业孵化一条街而言，街区孵化创业企业近600家，其中350余家获得投融资，融资总额近17.5亿元，每家平均500万元。目前，在中关村，微软加速器、创新工场、车库咖啡、36氪、U＋等等众多的由多元投资主体建立的专业孵化器和综合孵化器，基本形成了专业化、市场化、社会化、国际化的创业孵化网络，推动了科技创新资源与资本、社会服务等对接，促进了创新与创业的发展。

（三）中关村互联网创新阶段与特征

中关村的崛起，最早的代表是电子、计算机等产品。这对互联网的赶超起了重要的基础作用。目前，中关村对互联网本身，以及互联网对其他产业的改造升级起着引领作用。

1. 电子与计算机技术的先行发展为互联网创新提供坚实的基础支撑

1987年互联网发展之前，中关村初期的电子信息软硬件企业的先行快速发展，为后来的互联网快速发展，奠定了坚实基础。如，1980年陈春先的"先进技术发展服务部"，核心业务就包括中英文打字等职业培训。1983年4月，"先进技术发展服务部"改造成华夏新技术开发研究所，陈春先任所长。华夏所从1984年初开始投入微机技术应用推广。1983年7月，中科院计算所的王洪德等8名科技人员和海淀区联社联合，成立了民办的京海计算机机房技术开发公司。1984年，四通、信通、海华、华海、联想等计算机相关公司相继成立。

1984年1月，马洪组织200多名专家，研究起草了8个关于新技术革命的专题研究材料。其中，朱镕基牵头两个专题：《传统工业的技术进步》和《大力发展机械—电子技术》，提出"建立计算机辅助设计（CAD）装备开发公司，发展计算机辅助生产及应用"。1984年4月，《国务院关于印发〈新的技术革命与我国对策研究的汇报提纲〉的通知》提出，"信息技术是当代新兴技术中应用最广泛、效益最显著的领域，应当把信息技术和信息产业也列为经济建设的一个战略重点"。于是，计算机的需求快速增加，大批微电脑散件得以进口，微电脑市场迅速发展起来。

1986 年，国家实施计算机应用补贴政策，每年拿出 2 亿元人民币作为计算机应用专项款。由于政策上的有力扶持，中关村围绕计算机软硬件的贸易和二次开发活动得到迅猛发展。

表 2 是 1987 年中关村电子一条街调查报告对当时中关村地区 148 家科技企业的行业分类。

表 2　中关村企业分类（1987 年）

单位：家，%

行业	电子、计算机技术	新材料	生物工程	化工、仪器仪表及其他
企业数	97	12	7	32
占比	65	8.1	4.7	21.62

2. 互联网的引进及跨越式发展

20 世纪 80 年代初期，特别是 1984 年国家对世界新技术革命的关注和对相关领域的支持，国外许多新技术、新产品（特别是计算机）涌进中关村。据记载，1986 年初以前，由于缺乏懂技术的计算机程序员、操作和修理人员等，全国大约 4 万台微机未能得到充分使用，其中北京就有 2 万台闲置。1986 年 1 月 11 日《中国日报》报道："由于缺少在研究、生产、管理方面的技术，已经导致计算机的堆积和较低利用率。据官方统计数字，由于缺少训练有素的微机技术人员，4 万台左右的微机积压在仓库里……微机的全部利用率只有 15% ~20%。"

但是，互联网的引进与快速普及，不仅"消化"了这些计算机，而且推动了计算机产业的大发展。典型的大事件有：①1994 年 4 月，中国全功能接入国际互联网，成为国际互联网大家庭中的第 77 个成员。②1995 年 1 月，邮电部开始向社会提供互联网接入服务。当年 5 月，中国第一个互联网接入服务商——瀛海威信息通信公司，在中关村创立。③1996 年 11 月，中国首个网吧"实华开网络咖啡屋"在北京开设。④1997 年，网易、四通利方论坛（新浪网的前身）、比特网（ChinaByte）和搜狐网的崛起，以及瀛海威论坛，让互联网在中国得以家喻户晓。不过，此时的互联网，基本处于模仿阶段。其中，搜狐模仿雅虎，瀛海威模仿美国在线。

由于互联网的推动，并伴随着电脑的普及应用，中关村迎来最快速的发展期。

第一，1999 年以后，中关村改造，进入大卖场时代。1999 年 1 月 1 日，处在中发电子大厦 1~4 层的中发电子市场开业。1999 年 12 月 8 日，由长城集团投资的中关村电子配套市场开业，该市场是中关村第一家经营计算机板卡与配套设备的市场。同一年，海龙电子城、理想电子市场、太平洋电脑城等纷纷开业。

第二，互联网企业快速崛起。1999 年初，美国的微软公司正式进驻中关村。1999 年，中国电子商务产业开始，标志是首家 C2C 网站易趣和首家 B2C 网站 8848 的推出。中国在 2000 年迎来互联网热潮，当年春天，在中关村诞生的 149 家公司中，有 50 家是从事互联网业务的。1999 年 7 月，中华网成为首个在美国纳斯达克上市的中国概念网络公司股。2000 年 4~7 月，新浪、网易和搜狐先后在美国纳斯达克上市。2000 年 3 月 1 日，Tom. com 在香港创业板上市。

3. 互联网本土化与国际化的双头并进

尽管 2000~2001 年度以来，美国互联网泡沫破灭，但是中关村的互联网行业却进入蓬勃发展的创新阶段。

伴随着美国硅谷人才、资金、商业模式等流入中关村，互联网中文化的进程完成，中关村与硅谷处于同一起跑线上，技术模仿与技术创新并行。标志事件是：2004 年 12 月 8 日，联想宣布对 IBM 全球 PC 业务的并购，标志着中关村步入新的发展阶段——国际化阶段。此后，中关村的企业开始将自己融入国际产业链之中，更通过参与创制国际标准、共建研发机构、跨国并购、海外上市融资等形式，占据产业制高点。

实践证明，中关村互联网创新是成功的。2008 年国际金融危机爆发以来，中关村上市企业数量开始超过硅谷，即使在国际金融危机最严重的 2009 年，中关村依然有 23 家公司上市。2011 年，中关村国家自主创新示范区核心区移动互联网产业集群被纳入国家创新型产业集群试点培育范围，截至 2012 年底，集群共聚集移动互联网企业超过 3000 家，其中上市企业 40 余家，十百千企业 35 家，集群范围内销售收入超过 1000 亿元，从业人员超过 10 万人，产业技术联盟 40 余家，其中，TD－SCDMA、长风软件等 10 家联盟被纳入科技部产业技术创新战略联盟试点。

4. "互联网＋"推动中关村引领"中国智造"

2009 年 3 月 13 日，国务院《关于同意支持中关村科技园区建设国家自主创新示范区的批复》发布，明确中关村科技园区的新定位是国家自主创新示范区，目标是成为具有全球影响力的科技创新中心。

2009 年以来，中关村的互联网产业逐步完成升级。2011 年，太平洋数码城关门；海龙和鼎好大厦，逐步转型做写字楼。2015 年 1 月 27 日，中关村 e 世界关门，标志着中关村低端产业退场。目前，中关村 e 世界、鼎好大厦和海龙开始打造"中关村智能硬件创新中心"，不少智能硬件和创新型孵化器、平台企业已经先后入驻。

从图 1 中的统计数据分析可见，电子信息产业的收入占中关村总收入的比重逐渐下降，由 2000 年的 75% 下降到 2013 年的 36%。

与此同时，以百度、腾讯、京东等为代表的互联网公司积极推进

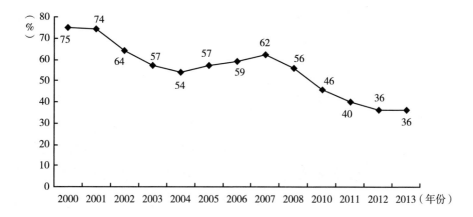

图1　中关村电子信息产业收入占总收入比重（2000～2013年）

跨界融合创新，在物联网、云计算、大数据、移动互联网等方面，正在做出积极创新。如打造"京津冀大数据走廊"，中关村智慧环境产业联盟100多家企业的先进技术正运用于津冀地区。

据《国家高新区互联网跨界融合创新中关村示范工程（2015～2020年)》提出实施十大中关村"互联网＋"产业创新工程，包括智能制造创新工程、互联网金融创新工程、电子商务与智慧物流创新工程、智慧建设与智能建筑创新工程、智慧交通创新工程、智慧能源环保创新工程、智慧医疗健康服务创新工程、智慧农业创新工程、智能硬件与智慧生活创新工程、互联网教育与文化传播创新工程等。

可以预料，到2020年，中关村有望成为全球互联网经济前沿技术、解决方案、新兴"高精尖"产业的发源地和离岸高端互联网服务的输出地。

（四）中关村有效发挥空间扩散功能

1. 技术扩散具有"大中关村"内涵

中关村的空间技术扩散，从内涵上来说，可分为狭义和广义两个层面。狭义层面的技术扩散，即中关村对京津冀周边地区的技术

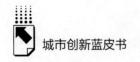

和产业转移。而广义的技术空间扩散，则实质上是"大中关村"概念，强调在整个京津冀地区实现资源、集群、政策三位一体的空间扩散。

2. 中关村发挥首都创新领头羊作用

从整个京津冀区域来看，中关村所处的首都北京，有其独特的地位和功能。北京作为政治文化中心，其长处在于是区域乃至全国的人才、风投、资金、技术成果的高地。从区域分工地位来看，北京必然处于产业链的最前端和高端，在创新中处于发起、源头的地位，发挥着产业链中研发设计的基本功能。

3. 中关村技术与产业中心辐射转移规律

一般而言，技术转移的空间规律取决于两个方面：其一，比较优势和区域之间的交通交流便捷度；其二，政策对转移效率的影响。

从北京自身的禀赋来看，人才资本和知识密集，但成本（包括土地、工资、生活等成本）相对高。据此，中关村的技术和产业在地区内的转移规律，就必然是一方面对周边输出技术产权成果，另一方面将产业链的中后端向周边转移。

北京在设计上把握着技术、比较成本、研发效率的相对优势，但是在产业链中后端的生产制造等环节则处于相对劣势，与周边需要协同配合，并为之提供中介服务环境。

具体来看，中关村对外技术和产业转移规律，主要体现在三个方面。

其一，中关村的企业对外主要转移的是技术与品牌。由于中关村在制造等环节的相对成本不具备优势，因此需要将生产制造环节外移，利用其技术和品牌优势，对周边进行辐射。

其二，中关村对外存在政策溢出，其输出模式中体现着制度供给。中关村对外合作模式包括共建园区、产业联盟等多元化方式，把园区的管理模式和相关政策实践向外输出和推广。如中关村贵阳科技园、中关村承德创新中心等等。

其三，中关村对周边地区发挥比较优势而非绝对优势，从"成本—收益"思维转向价值最大化思维。

三 做世界的中关村：引领全球科技创新潮流

中关村最初的发展要做"中国的硅谷"，但经过30多年演进变迁，今天的中关村已经具备超越硅谷、做有全球影响力的科技创新中心的关键要素基础。《中关村国家自主创新示范区发展规划纲要（2011～2020年）》和《国民经济"十二五"规划》指出，中关村发展的远期目标就是成为具有全球影响力的科技创新中心和高技术产业基地。随着"新中关村现象"的勃兴以及中关村地区科研院所体制改革的红利释放，中关村发展完全有理由进入一个全新的发展阶段，做"世界的中关村"和全球最重要的科技创新中心之一，引领世界科技创新和商业模式创新的潮流。

（一）区别于国际经验的中关村独特发展规律

通过对世界代表性科技产业园发展模式的归纳，并与之比较，可以发现中关村属于复合型发展模式。

1. 国际产业园区创新典型模式

从全世界范围来看，科技型产业园区引领产业创新，主要存在四种模式。而这四种模式的主要代表，分别是美国硅谷、美国MIT、中国台湾新竹以及日本筑波。

第一种模式以硅谷为代表。硅谷可以被认为是全世界科技型产业园区的最领先者，而它所引领的是一种巨变模式。经过多年的发展，目前在硅谷已经形成了以创业咖啡馆、多种社会创业中介服务为载体，以从天使、VC、PE到创新股权众筹等符合创业全过程不同层次

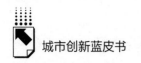

需求的融资模式为支撑，同时谷内斯坦福大学与园区内科技型企业互助发展为潜在逻辑，吸引全世界人才和资本流动的较为完善且发达的创新创业体系。与硅谷类似的是以色列的科技产业园区，而后者也是以发达、完善的科技创新创业融资体系为特色，打造了较为完整的创新生态体系。

第二种是以 MIT 为代表的以高校为主体的产业园区模式。其中，MIT 独具特色的是竞赛模式，即通过举办各类创业竞赛来发现创新项目，并对获奖涌现的创业项目通过扶持发展进行奖励。与之类似的是英国剑桥，也是以大学为主导的创新产业园区，由于多年历史沉淀形成的古典学术氛围，整个剑桥地区实现了大学、社区、产业融合一体，但其中创新的原动力来自高等院校。

第三种典型模式的代表是台湾新竹。新竹工业园区的发展模式在于，以企业为创新的主导，主要采取引进型创新方式。具体来说，新竹园区经历了从代工生产为主，逐步获得积累后转向生产研发并重，再到目前成功实现以企业研发创新为导向的发展历程。与新竹类似的是韩国大德园区和新加坡科技园区。这也体现了亚洲四小龙的主要发展思路，即通过引进、吸收、升级来培育和促成自身创新能力的发展。

第四种是以日本筑波科学城为代表的发展模式。筑波是一个由政府主导和规划，主要目的在于纾解周边大城市（主要是东京）的压力，以建设产学研一体化产业链为目标的卫星城。但值得一提的是，由于筑波是以日本本国人为主体的工业园区，同时日本自身社会的官僚文化氛围严重，压抑创新，因此相比世界其他园区，筑波的发展不能算是很成功的。

值得注意的是，以上几种科技型园区的发展模式还需要对应各个园区内的主导产业类型，以及各个地区建园时的基本条件。譬如，新竹模式主要对应的是后发地区和国家发展制造业的模式，而硅谷代表的则是先发国家发展 IT 等高科技产业的发展模式。

2. 新中关村现象体现其独特发展模式

中关村产业园区的发展历程呈现的是一种符合自身基础条件，相对于国际主要经验是一种混合的发展模式。简而言之，中关村的发展经历了类似新竹的发展过程，也曾借鉴高校园区模式，以硅谷模式为发展标杆，同时吸取筑波模式的教训。

上文已经提到，硅谷模式和剑桥模式代表的是先发国家的领先发展阶段，新竹模式则是后发国家赶超的发展形态，而筑波模式则是一种相对不成功的典型。同时，中关村也需要结合自身主导产业类型特点，充分认识自身真正应当选择的发展模式。

目前而言，中关村的发展模式实际上正介于新竹模式的企业主导创新和硅谷的创新生态圈模式之间，这可以从以下两个方面看出。

一方面，目前中关村是以企业为创新主体。尽管北京和剑桥类似，存在诸多历史悠久的大学，且都为国内顶尖高校，但事实上，在中关村的发展历程中尽管曾经有过脱胎于中科院的联想、北大方正、清华紫光等校办企业，但目前这些高校并没有能够真正实现产学研城的有机融合，因此中关村目前的创新引擎还是企业。而且历史上中关村内的企业发展，也确实经历了从电子设备贸易，到组装生产，再到逐步研发的发展历程，这与新竹、大德、新加坡的发展模式是存在内在相似度的。

另一方面，目前中关村出现的一些新的现象，实际上是在复制美国硅谷现象基础上的本土化延伸。譬如，创业咖啡馆、股权众筹平台、天使投资圈等等。在此基础上，中关村又在硅谷的共享工作空间基础上，发展了更加适合本土发展需求的创业社区，相较前者更符合中关村自身的实际情况。

基于以上两个方面的特征，可以认为，中关村目前正处于从亚洲

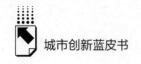

模式向硅谷模式转型的中间阶段，同时自现在开始，中关村已经进入了摸索独特发展道路的新阶段。

3. 中关村最独特特征——管委会定位

相较于其他国际创新性产业园区和国内的同类产业园区，中关村还存在一些其独有的特征。而且这些特征是国外同类园区难以复制的。

首先是经济背景下的特征，实际上也是中关村所独有的，此不待言。

其次是中关村的"本国化、本土化、本阶段化"特征。中关村不是简单的拿来主义，而是真正的吸收、引进、再升级，扎扎实实立足于自身特定发展阶段，做特定的事情。就这一点而言，中关村在上述"三化"方面比其他许多后发国家做得更为出色。

同时，中关村园区管委会发挥的独特政府作用，才是其中的关键。尽管管委会相较于其他政府机关，并没有实际的审批权，但管委会始终发挥了尊重和让位于市场、为市场服务、让市场服务于市场的独特理念，而这一点也正是中关村得以在吸收国际其他园区发展特色的同时，能够探索自身独特发展道路的根本原因。可以说，管委会的作用，贯穿中关村发展的始终，是中关村发展的独特规律引擎和决定性因素。

中关村在管委会的领导下，能够不断赶超，并最终走出自身独特的发展道路，存在其独有的发展规律，而保证这一规律能够持续发挥作用的核心，在于管委会尊重市场的体制导向和鼓励本土化的引导理念。

一方面，管委会尊重市场的政策体制导向是中关村的发展核心。成功的科技型园区，需要从科技、政策、环境、氛围等四方面打造尊重市场的创新体系。中关村过往的成功，正在于尊重市场，政府主动让位，让市场为市场提供服务，为创新提供所需的各方面扶持，培育创新氛围。可以说，中关村管委会尊重市场、不以行政权力干预市场的一贯导向，是中关村独特发展规律的核心推动要素。

另一方面，管委会与时俱进，以先进体制为标杆鼓励本土化探索是中关村始终居于引领地位的秘诀。中关村的体制发展，始终在尊重市场的发展规律基础上，以硅谷等先进经验为导向，建立和完善以保障人才自由流动、保障竞争合作的开放氛围、保障知识产权的制度体系等一系列尊重市场规则的基础设施，从而真正建成扶持创新、鼓励创新、孕育创新的土壤，形成自治的创业生态圈。管委会始终在吸收和向世界最先进园区看齐的基础上，结合本土化发展需要的引导性思维，是中关村得以在学习先进的基础上能够探索自身独特发展道路的另一大基本要领。

（二）中关村步入打造世界级创新中心阶段

1. 尊重市场规律、吸收众多世界知名产业园区的特征

从中关村的起步阶段和发展历程来看，由于起点处于后发优势，因此中关村采取了和新竹、大德等类似的吸收引进技术方式，逐步向研发攀升。在 20 世纪末，中关村也曾利用园区附近的科研院所优势，打造校办企业，校企联动，可以说进行了一些类似剑桥或筑波的尝试，但随后还是逐步走向了以企业为创新主体的模式。在这一探索过程中，充分体现了市场规律的作用。

当下的中关村，已经进入了全新的阶段，不仅有国际级的 IT 企业，也存在诸多的创业型小企业、小团队，创业咖啡、创客空间、创业大街、科技金融等在美国硅谷和以色列科技园区具有的最新的形态和现象，也正在中关村生根发芽。中关村正在从一个后来者、跟随者，逐步追上领头羊的脚步，争取迈入世界创新第一阵营的阶段。

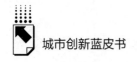

2. 中关村全面打造创新创业生态体系

中关村现阶段和下一步的目标，是向硅谷等世界最领先产业园区看齐并超越。所谓的"看齐"，并不仅仅局限于机构形式上，比如创业咖啡等。硅谷的创业咖啡等机构，目的在于帮助实现创业的生态体系。因此，中关村也正在出现因地制宜、结合自身实际情况、目的在于构建中关村自身创业生态圈的新形式。

譬如以 You + 社区为代表的创业生活空间，正是在硅谷的创业咖啡、创客空间等形态上的中关村新版本，从提供工作洽谈场地，转向提供生活、工作、娱乐的一体化社区。同时，中关村的孵化器也正在从提供工作场地、天使资金支持，逐步转向创业全过程的人员、资金、运营等全产业链的服务和指导。再加上股权众筹这一新的创业融资形式的兴起，中关村正在进入打造其自身创业创新生态体系的发展新阶段。

3. 中关村迈向世界级创新中心阶段

中关村新发展阶段的下一阶段，在于打造世界级的创新中心。具体来说，中关村现阶段的创新动力主要来自于三个层面：首先，是大企业内部创新，包括大企业的孵化项目，大企业内部创业团队和大企业内部的竞赛（百度 Hackthon）；其次，是从原来的唯学历的等级化人才管理体系，转向草根创业、唯能力论的新人才管理观念，以大众创业作为新的创新引擎之一；最后，让市场为市场提供所需，通过融资、社区、众筹等多种形式的创业中介，为创新提供助推力。

三驾马车齐头并进，是这一阶段中关村打造世界级创新中心的新阶段的新引擎。而如果在开放的视野下来看待这三个层面的现象，阶段性目的在于实现全球化背景下国际技术向其转移，打造世界的中关村。而这些，都是与目前我国的国家创新战略，如"互联网 +"、"中国制造 2025"等完全是一脉相承的。

（三）中关村未来发展思路

1. 深化改革，支持"新中关村现象"与全球创新同步

从中关村目前出现的新六大现象①来看，中关村的发展现象已经与硅谷实现了同步；但在产业集群、产学研体系、创新创业生态环境这几个方面，中关村还存在一些继续发展的空间。

首先，中关村没有形成小企业的创新集群，而且完整的产业链条并没有完全成型，因此无法提高创新效率。同时，中关村还需要加强推进创新现象背后的隐性机制建设，譬如创新小企业集群和产业化分工、全球化多样化的人才流动、没有社会等级观念和唯学历论的用人管理等等。

其次，产学研多年以来一直没有能够真正实现一体化融合，产生合力，这里面有体制的原因。譬如对科研院所而言，研发激励机制、研发成果的知识产权归属、研发目的的需求导向不足等因素，都导致了科研与市场的脱节。同时，科研成果转化的服务性中介机构的缺乏，也阻碍了产学研一体化的发展。

最后，虽然中关村正在做市场为市场提供创新服务，鼓励创新中介、融资体系等，虽因刚刚开始而没有形成生态体系，但总体向好，这需要出台相关政策，进一步大力扶持，同时让市场竞争自然遴选出最适合中关村的中介服务体系，从而打造能够长远自我生存和发展的创新创业生态体系。

简言之，未来中关村需要在现有的成就和基础上，继续推动改革，解绑体制机制约束，通过突出一个"放"字，为创新创造持续的改革红利。

---

① 这六大现象为：创业社区的兴起，天使投资＋合伙人制＋股权众筹成为主流创业模式，大企业内部创业成为必然选择，股权奖励成为人才吸引的主要手段，产业链让位于创业生态圈，尖端技术创业不断涌现。

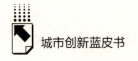

2. 引导形成先进工业链，支撑全球领先的活跃创新

在我国现实的大背景下，由于国内教育的问题，体制约束，北京创业政策向好而人居政策向恶的现实，种种因素都导致中关村内的企业实质自主创新能力存在欠缺。目前，中关村的创业项目大多以互联网创业为主，其中绝大多数是 App 类创业，尽管商业模式的创新可能比技术创新更容易满足市场需求，但无法掩盖自主创新硬实力不足的基本事实。这并不是中关村的责任，而是基础研发领域还需要进一步引导支持，中关村恰好可以发挥这一领头作用。

就当前中关村的发展阶段而言，需要通过鼓励海外并购研发，推动国际知识产权交易，吸引全球人才流入来补足目前自身创新能力不足的问题。对比美国硅谷，全球化的人才流动也是其重要的资源，因此中关村也需要放大国际视野，吸引国际人才来充实创新智力资本，成为世界领先的智力高地。

3. 商业模式创新与技术创新并重

商业模式创新是中关村目前最具特色的创新形态，且商业模式创新与技术创新存在相互作用。

商业模式创新可能比技术创新更为重要，但商业模式创新也遵从互联网本身存在的非一即零的特性。大量同质化创新尽管可以通过市场竞争淘汰出强者，但背后是较低的成功率和未来创业失败人群引导的。同时，存在一部分互联网创业项目和所谓的 O2O 创新项目，目的可能在于吸引投资、运营上市后变现。技术创新不仅可以作为鼓励商业模式创新的补充，同时也可以反作用于商业模式创新。因此，商业模式创新应与技术创新并重。

目前，我国面临的主要矛盾，依旧是人民日益增长的物质文化需求和国内供给不足的矛盾，海淘、海外购物的火爆恰恰说明了这一点。而提升国内供给能力，需要的是从制度供给鼓励创新供给，切实提高创新实力。而中关村可以基于自身全国领先的优势条件来发挥引导作用，以商业模式创新与技术创新并举，成为我国技术创新向世界制高点进军的旗帜。

4. 积极助推产业结构调整

中关村日新月异的发展过程中，需要持续面对一个矛盾，即原有产业结构对新产业发展方向的不适应现象。譬如，原有的以电子设备贸易为主的老中关村核心地区，面临着转型的阵痛和萧条，原有的销售产业在电商冲击下需要被逐步腾换。再譬如一些以计算机、服务器的制造为主的原校办企业，在创业型企业的冲击下和市场需求的转变面前也面临着业务和发展模式转型。与此同时，中关村自身也面临着要成熟产业的规模和税收，还是要成功率不高、规模小但可能代表未来创新方向的创业企业的结构性调整与平衡问题。

因此，中关村在产业结构调整中，应发挥一贯的尊重市场、服务市场的作用，同时助推园区内部产业结构更快适应发展规律。

（四）中关村未来发展两大抓手：产学研一体创新与知识产权交易平台

根据前文结合国际对比总结的中关村独特发展规律和管委会的特殊作用，不难看出，立足于如今中关村已经取得的巨大成就和发展阶段基础上，中关村未来发展的核心思想在于一个"放"字。同时，结合中关村自身的条件和情况，未来中关村发展在这一核心理念的具体政策延伸方面，至少有两个明确的抓手。

未来中关村发展的第一大抓手，是推动建立真正产学研一体化的平台。中关村目前已经具备了良好的资源基础，需要通过放宽管制来促进资源更加有效整合发挥作用。譬如，通过高校向企业有条件开放和共享实验室等等，可以促进企业与高校、研究机构共同开展商业模式创新以及技术创新，进一步提升中关村的领先优势。

第二大抓手，则是推动中关村成为全球知识产权交易中心，这是

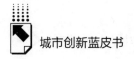

中关村真正成为全球创新中心的核心基础。在中关村园区内建成全球化的知识产权交易生态圈，在短期内能够促进园区乃至全国的科技水平提升，在长期内将真正吸引世界科技资源向中关村流动，让中关村获得难以被复制和超越的发展优势。

此外，结合硅谷当前最新的发展趋势来看，未来新中关村现象还将继续深化发展。本报告也给出一些未来可采取的举措方向。

第一，创新孵化平台向专业化和垂直化方向发展。未来的创新创业将更多体现在对某一个垂直行业的深耕细作，因此也需要更加专业化和垂直化的创业孵化器。这就需要中关村有意识地引导一些更具备专业化和垂直化特色的孵化器项目来创造相应的环境，鼓励各类孵化器差异化发展。

第二，跨国巨头参与早期创业逐步取代收购兼并。大企业内部创业也好，跨国巨头设立的孵化器项目也罢，根本原因在于大企业认为早期参与创业项目的投入比收购相对成熟的项目要来得更划算。这也意味着以往做一个项目就卖掉的创业模式未来可能将逐步失去市场追捧，而需要更早地在创业初期就吸引大企业的注意力。因此，未来中关村地区可以提前布局，引导各孵化器项目与大企业建立早期合作关系。

第三，大数据将成为未来创新平台的核心驱动要素。未来不论是发现创业项目、团队招募、股权众筹平台、创投天使融资乃至推动上市等创业创新的各个环节，还是中关村地区的创业生态体系发展，都离不开大数据在背后的辅助与支撑作用。因此，中关村有必要对有大数据、云服务基础的孵化器项目或创业项目进行一定的定向扶持，争取早日占领大数据时代的制高点。

（执笔人：冯立果 刘正山 彭鹏）

参考文献

北京市地方志编委会:《中关村科技园区志》,北京出版社,2008。

凌志军:《中国的新革命:1980~2006年,从中关村到中国社会》,湖北长江出版集团,2008。

中关村管委会:《中关村指数2014分析报告(摘要)》,http://www.zgc.gov.cn/fzbg/sjbg/96920.htm。

国家发展改革委:《中关村国家自主创新示范区发展规划纲要(2011~2020年)》,http://www.zgc.gov.cn/zgcsnghgy/gy/69400.htm。

林毅夫:《新结构经济学:反思经济发展与政策的理论框架》,北京大学出版社,2012。

丁志军:《新加坡裕廊岛工业园成功因素分析》,《东方企业文化》2011年第23期。

郭胜伟、刘巍:《日本筑波科学城的立法经验对我国高新区发展的启示》,《中国高新区》2007年第2期。

胡新丽、吴开松:《光谷与硅谷:科技金融模式创新借鉴及路径选择》,《科技进步与对策》2014年第9期。

林利剑、滕堂伟:《世界一流科学园产城融合的分异、趋同及其启示——以硅谷与新竹科学工业园为例》,《科技管理研究》2014年第8期。

刘宁:《大学园区对城市发展的影响研究》,博士学位论文,华东师范大学,2014。

刘芹、张永庆、樊重俊:《中日韩高科技园区发展的比较研究——以上海张江、日本筑波和韩国大德为例》,《科技管理研究》2008年第8期。

马永斌、刘帆、王孙禺:《科学园区大学主导与政府主导模式的利弊分析——基于剑桥科学园与筑波科学城的对比》,《科技管理研究》2010年第6期。

田静、李春玲:《关于促进中关村知识产权服务业发展的几点思考》,《高科技与产业化》2015年第4期。

万赟:《硅谷模式与中国互联网创新》,《中国科学院院刊》2014年第2期。

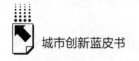

闻浩：《高新技术产业园区对技术扩散的影响研究》，硕士学位论文，哈尔滨工业大学，2014。

吴汉荣：《以色列科技创业融资政策研究及启示》，《科技进步与对策》2013 年第 10 期。

李劲涛：《高新技术企业发展中的社会组织作用研究——以中关村国家自主创新示范区为例》，《中国高新技术企业》2015 年第 27 期。

郭洪：《中关村推动股权众筹制度创新》，《中关村》2015 年第 8 期。

刘克峰：《创新时代筑就中国软件全球话语权——中关村软件园 15 年"聚变"之道》，《中关村》2015 年第 8 期。

王刚波、孙春欣：《新兴产业创新链分析框架——以中关村移动互联网为例》，《工业经济论坛》2015 年第 1 期。

郭洪：《放谈中关村迎接下一波创新创业浪潮要"触摸浪尖引领潮流"》，《中关村》2015 年第 4 期。

于军：《追梦创新驱动的"中关村之路"》，《中关村》2015 年第 4 期。

刘尚高：《中关村核心区中介机构服务创新的启示》，《前线》2015 年第 5 期。

刘克峰：《创新高地 创业沃土——中关村软件园产业生态系统》，《中国科技产业》2015 年第 5 期。

郭洪：《中关村创新创业呈现六大趋势》，《中关村》2015 年第 6 期。

明星、郝加香：《"互联网＋时代"的金融创新沙龙——中关村创新创业分论坛－凤凰岭观山论坛实录》，《中关村》2015 年第 6 期。

张羡岷：《创新驱动"中关村"——访国家行政学院经济学部教授许正中》，《中国人力资源社会保障》2015 年第 6 期。

董微微：《中关村创新集群的演化过程剖析及启示——基于复杂网络视角》，《工业技术经济》2014 年第 11 期。

孙德凤、曹宪章：《北京中关村科技园区创新型融资模式研究——以"07 中关村中小企业集合债"为例》，《中外企业家》2014 年第 30 期。

刘晓燕：《让创新者有其权——中关村国家自主创新示范区探索股权和分红激励》，《中国人才》2014 年第 21 期。

代婧、于星慧：《中关村国家自主创新示范区的创新系统研究》，《财经界》（学术版）2014 年第 7 期。

郭洪：《推动中关村科学城自主创新能力提升的战略思考》，《科学管理研究》2014 年第 3 期。

马骏、宗芳宇：《充分发挥中小企业在创新中的重要作用——基于中关村创新示范区的调研》，《重庆理工大学学报》（社会科学版）2014 年第 2 期。

傅利平、周小明、张烨：《高技术产业集群知识溢出对区域创新产出的影响研究——以北京市中关村科技园为例》，《天津大学学报》（社会科学版）2014 年第 4 期。

杨建华：《中关村知识产权金融创新的探索、实践与思考》，《中国科学院院刊》2014 年第 5 期。

陈建国：《行业性社会组织推动区域创新发展的作用思考——以中关村的经验为例》，《理论探索》2014 年第 5 期。

梅齐：《中关村国家自主创新示范区政策体系梳理》，《才智》2014 年第 24 期。

李留宇、于田：《中关村创新政策助力小微企业缓解融资难题》，《国际融资》2014 年第 7 期。

李诗洋：《中关村金融再创新：大数据携手互联网金融》，《国际融资》2014 年第 7 期。

董微微：《中关村创新集群的演化过程剖析及启示——基于复杂网络视角》，《工业技术经济》2014 年第 11 期。

李留宇、于田：《以合作创新促进中关村互联网金融》，《国际融资》2014 年第 10 期。

王安顺：《坚持创新驱动，中关村要成为全国创新的旗帜》，《中关村》2014 年第 1 期。

王德禄、硅谷：《中关村：以色列三大全球创新高地的比较》，《中关村》2014 年第 1 期。

李研、梁洪力：《科技类社会组织在建设区域创新体系中的作用——以中关村为例》，《中国科技论坛》2014 年第 2 期。

刘克峰：《中关村软件园信用园区建设 助力科技金融服务创新》，《中关村》2013 年第 10 期。

陈聪、李纪珍：《科技型中小企业创新基金效果评估——以中关村地区

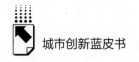

为例》，《技术经济》2013 年第 10 期。

习牧歌：《在新起点上推动中关村创新发展——访中关村科技园区管理委员会主任郭洪》，《中关村》2013 年第 11 期。

李留宇：《中关村：建设科技金融和互联网金融创新中心》，《国际融资》2013 年第 12 期。

苟仲文：《中关村：国家创新的战略高地》，《求是》2013 年第 16 期。

卢江：《中关村国家自主创新示范区国际化发展路径》，《中国信息界》2013 年第 4 期。

李焱：《产业联盟：中关村"创新第三极"》，《投资北京》2013 年第 8 期。

赵英杰：《科技金融政策助力中关村企业创新发展》，《投资北京》2012 年第 12 期。

曾国屏、刘字濠：《创新集群视角对中关村、张江和深圳高新区的比较》，《科学与管理》2012 年第 6 期。

郭万超、朱天博：《中关村创新力提升中存在的问题及解决途径——基于企业集群创新网络视角的分析》，《城市问题》2012 年第 3 期。

郭明军、康大臣：《中关村企业自主创新技术标准化模式剖析及启示》，《中国科技论坛》2012 年第 5 期。

郭洪：《加快建设中关村国家自主创新示范区》，《前线》2012 年第 Z1 期。

廖国华、李稻葵、江川：《推进金融创新 缔造科技未来——2012 中关村论坛年会平行论坛四》，《中关村》2012 年第 11 期。

刘瑞营：《"中关村指数"首次发布 全面反映中关村创新发展指标》，《中国科技产业》2012 年第 10 期。

赵弘：《提升中关村创新发展能力的几点思考》，《城市管理与科技》2012 年第 5 期。

李兴伟：《中关村科技金融创新的举措、问题及对策》，《证券市场导报》2011 年第 1 期。

廖国华：《中关村科技金融创新体系助推战略性新兴产业发展》，《中国科技产业》2011 年第 1 期。

晓燕：《创新示范 引领未来——读〈中关村国家自主创新示范区发展

规划纲要（2011~2020年）〉》，《中国中小企业》2011年第3期。

赵弘：《国家战略性新兴产业发展的路径探索——试论中关村国家自主创新示范区的引领作用》，《商场现代化》2011年第3期。

张寒菊、李志祥：《财政金融动员模式探讨——以中关村自主创新示范核心区为例》，《北京理工大学学报》（社会科学版）2011年第2期。

石岩、赵辉：《创新发展人才支撑——中关村丰台科技园人才强园之路》，《中国高新区》2010年第11期。

赵凤桐：《创新是中关村的灵魂》，《中关村》2010年第6期。

李振国：《区域创新系统演化路径研究：硅谷、新竹、中关村之比较》，《科学学与科学技术管理》2010年第6期。

施勇：《"新政策体系"助力中关村国家自主创新示范区核心区建设》，《中国科技产业》2010年第7期。

傅正华、张耘：《中关村区域创新体系发展现状与问题分析》，《科技进步与对策》2010年第18期。

梅文智：《关于中关村国家自主创新示范区核心区高新企业"产学研"合作的调查研究》，《兰州学刊》2010年第9期。

傅首清：《区域创新网络与科技产业生态环境互动机制研究——以中关村海淀科技园区为例》，《管理世界》2010年第6期。

殷存毅、汤志林：《纵向治理、资源配置与创新网络：中关村与竹科的比较分析》，《国际经济评论》2010年第5期。

王雪涛：《模式创新 政策创新 中关村破解中小企业融资难》，《中国高新技术企业》2010年第2期。

范如国、张鹏飞：《基于"韬"框架的产业集群创新能力比较研究——以中关村和硅谷为例》，《经济管理》2010年第4期。

龚玉环：《中关村产业集群网络结构演化及创新风险分析》，《科技管理研究》2009年第8期。

冯海红、王胜光：《中关村产业技术联盟促进电子信息产业集群创新的作用研究》，《中国科技产业》2009年第9期。

代瑞红、田敏：《跨国研发对中关村区域创新系统的影响分析》，《河北大学学报》（哲学社会科学版）2009年第6期。

B.5

设立科技型银行问题研究

摘　要：　落实创新驱动战略，加快科技金融创新，推动科技型中小企业发展，将是我国未来10～20年经济转型升级和持续健康发展的一个重要动力点。借鉴美国硅谷银行的成功经验，结合我国实际，构建为科技创新服务的特殊商业模式的新型商业银行（简称"科技型银行"），实现"技术—资金—产业"的有机结合，有利于"风险投资—科技信贷—资本市场"完整创新金融服务体系链的发展和完善，真正打通科技型中小企业融资难的"最后一公里"。我们建议，科技型银行定位在官助民办上，坚持市场化运作、专业化管理，可选择的业务模式包括投贷联动、权贷联动、卖贷联动、联贷联动、拨贷联动、债贷联动、股贷联动、租贷联动等。当然，设立科技型银行将对现行的银行管理体制有所突破，建议中国人民银行、中国银监会、科技部、财政部等部门协调制定科技金融政策，从法律法规上对科技型银行的经营方向、业务范围、监管措施进行明确，构建一个有利于科技型银行发展的制度环境，推进科技型银行的设立和发展。此外，应当设立科技金融研究院，打造科技金融领域专家学者交流平台，为科技型银行服务的运营和持续经营提供理论支撑和政策建议。

关键词：　科技型银行　科技金融

2014 年 5 月，习近平在上海考察时指出，"当今世界，科技创新已经成为提高综合国力的关键支撑，成为社会生产方式和生活方式变革进步的强大引领，谁牵住了科技创新这个牛鼻子，谁走好了科技创新这步先手棋，谁就能占领先机、赢得优势。"

从西方发达国家科技创新的历史进程和我国改革开放 30 多年的历史经验来看，科技创新的重大突破和应用，往往以金融创新与深化为先导和支撑。金融对科技创新有支持、保障和推动作用，任何一项科技创新，从研发到成果转化乃至产业化等各个阶段，都需要资金的保障。当今世界，科技创新越发离不开金融支持，金融创新日益成为科技创新的触发器和助推器。

目前，我国正处于建立国家自主创新体系的进程之中，特别是在"经济新常态"背景下，必须推进创新驱动发展战略，加快经济结构的转型和升级。为此，大力推动科技型中小企业的繁荣发展势在必行。科技型中小企业是技术创新的中流砥柱，是增强国家经济活力的主体。有研究显示，近 80% 的技术创新成果来自中小企业。

要大力发展科技型中小企业，构建相应的科技金融支撑体系不可或缺。近年来，我国多个地方的银行都相继成立了以科技信贷为核心业务的"科技支行"，一些政府部门也与金融机构签署了支持科技的金融协议，但由于现有"科技支行"存在先天不足，缺乏为科技创新服务的特殊商业模式的新型商业银行（以下简称"科技型银行"），科技金融发展与现实需求相比仍有差距，在相当程度上制约着科技型中小企业的发展及科技创新的步伐。

党的十八届三中全会通过的《中共中央关于全面深化改革若干重大问题的决定》提出，"改善科技型中小企业融资条件，完善风险投资

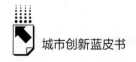
机制，创新商业模式，促进科技成果资本化、产业化"。习近平 2013 年 7 月 17 日在中国科学院考察时指出，要坚决扫除影响科技创新能力提高的体制障碍，打通科技和经济转移转化的通道，优化科技政策供给，完善科技评价体系。《国务院关于加快科技服务业发展的若干意见》（国发〔2014〕49 号）提出，"探索发展新型科技金融服务组织和服务模式"。《中共中央国务院关于深化体制机制改革加快实施创新驱动发展战略的若干意见》（2015 年 3 月 13 日）明确提出："选择符合条件的银行业金融机构，探索试点为企业创新活动提供股权和债权相结合的融资服务方式，与创业投资、股权投资机构实现投贷联动。"我们认为，科技型银行，就是一种可行的"新型科技金融服务组织"，也是一种"定向金融"，有助于解决科技型中小企业融资问题。

为促进我国科技金融发展，本研究从我国发展科技金融的重要性和紧迫性，以及国内外科技金融发展的经验与问题的比较分析方面，对我国发展科技型银行提出具体建议。

一　加快发展科技金融的重要性和紧迫性

长期以来，党中央、国务院十分重视科技型中小企业发展，各部门、各地方采取多种措施支持科技型中小企业发展。然而，与现实需求相比，支撑科技企业发展的科技金融仍存在差距，国家创新驱动战略的真正落实，受到"技术—资金—产业"链断裂的严重制约。当前，加快发展科技金融、推动科技型中小企业发展，将是我国未来 10～20 年经济持续健康增长的一个重要动力点。

（一）科技型中小企业的意义与特征

1. 科技型中小企业的重要意义

科技型中小企业是技术创新的主体，是促进经济发展的主要力量，是解决就业的主要渠道，是适应"新常态"下我国经济结构转型升级的内在必然要求。加快科技型中小企业发展，对培育发展战略新型产业、促进全社会创新创业、加快发展民营经济、增强经济发展活力、增加社会就业、建设创新型城市具有重要的战略意义，是我国经济转型升级的关键举措和重要途径。正如《关于进一步促进科技型中小企业创新发展的若干意见》（国科发政〔2011〕178 号）所指出的："科技型中小企业是一支主要从事高新技术产品研发、生产和服务的企业群体，是我国技术创新的主要载体和经济增长的重要推动力量，在促进科技成果转化和产业化、以创新带动就业、建设创新型国家中发挥着重要作用。"

对一个国家和地区经济发展而言，科技型中小企业起着非常重要的作用，主要体现在以下四个方面。

第一，初始投入少，转化产能迅速。有数据显示，科技型中小企业从投入到产生经济效益，一般不超过一年的时间，每个岗位将增加3～5个间接的就业机会。

第二，企业设置灵活，调整方便，科技创新和科技产出的效果快速且显著，对推动一个国家和地区的科技进步和经济发展的作用巨大。

第三，科技型中小企业是技术创新的主力军。这类企业虽然投入不大、初始的盈利空间和市场风险大，但机制灵活、富于创新，在竞争激烈且瞬息万变的市场上争得席位，贡献创新技术、产品与服务。

第四，在转型社会中，科技型中小企业能够避免大企业的诸多不足，专注市场上被大企业忽略的部分，通过专业化经营来获取最大限度的收益，创造出更多的生存空间，推动甚至引领创新发展。

2. 科技型中小企业的特征

科技型中小企业，有以下五个方面的特征。

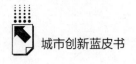
（1）投入大

科技型中小企业的初始投入小，但中后期投入比重大。从研发、成果转化到实现产业化，其所需要的资金投入比例逐步增加，尤其是研发费用的投入。

（2）创新强

创新是企业持续发展的根基。科技型中小企业的最主要特征就是具有很强的创新能力。

（3）成长好

由于创新能力强，产品具备较强的市场竞争力，从而科技型中小企业的成长潜力非常好，能迅速占据行业领先和垄断地位。

（4）风险高

科技型中小企业的风险高。统计显示，即便是在美国硅谷，其20%～30%的科技型企业会失败，60%～70%只获得相对程度的成功，能够获得高利润的企业只有5%。在整个发展过程中，高风险总是伴随着科技型中小企业。

（5）收益高

收益往往与风险成正比。高风险的科技型中小企业，一旦获得成功，往往可以获得巨额的收益，足以补偿高风险。因此，成功的科技型中小企业，其投资回报率往往超过其他一般企业。

（二）科技型中小企业的融资困境

1. 科技型中小企业的资金需求特点

根据生命周期（Life Cycle）理论，科技型中小企业和其他企业一样，也经历着从种子期、初创期、成长期到成熟期的阶段。与此同时，在不同的发展阶段，资金需求方面有着各自的独特性。

表1显示了科技型中小企业在不同成长阶段的不同资金需求及风险特征。

表1   科技型中小企业不同发展阶段的资金需求

发展阶段	风险程度	企业的融资需求特征
种子期	很高	初始投入小,资金缺口不大,主要为研发投入
初创期	较高	资金缺口增大,筹资难,较易进入"死亡谷"
成长期	高	资金缺口较大,一般筹资不是难题
成熟期	低	有稳定的现金流,资金缺口较小

由表1可见,科技型中小企业在这四个发展阶段都存在资金缺口,但在初创期和成长期的资金缺口较大,其中,初创期因筹资困难而容易"夭折"。

2.科技型中小企业的融资困境

尽管说,加快科技型中小企业发展,对"新常态"下我国转变经济发展方式、实现经济稳健持续发展具有重要意义,但是,科技型中小企业的融资难问题十分突出。

一般而言,科技型中小企业的规模小、有形资产少、市场风险大、外部供给不足、自身积累有限,比一般的中小企业面对了更大的风险和市场不确定性,从而往往无法符合向传统商业银行甚至"科技支行"等融资的条件。特别是近年来,随着经济发展步入"新常态",作为"以盈利为目的"的企业法人——商业银行,为了规避风险,更愿意将信贷资金投向风险较小的重点行业、企业和项目,而不愿意贷款给风险较大的科技型中小企业。

(三)加快发展科技金融、促进科技型中小企业发展的必要性和紧迫性

2014年5月,习近平在上海考察时指出,"当今世界,科技创新已经成为提高综合国力的关键支撑,成为社会生产方式和生活方式变革进步的强大引领,谁牵住了科技创新这个牛鼻子,谁走好了科技创

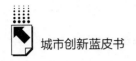

新这步先手棋，谁就能占领先机、赢得优势。"

在促进科技创新方面，金融是必要支撑。科技部、全国工商联和九三学社从 2003 年起开始倡导建立科技银行，把科技银行设想为独立的法人机构，主要向中小科技型企业进行投资和提供贷款，培育其成长，资金来源于吸收机构存款和发行金融债券等。2007 年，全国工商联在《关于设立科技银行的提案》中提出，建立专门为科技型中小企业服务的科技银行，并且"建议在有条件的高新技术产业园区如北京中关村、上海张江高新区和深圳高新区等先行试点"。2012年，全国政协委员、招商银行行长马蔚华在《关于引入硅谷银行模式支持科技型中小企业发展的提案》中进一步提出，"当前的法律框架是制约科技银行成功的主要因素"。

应该说，自 2006 年《国家中长期科学和技术发展规划纲要（2006～2020 年）》提出"实施促进创新创业的金融政策"以来，科技部、中国人民银行、中国银监会等部门对科技金融工作的重视程度日益提高，在建立支持企业技术创新及其产业化的投融资方面进行了诸多有益探索和实践，取得了初步成效：财政科技投入增长较快，设立了科技型中小企业技术创新资金及创业投资引导资金、科技贷款风险补贴资金；商业银行开展了知识产权质押贷款试点和高新技术企业科技保险试点；一些地方设立了银行科技支行、科技小额贷款公司、科技企业贷款担保基金和科技担保公司等科技金融机构；创业风险投资机构不断增加，创业风险投资资本总量初具规模。科技金融的合作与发展加快了一大批科技创新成果的转化及其产业化，促进了一大批科技型中小企业快速健康发展，已经成为我国技术创新的主要载体。

但是，由于商业银行的融资特征与科技型企业的需求存在错位，大多数科技型中小企业在资金筹措、技术开发和管理组织等方面仍存在许多困难，融资难成为其生存发展所面临的首要困难。可以说，科技金融发展滞后已严重影响国家科技创新战略的实施，具体表现为以下方面：商业银行贷款标准及模式不适应科技型中小企业发展特点；银行科技贷款规模较小，知识产权质押贷款和高新技术企业保险试点等面窄量少；创业风险投资机构年度投资额与经济发展水平、科技企业融资需求相比差距较大；创业种子资金运作、科技担保及金融支持科技创新创业的投融资体系尚未建立。

因此，按照党的十八大、十八届三中全会、十八届四中全会精神等要求，进一步解放思想，破解发展难题，加快发展科技金融业及新型科技金融机构特别是科技型银行势在必行。

二 我国科技金融发展的状况与问题分析

（一）我国科技金融政策环境分析

2006 年 2 月 9 日发布的《国家中长期科学和技术发展规划纲要（2006～2020 年）》，提出"实施促进创新创业的金融政策"，内容包括：①鼓励金融机构对国家重大科技产业化项目、科技成果转化项目等给予优惠的信贷支持，建立健全鼓励中小企业技术创新的知识产权信用担保制度和其他信用担保制度，为中小企业融资创造良好条件。②鼓励金融机构改善和加强对高新技术企业，特别是对科技型中小企业的金融服务。

2008 年 5 月 25 日，科技部与招商银行签署了《支持自主创新科技金融合作协议》。根据《协议》，招商银行将在国家科技计划项目、重大科技专项、科技型中小企业、创业投资、节能减排项目等领域内提供融资支持和服务。科技部将发挥政策引导、组织协调职能以及项目、专家信息等优势，结合招商银行的融资优势以及金融产品创新能力强和重视中小企业融资业务等特点，共同促进我国高新技术产业发

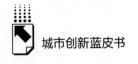
展。

2008 年 8 月 4 日，中国农业发展银行、科技部联合发布了《关于进一步加强金融与科技合作大力推进农业科技成果转化和产业化的通知》（农发银发〔2008〕175 号），提出"进一步加强金融与科技合作，大力推进农业科技成果转化和产业化"。

2009 年 5 月，银监会和科技部联合发布的《关于进一步加大对科技型中小企业信贷支持的指导意见》（银监发〔2009〕37 号）指出，将选择部分银行分支机构，开展科技金融合作模式创新试点。

2010 年，结合专家评审意见和国家区域发展战略布局，科技部会同"一行三会"确定中关村国家自主创新示范区、天津市、上海市、江苏省、浙江省"杭温湖甬"地区、安徽省合芜蚌自主创新综合实验区等 16 个地区为首批促进科技和金融结合试点地区。

2012 年 8 月 31 日，科技部与中国进出口银行在京签署了《支持科技创新合作协议》。双方将在科技重大专项、国家科技计划和重大国际科技合作项目的实施，国家自主创新示范区、国家高新技术产业开发区、国际科技合作基地建设，战略性新兴产业发展以及科技型中小企业开拓国际市场等方面进行深层次科技金融合作。

2013 年 7 月 5 日，《国务院办公厅关于金融支持经济结构调整和转型升级的指导意见》（国办发〔2013〕67 号），提出要"加强对科技型、创新型、创业型小微企业的金融支持力度"。

2014 年 1 月 22 日，科技部会同中国人民银行等六部门联合印发了《关于大力推进体制机制创新 扎实做好科技金融服务的意见》，提出："大力培育和发展服务科技创新的金融组织体系。鼓励银行业金融机构设立专门从事中小科技企业金融服务的专业或特色分支行，支持发展科技小额贷款公司、科技融资租赁公司等非银行金融机构，培育发展科技金融服务中心等多种形式的服务平台。"

中国人民银行《中国金融稳定报告2014》提出，银行业金融机构积极落实《国务院办公厅关于金融支持经济结构调整和转型升级的指导意见》，着力推进盘活存量、用好增量。贯彻国务院关于加快培育和发展战略新兴产业的部署，努力促进科技与金融结合，加大对节能环保、新一代信息技术、生物、高端装备制造、新能源、新材料等战略新兴产业信贷投入力度。对符合国家产业政策的技术改造项目，积极给予信贷支持。加大对节能减排领域的金融支持和服务力度，严控高污染、高能耗和产能过剩行业的信贷投放。

《国务院关于加快科技服务业发展的若干意见》（国发〔2014〕49号）提出，"探索发展新型科技金融服务组织和服务模式"。

《中共中央国务院关于深化体制机制改革　加快实施创新驱动发展战略的若干意见》（2015年3月13日）提出："选择符合条件的银行业金融机构，探索试点为企业创新活动提供股权和债权相结合的融资服务方式，与创业投资、股权投资机构实现投贷联动。"

综上可见，国家及科技和金融部门，非常重视科技金融的发展，出台了一系列政策，包括"鼓励银行业金融机构设立专门从事中小科技企业金融服务的专业或特色分支行，支持发展科技小额贷款公司、科技融资租赁公司等非银行金融机构，培育发展科技金融服务中心等多种形式的服务平台"，以及"实现投贷联动"。从实践看，这些政策和文件也在相当程度上促进了科技金融的发展，对科技型中小企业的快速发展起到了不可忽视的助推作用。

但是，由于缺乏科技金融的顶层设计和体制机制的深层次改革，科技金融体制没有实质创新，目前科技金融的主体仍是各个银行的科技支行，由于其本质仍为传统的商业银行，存在先天不足，包括管理与监督体系、业务范围限制、风险监管等等，不适应科技型企业的需求；而且，现有银行包括科技支行本身缺乏科技金融知

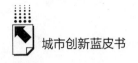

识图式，不熟悉专利知识等资产及市场估值，不了解科技信贷的规则和程序，更谈不上与风投配合投贷联动，相关业务跨领域的人才十分缺乏，难以实现金融创新，而只能按照实物抵押、即期市场销售等传统信贷管理原则进行贷款，很少有能从银行得到融资支持的科技创新型中小企业。这在相当程度上制约着科技驱动战略的实施。

（二）我国科技金融主要模式分析

据我们综合研究，目前我国科技金融的主要模式为：科技支行、商业银行的科技金融业务、科技小额贷款公司、合资科技型银行等。其中，科技支行是科技金融的主体。

1. 科技支行

2008 年时，全国工商联提出了设立专门的科技银行的提案，随后，我国科技金融开始进入快速发展阶段。

从 2008 年开始，在科技部、中国人民银行、中国银监会的推动下，地方科技部门积极和地方的金融管理部门及金融机构合作，推动国内商业银行设立专门服务于科技型中小企业的金融机构。

2009 年 1 月 11 日，我国首批科技型银行在成都正式亮相。当天，中国建设银行成都高新支行和成都银行高新支行被银监会批准，变身为"科技支行"。

2009 年 5 月，银监会和科技部联合发布的《关于进一步加大对科技型中小企业信贷支持的指导意见》（银监发〔2009〕37 号）指出，将选择部分银行分支机构，开展科技金融合作模式创新试点。

此后，科技支行在全国范围内迅速涌现，截至目前，全国有 100多家科技支行。部分科技支行的情况参见表 2。

表 2　商业银行所属科技支行统计

地区	名称	成立时间	备注
四　川	成都银行科技支行	2009 年 1 月 11 日	全国首批两家科技支行之一
	建设银行成都科技支行	2009 年 1 月 11 日	全国首批两家科技支行之一
浙　江	杭州银行科技支行	2009 年 7 月 8 日	我国东部首家科技支行
	龙湾农村合作银行科技支行	2012 年 8 月	浙江农信系统第一家科技支行
	农业银行嘉兴嘉科支行	2014 年 1 月	浙江农行系统第一家科技支行
湖　北	汉口银行光谷支行	2009 年 9 月 29 日	我国中部首家科技支行
广　东	平安银行深圳科技支行	2010 年 5 月 27 日	广东省首家科技支行
江　苏	农业银行无锡科技支行	2010 年 9 月 26 日	江苏省首家科技支行 中国农业银行首家科技支行
湖　南	长沙银行科技支行	2011 年 10 月 26 日	湖南首家科技支行
黑龙江	龙江银行股份有限公司科技专营支行	2011 年 11 月 25 日	黑龙江省首家科技专营支行
云　南	中信银行昆明科技支行	2011 年 12 月 2 日	云南首家科技支行
陕　西	长安银行西安高新科技支行	2012 年 4 月 26 日	我国西北首家科技支行
广　西	交通银行南宁科园支行	2013 年	交通银行在广西设立的首家科技支行
福　建	海峡银行福州科技支行	2013 年 2 月	福建省首家科技支行
山　东	青岛银行科技支行	2014 年 9 月 16 日	山东省首家科技支行

（1）科技支行的设立模式

从这些科技支行设立的地点来看，大多处在高新技术园区内，主要便于向区域内的高科技中小企业提供金融服务。

从设立方式上说，现阶段我国各类"科技支行"主要有两种成立模式：一种是在商业银行原有的分支行基础上进行转型（名称没有更改为"科技支行"），成立专门提供科技金融服务的银行机构，如成都银行高新支行和中国建设银行成都高新支行，经中国银监会批准，于 2009 年 1 月 10 日"变身"科技支行；第二类是由上级分行设立（或将以前存在的支行更名转型）科技支行，这类模式更为普遍（见表3）。但是，无论哪种方式成立的科技支行，都没有独立的法人实体资格，而是隶属上级银行的分支机构。

表3　我国"科技支行"的成立模式

地区	名称	成立时间	成立方式
四川	成都银行科技支行	2009 年 1 月 11 日	由原有普通支行升级而成
	建设银行成都科技支行	2009 年 1 月 11 日	由原有普通分理处升级而成
浙江	杭州银行科技支行	2009 年 7 月 8 日	杭州银行设立
湖北	汉口银行光谷支行	2009 年 9 月 29 日	汉口银行设立
广东	平安银行深圳科技支行	2010 年 5 月 27 日	平安银行设立

（2）科技支行的经营模式

综合现有各地设立的各类"科技支行"，其经营模式有如下特征。

第一，以科技型中小企业为服务对象。为了解决科技型中小企业融资困难的问题，促进科技成果的转化和产业化，科技支行一般进行了多方面的金融创新，为科技型中小企业提供多种专业的金融服务。另外，一些政府给当地科技支行的服务对象划定范围，比如在无锡，2010 年成立的农业银行无锡科技支行，被要求专门服务于无锡高新区内的科技型中小企业。

第二，政府部门参与度高。从我国已成立的科技支行可以看出，在科技支行的设立和业务开展过程中，地方政府参与度高。例如，2009 年 7 月成立的杭州银行科技支行，是在杭州市政府领导下，相关部门和金融机构协作的成果；又如，2015 年成立的河北银行邯郸科技支行，是邯郸市科技局与河北银行邯郸分行携手构建的。

第三，与其他金融机构开展合作。为了降低科技信贷风险、创新科技金融服务，科技支行积极开展与保险公司、担保公司及风投等其他金融机构的战略合作。如平安银行深圳科技支行，联合平安集团旗下的信托、证券公司，为科技型中小企业提供包括风险投资、上市、理财和资产管理等综合化金融服务。

第四，风险管理仍需重视。我国各类科技支行发展的时间比较短，经验不足，规模不大，加上专业人才缺乏，其风险管理机制、模式和方法不够健全，导致风险管理成为科技支行发展中一个不容忽视的问题。

（3）地方政府对科技支行的政策支持

从各地的情况看，地方政府从政策法规等方面为本地科技支行的设立提供了多方面的支撑和帮助。

首先，2007 年 7 月，江苏省财政厅、科技厅和中国人民银行南京分行出台了《江苏省科技贷款风险补贴专项资金管理办法（试行）》，在"十一五"期间对科技项目贷款年递增 20% 以上的银行，经考核后，由省财政每年按新增贷款余额的 1% 给予风险补贴。

其次，2010 年 6 月，重庆市财政局、科委设立科技投融资专项补助资金，按银行当年新增一年期（含一年期）以上科技贷款金额给予不超过 1% 的补助；对于接受科技企业以知识产权出质直接抵押贷款的银行，将给予金额不超过 2% 的补助。每家银行每年补助总额不超过 100 万元。

（4）商业银行的科技金融业务

一些银行，并不是通过成立科技支行的模式来从事科技金融业务，而是创新科技金融模式。

2008 年以来，我国一些商业银行相继与 VC/PE 开展战略合作，采用"财务顾问 + 托管"的服务模式，一方面满足科技型中小企业的资金需求，另一方面通过和 VC/PE 的合作，减少银行的信贷风险。如浦发银行与中科招商创业投资公司的战略合作，构建了浦发银行

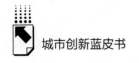

PE 综合金融服务方案，包括 PE 融资支持方案、投资支持方案、投资后管理支持方案、退出支持方案、托管支持方案等。

另外，招商银行通过借鉴美国硅谷银行的商业运作模式，与深圳国际信托投资公司、深圳创新投资集团等 8 家机构一起，引进"股权＋债权"的夹层融资服务，推出"中小企业创业上市通"，构建一体化的 PE、债权和上市融资等投资产业链，为科技型中小企业提供资金服务，帮助其化解融资困境，支持创新发展。

2. 科技小额贷款公司

除了科技支行，科技小额贷款公司是一种重要的科技金融服务机构。我国首家专门服务于科技型企业的小额贷款公司——天津科技小额贷款有限公司成立于 2009 年。

2014 年 1 月，中国人民银行会同科技部、中国银监会、中国证监会、中国保监会和国家知识产权局等六部门，联合发布了《关于大力推进体制机制创新扎实做好科技金融服务的意见》（银发〔2014〕9 号），明确提出"支持发展科技小额贷款公司"（见表 4）。

目前，全国各地成立了诸多科技小额贷款公司。总体而言，这些小额贷款公司可以分为两种模式：天津模式和江苏模式。

（1）天津模式

天津模式，是以天津科技小额贷款公司为主的科技小额贷款公司模式。遵循天津模式的科技小贷公司，以科技型中小企业为目标客户，业务范围和资金来源等都完全符合《中国银行业监督管理委员会中国人民银行关于小额贷款公司试点的指导意见》和《中国人民银行、中国银行业监督管理委员会关于村镇银行、贷款公司、农村资金互助社、小额贷款公司有关政策的通知》。也就是说，天津模式下的小额贷款公司，在制度创新或商业模式创新方面十分有限。

（2）江苏模式

江苏模式，是基于苏州市融达科技小额贷款有限公司的科技小额贷款公司模式。该公司成立于 2010 年 10 月 28 日。

相比天津模式，江苏模式则有较大创新。主要体现为以下四个方面：可以以不高于资本净额的 30% 从事创业投资业务；资本来源除不超过两个银行业金融机构外，还增加了经批准的股东借款和科技小额贷款公司之间资金调剂拆借两条渠道；杠杆率由 1.5 提高到了 2，"资本充足率" 要求由 66.67% 降低到了 50%；不设置单笔贷款额的绝对额限制，放宽了最低贷款额的限制。

表 4　科技小额贷款公司

地区	名称	时间	注册资本	发起人
天津	天津科技小额贷款有限公司	2009 年 11 月 2 日	0.6 亿元	天津市科委所属单位
江苏	苏州市融达科技小额贷款有限公司	2010 年 10 月 28 日	3 亿元	苏州创投集团
浙江	温州市龙湾区华隆科技小额贷款股份有限公司	2013 年 12 月 16 日	2 亿元	永电控股集团
广东	惠州市仲恺 TCL 智融科技小额贷款股份有限公司	2014 年 10 月 14 日	2 亿元	TCL 集团

3. 合资类科技型银行

我国首家专门服务于新科技创新产业的合资类科技型银行——浦发硅谷银行，于 2012 年 8 月 15 日在上海正式成立。

浦发硅谷银行是中国第一家具有独立法人资格的科技型银行，这是它与我国各种科技支行相比的独特之处。

浦发硅谷银行由上海浦东发展银行股份有限公司和美国硅谷银行合资成立，双方各持 50% 的股权。浦发硅谷银行将客户目标定位于中国创新企业及其投资者，致力于创新型中小企业，向创新行业里的不同企业提供全新的银行服务。

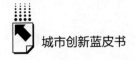

浦发硅谷银行成立之后，迟迟未开展人民币业务。根据我国《商业银行法》的相关规定，商业银行在中国境内不得向非银行金融机构和企业投资。这种政策限制，使硅谷银行的债权转股权模式变得"不可复制"。直到2015年3月，中国银监会才批复了浦发硅谷经营人民币业务的申请。

新华社2013年7月的相关报道称，成立不到1年的浦发硅谷银行，除了与上海市杨浦区政府签署《创业投资引导基金委托管理协议》外，其他业务乏善可陈。浦发硅谷银行2012年年报显示，截至2012年底，浦发硅谷银行存款余额为1135万美元，贷款余额为零，尚未开展贷款业务。全年总收入390万美元，主要为存放同业收入和政府财政补贴。

（三）问题与不足

目前，我国的科技金融主体为相关银行设立的科技支行。正在崛起中的科技小额贷款公司，也在一定程度上起着推进科技型中小企业发展的作用。

应该说，相关银行所设立的科技支行和科技小额贷款公司在缓解科技型中小企业贷款融资难上取得了一定进展和成效，但是各有缺陷。

1. 科技支行存在的不足

截至目前，我国设立的各类科技支行，均具有法人地位，只是上级银行的分支机构；各类科技支行在业务模式和运作模式上还存在局限性，创新不足，在解决科技型中小企业融资问题上尚不够"给力"，具体表现如下。

（1）科技支行的贷款风险主要由政府承担

由于一些科技支行主要是地方政府部门推动成立的，都会受到地方政策的支持，不少地方政府出台了"科技支行信贷风险补偿基金

（或专项资金）管理办法"，财政为科技支行贷款损失予以承担。虽然有些科技支行也联合出资设立了贷款风险补偿金，但是比例都不超过30%。还有一些科技支行是利用担保机构或者创业投资机构来控制风险，但是这些担保机构和创业投资机构都是政府出资设立或者政府控股的公司，因此一旦银行发生了不良贷款，贷款损失实质上还是由财政资金来偿还。如2014年出台的《天津市科技型中小企业信用贷款风险补偿金实施细则》规定：对匹配风险补偿金的区县，企业信用贷款发生的贷款损失，由市风险补偿金、区县风险补偿金、合作银行按照4∶4∶2的比例承担。也就是说，科技支行只承担20%的损失。

（2）科技支行的服务对象没有明显特色

我国科技支行的服务对象尽管设定为"科技型中小企业"，但其支持对象主要是当地高新技术园区内的高新技术企业，也就是说，科技支行并没有对客户进行明确的领域划分，基本上包括了本地区内所有科技领域的高科技企业。这与美国硅谷银行服务于技术企业的特色相异。

此外，一些地区在设立"科技支行信贷风险补偿基金（或专项资金）"时，对如何认定"科技型中小企业"进行了规定，但认定工作由相关地方政府进行，而不是由第三方或科技支行组织专家认定，从而具有强烈的行政色彩。

（3）科技支行的专家团队服务能力有待提高

目前我国的科技支行服务对象，主要是地方政府认定的科技型中小企业，有些银行在决策时尽管也吸收了科技、政策、投资等领域的专家参与，但是，与美国硅谷银行强大的专业团队相比较，我国科技支行的专家服务团队建设存在明显的不足，不仅缺乏服务于创业阶段高科技企业的专家团队，而且"科技型中小企业"的认定工作受制于行政部门。

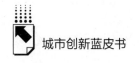

（4）科技支行的金融服务特色不明显

应该说，我国科技支行提供的服务非常单一，主要是为科技型中小企业提供的贷款，没有与资本市场对接，形成系列的产品和服务；至于初创企业急需的孵化和培育，科技支行显得力不从心。

（5）科技支行"先天不足"决定了难以解决融资问题

如前所述，由于不是独立法人，业务模式也存在先天缺陷（局限于现行监管体系和商业银行的性质定位），科技支行无法真正承担起解决科技型中小企业融资困境的重任。

2. 科技小额贷款公司存在的不足

科技小贷公司是独立的法人实体，目前主要接受政府金融办的监管。其创新既不受类似于银行总行的限制，也可突破分业经营的体制，按混业经营的思路进行。这是目前我国各类科技支行所不具备的优势。但是，科技小额贷款公司也存在一些明显的不足。

（1）科技小贷公司资金来源渠道非常有限

商业银行可以吸收各类存款，但是，科技小额贷款公司的资金来源非常"单一"。例如，辽宁省政府金融办 2013 年出台的《辽宁省科技小额贷款公司暂行管理办法》规定："科技小额贷款公司资金来源为股东缴纳的资本金、捐赠资金和来自不超过两家银行业金融机构融入资金，以及经省政府金融办批准的企业股东借款、科技小额贷款公司间的资金拆借；外部融入资金不得超过科技小额贷款公司资本净额100％。"

（2）科技小额贷款公司的资金使用成本高

如前所述，科技小贷公司的资金来源是注册资本金、向不超过两个银行业金融机构的借款、股东借款以及科技小贷公司之间的拆借，因此，其资金使用成本必然相当于投资者所要求的报酬率。相比较而言，科技支行的资金来源主要为储户存款，只需要按央行规定支付存款利息即可，因此，科技小额贷款公司的资金使用成本远远高于银行支行。

（3）科技小额贷款公司在风险控制方面存在不足

尽管科技小额贷款公司的风险控制参照商业银行，甚至更为严格，如《辽宁省科技小额贷款公司暂行管理办法》规定："按照银行贷款五级分类原则，严格划分资产类别，充分计提呆账准备金，确保资产损失准备充足率达到并始终保持在 100% 以上。"但是，鉴于科技小额贷款公司的业务范围主要面向科技型中小企业发放贷款、创业投资、开展金融机构业务代理等，均为高风险的业务活动，却缺乏风险分散渠道（科技支行至少有财政资金化解风险），没有美国硅谷银行类似的投贷联动等机制设计，从而风险较高。

三　美国科技型银行（硅谷银行）及其借鉴

在美国科技型银行中，最有名气的是硅谷银行（Silicon Valley Bank，SVB）。国内学者建议设立科技型银行的参考模板，也是美国的硅谷银行。

硅谷银行成立于 1983 年 4 月 23 日，是硅谷银行金融集团（SVB Financial Group）的子公司，1988 年完成 IPO（在纳斯达克）并募集到 600 万美元的股权资本。

硅谷银行主要服务于创新型企业及其投资者。《福布斯》2014 年称硅谷银行是美国管理最佳的公司（唯一上榜银行），2015 年称硅谷银行是美国最佳银行之一（共上榜 4 家银行）。

（一）硅谷银行的运作特点

尽管硅谷银行也专注于科技型中小企业，但是它很好地控制住了资金风险，并获得了可观的收益。2010 年，硅谷银行净利息收入比 2009 年增长 9.4%；贷款增速达 21.4%，不良贷款率由 2008 年的

1.57%下降到了0.71%。美国《洛杉矶时报》2015年8月8日报道称，在过去两年中，美国硅谷银行为客户管理的存款和其他基金增长了77%。其中，2013年的贷款和其他资产增长了81%。

硅谷银行的成功，在于其创新了一套适应科技型企业的投融资服务模式，其运作特点如下。

1. 坚持服务特定领域科技型企业发展的模式

与目前我国的科技支行和科技小额贷款公司不同，硅谷银行的业务并不是覆盖所有的科技型企业，而是有选择地长期支持几个特定技术领域的企业，支持对象集中在硬件与基础设施、软件与互联网、生命科技与健康管理、新能源与资源、私募与股权投资、葡萄酒等6个主要领域（截至2015年9月）。通过长期服务于特定领域的企业，硅谷银行的专业化知识得以丰厚积累，优势突出，可以精确把握这些行业和企业的特点和状况，大幅度降低银行与企业之间的信息不对称，提高了银行的服务针对性和服务质量。

2. 为不同成长阶段的科技型企业提供多样化的服务

科技型企业从创设到发展壮大，所需要的服务不仅仅融资服务，还包括咨询、信息、市场开拓等多种服务。针对科技型企业的不同发展阶段及其特点，硅谷银行将所支持的企业划分为三类：①初创期（收入在500万美元以下），②小有成绩的处于扩张期的企业（收入在500万~750万美元之间），③全球化（收入在7500万美元以上）的企业。针对不同的企业，硅谷银行为其量身定制，提供SVB加速器（SVB Accelerator）、SVB增长（SVB Growth）、SVB企业金融（SVB Corporate Finance）等三种不同的服务项目，以满足处于不同发展阶段企业的融资和服务需求。

3. 与创业风险投资公司合作，提高项目选择和评估能力

在美国科技型企业发展过程中，创业风险投资（Venture Capital，VC）起着重要作用。美国很多非常成功的公司都曾获得过VC的支

持，如思科、雅虎、微软、eBay、Facebook、Twitter 等。而且，VC 公司因其专业性，具备很强的项目评估与识别能力。

鉴于此，硅谷银行努力和 VC 机构建立合作关系，目的是提高其甄别客户和评估项目的能力，准确估计企业所面临的风险和回报，减少风险、提高收益。

4. 建立专门的专家服务团队，提高服务质量

除了与 VC 合作，硅谷银行还积极开展与法律、财务、评级等中介机构的合作，形成良好的外部专家团队，减少信息不对称。

此外，硅谷银行建立了自身的专家团队，引进硬件与基础设施、软件与互联网、生命科技与健康管理、新能源与资源、私募与股权投资、葡萄酒等领域的专家人才，专门的清洁技术和生命科学行业的专家团队，为企业提供价值评估、创业和咨询服务，为客户提供有价值的建议，助力创新创业企业成长。

5. 开展适应高科技企业特点的 IP 质押贷款业务

初创科技型企业，往往缺乏固定资产，很难从银行那里获得贷款，从而因为缺乏资金，步入"死亡之谷"。但是，这类企业往往拥有较多的专利。

针对这一特征，硅谷银行开展了知识产权（IP）质押贷款业务（当然，针对 IP 的专业评估很重要）。于是，很多拥有专利的科技型企业获得了贷款支持，解决了科技成果产业化中的资金短缺问题。

6. 提供辅导和帮扶服务

初创科技型企业，一般拥有核心技术，但缺乏资金、市场经验、管理经验及知名度等等。

因此，硅谷银行提供专业的创业辅导服务，还举办创业沙龙以及与会计事务所、律师事务所、投资机构等的交流活动，提高创业者的业务能力，拓展其外部网络，增加其获得投资和市场等各种机会。

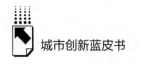

（二）硅谷银行的盈利模式

硅谷银行打破了传统的商业银行与 VC/PE 等的业务界限，其业务内容包括债权投资和股权投资、直接投资和间接投资，既可以为创业企业和创业投资机构提供债权融资，也能通过向企业提供贷款时与企业达成附认股权协议，直接将资金投向创业企业或通过投资风险机构间接投资于创业企业。因此，硅谷银行不是依靠存贷差、传统的表外业务等获得收益，而是依靠股权与债券收益、服务费用、贷款的利率等，从而获得超过商业银行的高收益。

1. 债权式投资

硅谷银行债权投资的资金主要来自于客户基金。由于贷款企业往往从事高风险行业，因此，硅谷银行收取的利息往往高于一般商业银行。同时，企业从 VC/PE 获取资金后，往往存入在硅谷银行开设的账户中，由于这些客户对存款利率不够敏感，从而降低了硅谷银行的资金成本。那么，资金成本低、贷款利息高，为硅谷银行扩展盈利空间奠定了基础。

2. 股权式投资

在采用股权投资方式之时，硅谷银行会以收取股权或认股权为附加条件与企业签订协议。一旦这些企业上市或者股价上涨，硅谷银行便通过退出股权而获得高收益。

表5　硅谷银行收益结构（2001～2009 年）

单位：万美元，%

项目＼年份	2009	2008	2007	2004	2003	2002	2001
利息收入	38215.0	36859.5	37584.2	22947.7	18313.8	19177.7	25584.2
非利息收入	9774.3	15236.5	22096.9	10603.3	7506.0	6785.8	7083.3
股权收入	−5.5	1054.1	2347.6	919.1	752.8	166.1	850.0
税前利润	4584.7	13369.6	21041.6	10262.0	1516.9	8007.7	14115.2

续表

项目\年份	2009	2008	2007	2004	2003	2002	2001
股权收入/利息收入	-0.01	2.86	6.25	4.01	4.11	0.87	3.32
股权收入/非利息收入	-0.06	6.92	10.62	8.67	10.03	2.45	12.00
股权收入/税前利润	-0.12	7.88	11.16	8.96	49.63	2.07	6.02

（三）硅谷银行的风险控制

风险往往与收益成正比，换句话说，高收益必然伴随高风险。硅谷银行采用的严密的风险控制措施，是其取得成功的坚实基础。

首先，与 VC、PE 等创业投资机构深度合作，借助硅谷银行的外部和内部专家团队，借助专业分析，深刻把握贷款或投资对象，以有效防范风险。

其次，对于那些处于研发阶段的企业，开展知识产权为担保或抵押贷款。对于那些产品研发成功进入市场的企业，发放应收账款抵押贷款。这样可以减少风险。

再次，硅谷银行采取风险隔离、组合投资和联合投资等方式控制风险。其中，风险隔离是指硅谷银行将其创业投资业务单列出来，与其他一般业务分开，二者不从对方账户提取，资金上相互独立；组合投资是指硅谷银行为了分散风险，根据不同行业的不同发展阶段等进行风险组合的投资方式；联合投资是指硅谷银行通过加强与风投机构的合作，依靠其专业性来更好地掌握客户经营状况，做出正确判断，从而降低投资风险。

最后，硅谷银行联手风险投资机构，建立金融服务网络平台，通过信息共享，给科技型企业提供全面的、专业的服务，在一定程度上分散风险。

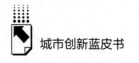

（四）对我国的借鉴意义

引入硅谷银行机制，有利于"风险投资—科技信贷—资本市场"完整创新金融服务体系链的发展和完善。真正实现"技术—资金—产业"的有机结合。对于我国将创新驱动战略落实到位，有着非常重大的意义。

一是为中国现有商业银行，从偏重传统业务向为创新型企业提供信贷转型提供学习和模仿的榜样。我国的不少银行因为缺乏专业人士，不熟悉专利知识等资产及市场估值，不了解科技企业的相关领域情况，难以实现支持中小企业信贷融资的金融创新，而只能按照实物抵押、即期市场销售等传统信贷管理原则进行贷款，很少有能从银行得到融资支持的科技创新型中小企业。

对硅谷银行而言，我国银行可以学习其科技贷款或投资项目选择和评估、认股权证业务、科技贷款融资业务流程、创新型贷款风险管控、科技信贷盈利模式等经验和机制，实现为科技创新进行金融服务的业务拓展，从而在一定程度上缓解中国科技型企业贷款难的问题。

二是以科技银行机制创新为互动，切实促进风险投资有实质性的发展。2011年，中国虽然拥有包括外资在内的各类创业投资备案企业882家，2012年名义风险投资230亿元人民币，真正用于风险投资的资金规模只有约34亿元人民币。2012年美国有创业投资公司841家，自2002年以来，美国创业投资每年向创业企业投资额维持在200亿~300亿美元。美国硅谷银行，有专门的从事风险投资专业，以及风险投资和银行贷款联动的人才和团队，并在与美国其他风险投资机构合作中形成了良好的互动机制和经验。只有后续的贷款跟进，企业资本结构合理化和规模化，新产品的规模化和产业化才有资金链的保障，才能给风险投资的发展创造条件。

三是由于传统商业银行机制与科技金融在某种程度上不融合，引进硅谷银行机制，创新科技金融，可以使中国金融监管包括政府其他部门的管理与国际规划接轨，促进体制改革，使解决科技型中小企业融资难获得实质性进展。比如，进行科技创新企业抵押担保等制度的改革，从实物资产抵押放贷，到知识产权和其他无形资产抵押放贷，以及按照未来销售、市场和成长的信用放贷，银监管理这方面的规定需要调整。再比如，目前不动产抵押和一些动产的抵押产权，其认证存在于多个部门和多个机构，造成重复、遗漏和多头办理，时间长、成本高、效率低，并且贷款人多头抵押的风险很大。需要与国际接轨，建立一个统一的产权登记、确认和管理体系。还比如，为了更好地进行创新型企业融资，银行"贷款＋认股权证"的授信模式在美国已经比较成熟。银行监管，需要积极放开，规范运行。

四是促进科技金融人才培养、交流和团队建设。可以通过创设类似美国硅谷银行的中国特色的科技型银行，带动风险投资与银行之间的人才流动，促进中国风险投资和科技型银行的人才交流和培养，使中国风险投资机构、科技型银行和创业企业资本市场、法律机构、会计机构等体系建设有专业人才和团队条件。

四 我国设立专门科技型银行的必要性

我国现行的各类科技金融机构特别是科技支行，由于本身受限于商业银行定位，与科技金融的特点不相适应，因而发展滞后，难以适应现实需求。建立专门为科技型中小企业服务的科技型银行，是解决问题的根本出路。

（一）现有商业银行体系难以解决科技型中小企业融资问题

除了前文已谈到的，商业银行体系与科技创新信贷的不适应，还

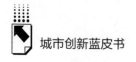

有一个因素，就是商业银行倾向于"贷大不贷小，贷强不贷弱"。

辜鸿铭的名言说："银行家是这样的人，当天气晴朗时，硬把雨伞借给你；阴天下雨的时候，又凶狠地将伞收回去。"这话只说对了一半。目前，对科技型中小企业而言，"天气晴朗"的时候，商业银行也未必愿意把"雨伞"借给他们。

招商银行行长马蔚华曾直言："实事求是地说，经济下行中，中小企业贷款风险比较大，与银行放贷的成本收益肯定是不匹配的。特别是有些小企业财务报表还不是很规范，所以，对银行来说就有顾虑。银行还要受到不良资产比率等监管，也要考虑到股东的反应。"

实际上，商业银行给科技型中小企业贷款，道理很简单：在员工、网点、操作等方面的分摊成本，要比给大企业贷款高得多，对银行是极不划算的。由于科技型中小企业存在着经营生存周期短、变化快、业主流动性强、抵押物少、难寻担保等现状，商业银行对其贷款的风险难以控制。如果贷款给大型企业，贷款较易收回，风险相对较小。

（二）资本市场也难以解决科技型中小企业融资问题

早在 2001 年，麦肯锡做过一个评估，结论是：发达国家解决中小企业融资，全球有两种方式，债务融资和股权融资。债务融资在整个融资结构中，占比不到 50%，大部分企业是通过股权方式融资。而在债务融资中，银行贷款仅占 20% 左右。

但是，从我国的现状看，大量的创新很少能得到风险投资的支持。2012 年，中国扣除 PE 性质的风投，真正用于风投的资金只有 34 亿元人民币，仅占全世界固定资产总额的 0.009%。也就是说，还不到万分之一。美国同样的数据大约是 0.66%。中国占国际风投规模的比重仅仅是美国的 1/73。

中国排进世界前 500 强公司的大企业没有一家是风投培育的有竞

争力的高新技术企业。只有把技术创新与金融体制的机制改革结合起来，相互促进，发挥金融对技术的资金支持作用，打通从技术到产业化的最后一公里，才能全面激发人们的创新活力，才能紧紧抓住和用好新一轮产业革命的机遇，实现我国经济的转型和经济的持续发展。

（三）商业银行附属科技支行体系与科技型中小企业金融需求不适应

尽管我国自 2009 年以来设立了诸多科技支行和科技小额贷款公司等专门的科技金融机构，但是，正如马蔚华在 2012 年"两会"的提案《关于引入硅谷银行模式支持科技型中小企业发展的提案》中所说："从 2009 年中国首批科技银行成立至今，科技银行未能像美国硅谷银行一样取得成功。"

我们认为，国内科技金融机构处于"呼声大雨点小"的局面，究其原因，主要由于以下几大障碍。

1. 科技金融机构的业务"不通"，即没有像硅谷银行那样将银行与资本市场打通

在国内设立的科技金融机构，目前还存在法律方面的限制。我国《商业银行法》第四十三条规定，商业银行"不得向非银行金融机构和企业投资"，银行不允许做股权投资。除此之外，目前对科技支行最大的金融抑制来自于中国金融体制、法规的利率政策，《商业银行法》第三十八条、第四十七条严格规定："商业银行应当按照中国人民银行规定的贷款利率的上下限，确定贷款利率。""商业银行不得违反规定提高或者降低利率以及采用其他不正当手段，吸收存款，发放贷款。"由于这样规条的存在不能适应高科技企业的实际情况，极大地抑制了我国高新技术产业的发展。

2015 年 8 月 29 日，全国人大常委会关于修改《中华人民共和国商业银行法》的决定，删去了第三十九条第一款第二项、第七十五

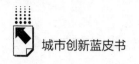

条第三项中的"存贷比例"。但是，对于业内呼吁的"混业经营"，该《决定》没有回应。

2. 当前的科技支行"不专"，不是硅谷银行那样的专门的科技型银行机构

我国的科技金融机构是商业银行的一个分支机构，从而控险体系局限在商业银行之内，并且难以突破。围绕设立科技型银行的形式的分歧无法统一，目前国家有关部门"希望商业银行能够在部分需求较多的市场将当地支行的贷款流程和考核体制进行改造，成为专门从事科技类中小企业信贷的网点"，也就是所谓的"科技支行"。由于银行承担巨大风险的同时未获平等收益，所以科技支行无法摆脱商业银行贷款制度中风险控制体系的束缚。

3. 科技型企业的融资特点与现行金融支持体系存在不适应性

科技型中小企业具有创新活动的不确定性和技术本身信息不对称性的特点（见前文），使传统商业银行和投资者难以为科技型中小企业提供融资服务。

第一，创新活动的回报常常是极不确定的。创新会涉及持续不断地开发新的产品，使用新的工艺，而这些产品和工艺尚未经受市场考验。因此，金融机构和投资者难以评估其风险特性及违约概率。

第二，企业家可能比潜在的投资者掌握更多关于其产品和工艺性质及特点的信息。创新型中小企业和投资者之间可能存在巨大的信息不对称，使得他们难以达成共识。

第三，创新活动常常是无形的，因此，在它们获得商业成功以前，难以评估它们的货币价值。而且，一旦在商业上失败，一项创新就几乎没有任何残值可言了。因此，创新活动在寻求贷款或权益投资时的担保价值常常会被低估。中小企业融资难，科技型中小企业融资则更难。

另外，我国目前还没有形成多层次的投融资体制。一是风险投资的政策环境还不完善，吸引社会资金的政策导向不明确，风险投资的退出机制没有形成；二是政府用于支持企业创业的天使资金少，经费往往都用于研究机构，难以形成产业化；三是发达国家已经很成熟的各类私人股权投资基金（PE）在我国没有形成，例如：私人股权投资基金可分为风险投资基金（Venture Capital Fund）、收购基金（Buyout Fund）、夹层投资基金（Mezzanine Fund）和直接投资基金（Direct Investment Fund）等。四是缺乏适应科技型企业特点的商业银行。五是政府部门设立的引导性母基金较少，不能很好地引导社会资本流向科技创新企业。

目前大量国外基金看好中国经济的潜力，一方面它们瞄准并购中国行业排头兵，另一方面看准有技术实力和发展潜力的科技企业。特别是那些处于成长期极有发展潜力的科技型企业，国内的融资环境无法支持它们，而国外投资者却能满足它们对资金的迫切需求。外国投资者在对这些科技企业的股权投资中不仅仅拿到了企业的资本产权，同时也拿到了弥足珍贵的知识产权。因此，建立我国支持科技创新的金融体系是当前的迫切需要。

不应否认的是，向科技型中小企业提供资金是极具风险的，也是不确定的，很多商业银行包括科技支行以及科技型小额贷款公司对科技型中小企业的融资望而却步也是一种客观的选择。因此，在现有的金融模式和条件下，很难有效地改变科技型中小企业的融资困境，需要进一步解放思想，改革我国的金融管理体制，创设类似硅谷银行的金融机构，完善多层次融资体系，探索试点一条与科技创新活动相适应的金融支持发展道路。

4. 科技小额贷款公司的能力与创新远远不足以满足需要

正如我们前文所指出的，科技小额贷款公司也存在一些明显的不足，包括科技小贷公司资金来源渠道非常有限、资金使用成本高、风险高而缺乏分散渠道等，导致科技小额贷款公司所能提供的融资规模远远不能满足科技型中小企业的需要。

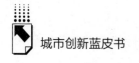

（四）设立专门科技型银行的必要性

由于目前的商业银行和金融机构的金融活动很难满足支持中小科技型企业发展的目标，因此我们认为需要专门设立科技银行，探索我国支持科技创新的金融新模式。

1. 设立科技型银行可以弥补科技企业和金融服务之间的信息不对称

正如全国工商联 2007 年的《关于设立科技银行的提案》中指出的，在科技与金融实际结合的过程中，经常出现的一个现象是：金融部门由于无法鉴别科技项目是否具有比较确定的商业化前景，其风险是否可控制在预定范围，而科技项目的拥有者则因不了解或不知道如何进行银行融资，以致金融与科技结合常常失败。因此，虽然国家一直鼓励各商业银行要加大对科技型中小企业的扶持力度，但在现实的操作中则是困难重重，效果不佳。设立专业化的科技银行，将有效地解决科技部门不懂金融、金融部门不熟悉科技的问题。

2. 设立符合科技型企业发展特点的科技型银行，可以缩小科技型企业特点与传统银行经营规则之间的差距，解决科技企业在成长过程中的融资难问题

成长期是企业发展的关键时期，也是最有潜力、最需要资金支持的时期，但是销售收入较少，财务报表不符合商业银行的贷款条件，企业缺乏抵押物，而"低风险、高流动、稳定收入"是传统商业银行的基本经营原则，由此形成了银行要求与科技企业的需求成为一对不可调和的矛盾。因此，需要设立一个兼顾科技和金融特点、专业化的创新型科技银行。

3. 设立科技型银行是适应信息化时代发展的需要

传统贷款模式是服务于工业经济时代企业贷款需求的产物。在信

息化时代，仅依靠传统方式已无法适应高技术企业的发展需要。特别是目前银行一般只承认地产、房产为有效抵押品，专利等知识产权的价值得不到承认，由此迫使科技企业达到一定规模后，不得不去买地盖房，以至于分散了企业技术研发的人力、物力和财力。

因此，设立科技型银行要以潜在收入流量为评估基础，在可控风险下支持以高风险、高收益为特征的科技企业，创造全新的银行商业模式和制度安排，培养和造就一批既熟悉科技创新又深谙金融管理的经营管理团队，建立科学的内控制度和信用鉴别体系，可消除信息不对称，有效地弥补现有银行体系及功能上的不足，解决金融创新和科技创新结合的难题。

五 我国科技型银行的定位和机制安排

科技型银行作为专业性的银行主要为成长的科技型企业服务，因此业务模式上应该有区别于其他传统商业银行的业务模式，必须与现有的科技支行等模式区分开来。

（一）科技型银行的性质

我们认为，鉴于科技创新存在着很大的不确定性和巨大的外部溢出效应，科技型银行的性质应该定位在官助民办上。科技型银行要坚持市场化运作、专业化管理的原则，由银行根据市场情况以盈利和控制风险为原则开展业务。

应当按照党的十八届三中全会精神，政府不直接干预科技型银行的经营，而是针对其服务科技型中小企业的特定要求提供政策、资金、风险分担等支持。与传统银行以"安全性、流动性、稳定收入"的经营准则不同，科技型银行要更加注重在风险可控制的条件下，追求高收益、高回报。

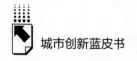

（二）科技型银行的服务对象

科技型银行的主要任务是扶持尚不能取得一般商业银行贷款但有良好发展前景的科技型中小企业。

基于国际经验和我国实际状况，并考虑到银行的风险承受能力，科技型银行主要服务于三种企业：

①初创期的科技型中小企业；

②处于成长期和扩张期的科技型中小企业；

③发展成熟的科技型企业。

处于成长期和扩张期的科技企业应是科技银行的主要服务对象，在制度设计上，要使科技银行与这些科技企业共同成长。因此除了提供资金支持，科技银行也要帮助企业改进管理，建立健全财务制度，完善企业法人治理结构，防范和控制风险。

（三）科技型银行的服务地域

科技型银行不仅要同各地高新技术园区中的科技资源紧密结合，可设在高新技术园区内；也应该服务当地的非园区内科技型中小企业。因此，它应当是区域性的银行。一方面，在地理上同科技型企业接近，可以清楚、及时地了解企业各方面情况，为企业提供个性化服务，同时降低银行的经营风险。另一方面，由于各种因素，一些科技型中小企业未能进入园区，但是，具有良好的发展前景，金融机构的服务也应当覆盖。

（四）科技型银行的股权结构及资金筹集

因其有一定的风险，科技型银行成立之初可暂不开展对社会公众存款业务，但可吸收机构存款，并可以向商业银行发行金融债券。

其股东应该包括：①中央政府资金，主要是用于调节科技银行运作，帮助其分担风险，发挥政府资金的示范效应，有利于吸引社会资金的进入；②民间资本，是科技型银行的投资主体，主要是指民营企业和市场化的机构投资者，只有吸引民间资金进入，才能放大政府资金的使用效能，也是科技型银行健康稳定发展的基础和保证；③地方和国家高新技术园区政府或控股公司，高新技术园区是科技型中小企业最为集中的区域，而且经过多年发展，高新技术园区的经济实力有了比较大的增长，政府或控股公司成为科技型银行股东，将更有利于银行的业务开展和运作。中央政府所持股份可以优先股的形式出现，不以营利为目的，确定一个合理的、较低的回报率，鼓励科技型银行承担高风险，追求高回报，有利于吸引民间投资。

（五）科技型银行的业务模式

科技型银行，在开展科技型中小企业融资过程中，为了最大限度控制风险，除了按照现有法规中的有关银行风险管理的要求，还应充分借鉴美国硅谷银行的成功经验，以及我国科技金融的实践经验模式。可选择的业务模式包括投贷联动、权贷联动、卖贷联动、联贷联动、拨贷联动、债贷联动、股贷联动、租贷联动等。

1. 投贷联动

目前中央已经允许探索"投贷联动"模式，如《中共中央国务院关于深化体制机制改革加快实施创新驱动发展战略的若干意见》(2015 年 3 月 13 日) 明确提出："选择符合条件的银行业金融机构，探索试点为企业创新活动提供股权和债权相结合的融资服务方式，与创业投资、股权投资机构实现投贷联动。"

（1）业务内容

"投贷联动"业务模式的主要思路是：科技型银行及其审批准入的投资机构（包括风险投资机构 VC、私募股权投资机构 PE）合作，为投资机构已经投资或有意向投资的科技型、成长型小企业提供融资

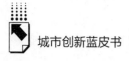

支持的授信业务。

利用投联贷的模式可以使科技型中小企业债权融资与股权融资相结合，形成综合化的金融解决方案，降低企业融资成本，改善企业报表。对于 VC/PE 投资机构已经进入、具备高成长性、盈利模式清晰的科技型企业，科技银行还可以提供企业战略和行业发展建议，帮助企业提升运营、管理和盈利能力。

（2）业务流程

投贷联动的业务是具有成长性的科技型企业在获得科技型银行认可的投资机构的股权投资时，科技型银行按照 1∶0.5～1∶0.2 的不同比例配比的银行贷款。

具体业务流程如图 1 所示。

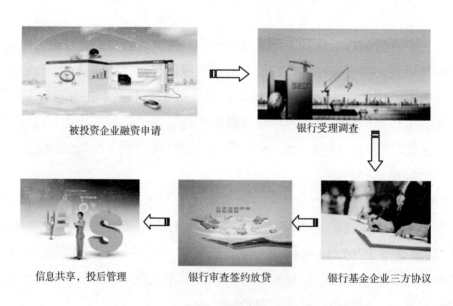

图 1　投贷联动

（3）业务特点

投贷联动不仅在科技型企业最需要资金的时候得到银行的支持，而且增强企业融资能力，最大限度地发挥企业自身优势。该业务具有以下特点。

第一，便于贷后管理。通过投贷联动，科技型银行的贷后管理可以与投资机构相结合，信息共享。虽然投资机构更看重企业的长远发展，但企业的基本情况是共用的，投贷联动便于科技银行及时了解企业的各项变动。

第二，可以获得较高收益。在投资机构进入科技型企业的阶段通常是风险较大的阶段，科技型银行作为风险偏好最低的金融机构，配合投资机构进行债权融资就须享有较高的风险收益。一般的做法是与企业签订超额收益分成，即在企业上市或取得比较高的经营收益时，科技型银行不仅获得借贷资金的利息收入，应同时分享企业经营产生的超额收益。

第三，名单制管理。从业务模式上看，科技型银行不仅需要考察科技型企业的自身经营情况、抗风险能力，更为重要的是要看重投资机构的实力。基于此，投资机构应采取准入制和名单制管理。只有核准进入名单的投资机构才可以与科技型银行开展投贷联动业务。

对于核准要求，除了限定一些衡量指标外，还可以根据国内投资机构的排名情况筛选前30%，同时建立流动性管理，即名单需根据实际情况每年或每半年调整一次。

（4）业务模式衍生

投贷联动在实际操作中出现一种"桥隧模式"，总体思路是：针对具有高价值和高增长潜力的中小企业，提出的一种创新型的贷款担保运作模式。该模式区别于传统担保模式，即在担保公司、银行和中小企业三方关系中导入了第四方（即创投机构），从而架通了信贷市场与资本市场。流程如图2所示。

说明：

科技型企业向联合担保体提供相应比例（例如3∶7）的股权质押作为反担保，如果企业正常还款，则担保公司收取相应的担保费用，

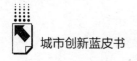

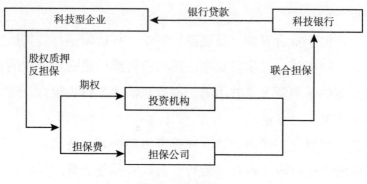

图2　桥隧模式

而创投基金享有一定的期权。如果融资企业出现经营风险，科技型银行贷款发生逾期，则需要创投基金和担保公司共同承担担保责任，但因创投基金原本就更看重该成长企业，而且担保公司也是因考虑创投基金的介入而愿意承担担保责任，所以，创投基金承担更大部分的担保责任。逾期时业务模式如图3所示。

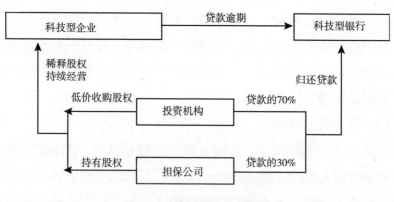

图3　逾期时业务模式

桥隧模式有很强的现实意义。可以实现四方共赢：投资机构可以较低的价格获得具有较好价值潜力的目标公司；对科技企业而言，可有效利用科技型银行和投资机构的资金和各种资源扶持，实现快速增长；科技型银行可以较低的交易成本，实现业务和利润的增长，同时减少坏账发生的概率；担保公司不仅发展了业务，实现新的赢利点，同时极大地将代偿风险降到最低。

2. 权贷联动

（1）业务内容

权贷联动就是认股权证与银行贷款联动。基本思路是，科技型银行在发放贷款前，与融资企业签订一定的期权协议，约定一定时期（比如贷款结束时）前具有一定的认股权证。

应当注意的是：①对于非上市公司，权贷联动的业务只能适合Pre－IPO或者有确定的股权投资机构进行股权投资时，否则融资企业违约时，银行虽持有认股权证但已没有行权的可能，导致无法退出直接形成坏账。②对于上市公司，认股权证价格计算将更为重要。

（2）业务模式

与投贷联动类似，权贷联动也涉及企业股权，但此时已不再需要投资机构等参与，而是银行在发放贷款同时约定直接享有企业的某种认股权证（见图4）。

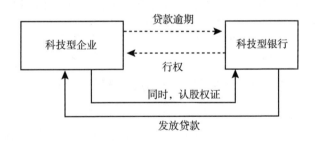

图4 权贷联动业务模式

（3）特点说明

首先，认股权证是一种股权期权，银行借贷是一种债权。我国商业银行法规定银行不得直接持有企业股权，也不能直接将债权转换为股权。因此作为专业性的科技型银行，政策上应对认购股权有相应的

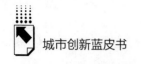
突破。只要严格管理，控制风险，并不会对金融市场造成波动和影响。

其次，科技型银行发放贷款是获得利息，并不是为了最终行使认股权，也即认股权不意味着科技型银行的借贷资金没有风险，所以控制实际风险、考察企业实际经营情况仍然很重要。

3. 卖贷联动

（1）专利质押现状

科技型企业通常抵押物不足，但具有一定的知识产权或专利权等。根据《担保法》第七十五条和《物权法》第二百二十三条的规定，专利权中可以转让的财产权，可以出质。这就给拥有自主专利权的科技型企业质押贷款提供了法律指引和保障。

然而现实统计数据表明，高科技企业专利权质押贷款的事例并不多见。1996 年国家知识产权局（原中国专利局）颁布《专利权质押合同登记管理暂行办法》开始实施，十多年来，通过专利权获得贷款资金的企业非常有限，平均每年 30 家左右。进入 2003 年虽有较大增长，但全国平均仅 60 多家企业。相对于我国拥有的授权专利总量，微乎其微。原因一是专利或知识产权不易估价；二是专利或知识产权流动性差。

（2）业务思路

为了解决专利质押的问题，可以通过专业交易平台解决部分业务难点。主要思路是：通过公正的第三方交易平台（中国技术交易所有限公司）将"专利或知识产权"作为交易标的挂牌。由特定的交易商（做市商）来摘牌，达成交易。科技型银行以交易价格为基础，折扣后发放贷款。

该业务模式的主旨是：确定一个（或几个）有相当实力的特定交易商（或称做市商）。科技型银行为此做市商做授信，在授信额度内，做市商可以根据自身专业性对挂牌的专利或知识产权做出报价。此出价为科技型银行最后的兜底价格，从而确保科技型银行的信贷风险最低。

注：特别交易商可以是科委或政府出资成立的知识产权扶持基金等辅导型基金。

（3）业务模式

按照前述的思路，做市贷款可以简略如图5和图6所示。

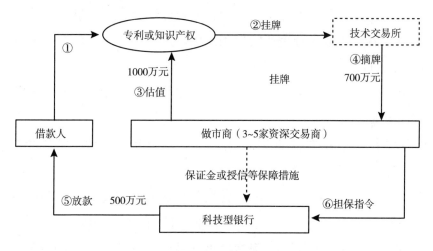

图5　贷款发放

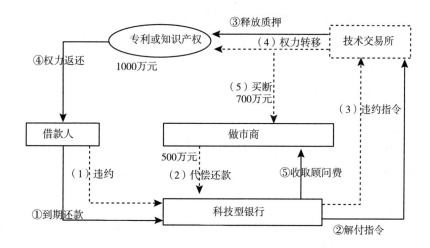

图6　还款流程

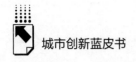

说明：在出现违约时，特别交易商（做市商）低价收购的专利或知识产权，将作为一个专利库可以二次出售，或通过创投基金重新孵化成高科技企业，实现做市商最终的盈利退出。因此，做市商可优先由政府引导基金来担任。

4. 联贷联动

第一，业务思路主要是科技型企业彼此联合，形成联保联贷。科技型银行根据几家联合企业的信用额度，统一给予一个额度，各联合企业成员可以共享这一额度。

第二，联贷联保是各家银行的常见业务，但几个问题导致该业务推广困难。

①没有支用贷款的企业没有享受到资金支持却承担了银行借款的责任，相对不公平。包括不同金额之间的差别，不利于联合体的相互长久合作。

②联贷联保彼此监督有限，真愿意联贷联保的需有信任基础的几家企业有共同贷款愿望。因此，不能作为市场的普遍规则大范围推广。

③联贷联保并没有实现有效降低科技型企业贷款的违约概率和风险。因即使相互熟悉的企业主也不能完全掌握企业主的各种情况，导致一旦发生违约时，企业主常常突然消失。

第三，科技型银行的联贷联保要努力克服以上问题，以有效推动联贷联保。

①努力设计分配方案，保证联贷联保的各个成员，承担一定风险时享受相应的资金支持。

②联贷联保主体努力由"横向"变为"纵向"，即将企业的上下游纳入到共同担保的体系中来，向产业链延伸，降低整个产业链上某个点的违约风险。

5. 拨贷联动

（1）业务思路

拨贷联动是将政府专项扶持拨款与贷款相互牵制，相互促进。先后顺序要贷款在前、拨款在后。例如，成立政府专项的科技扶持基金，基金扶持对象确定后，科技型银行根据拨款情况给予一定的贷款支持，在贷款到期前，扶持基金拨款实际拨付，拨付资金优先用于偿还银行贷款。

（2）注意问题

①拨贷联动中，科技型银行的放款条件应有一定的限制，比如可以设定为拨款金额、期限和对象都确定以后。

②理想操作模式为：将基金扶持对象的拨款先行划转至银行专用账户中，收到专项拨款后，企业可以向科技银行申请贷款。企业先使用银行贷款，银行贷款偿清后，专项资金自动划转到账。

③为了体现科技型银行的扶持性，拨贷联动的贷款金额可以放大至拨款的某个参数。例如，扶持拨款 1000 万元，银行可放贷 1200万～1500 万元。

6. 其他联动模式

（1）思路构想

科技型企业的债权融资能力往往比较弱，所以各家债权融资机构一般不同时进入，也即如果某家科技型企业已经有一定的融资租赁金额，银行一般不会再同时进入，如果特别优质的项目也只是通过保理方式转移债权。

所以，为了更丰富地为科技型轻资产企业提供债权融资，同时分担各家金融机构的风险，针对优质的科技型企业和规范的金融机构——租赁公司、保险公司、信托公司，科技银行可以配比一定的银行贷款。也即三类金融机构中的某一家或几家机构通过各种方式以债权方式进入某科技型企业时，科技型银行可以与该金融机构协商，分配一定的额度，共同满足企业的资金需求。

（2）业务特点

①分担了金融机构的风险，单一的金融机构进入可能风险较大，

所以科技型银行分担一部分风险，实现共赢。

②合作的金融机构必须实行名单制管理，降低资金风险。

③当出现质押物或抵押物时，科技型银行须成为第一受益人。

④如果金融机构在科技型银行有授信额度，则进入企业的资金额度因占用金融机构在科技型银行的授信额度，也即是变形的保理业务。

六 设立科技型银行涉及的法律与法规问题讨论

设立科技型银行会对现行的银行管理体制有所突破，一些法律、法规和业务监管体系要进行调整或修改，因此要从法律法规上对科技银行的经营方向、业务范围、监管措施进行明确，我们就涉及的若干法规和做法进行了一些归纳。

（一）银行参与投资或持有股权的问题

我国法律原则上禁止银行直接持有工商企业的股权。现行的《商业银行法》第四十三条规定："商业银行在中华人民共和国境内不得从事信托投资和证券经营业务，不得向非自用不动产投资或者向非银行金融机构和企业投资，但国家另有规定的除外。"

但是我们也看到，我国已有商业银行通过政府特批设立了银行控股公司，如中国银行通过香港的中银国际，中国工商银行通过香港的工商东亚，分别控股了国内的一些非银行金融机构，中国建设银行经特批在境内控股中金公司等。科技型银行应当适用这些创新。

（二）扩大风险信贷的利率浮动范围问题

按照中国银监会《银行开展小企业贷款业务指导意见》的要求，"银行应充分利用贷款利率放开的市场环境，在小企业贷款上必须引入贷款利率的风险定价机制。可在法规和政策允许的范围内，根据风险水平、筹资成本、管理成本、贷款目标收益、资本回报要求以及当地市场利率水平等因素自主确定贷款利率，对不同借款人实行差别利率，并在风险发生变化时，随时自主调整。"

科技型银行可按这一规定进一步扩大对科技型中小企业贷款利率浮动范围。

（三）资金来源中的金融债问题

科技型银行的资金来源，除股本金外，还可以采用发行金融债券的方式。按照 2005 年《全国银行间债券市场金融债券发行管理办法》，对政策性银行、商业银行、企业财务公司和其他金融机构发行债券有不同的要求，但没有要求必须采用担保方式发行。也就是允许具有不同信用风险级别的债券品种在市场上出现，为债券品种创新和债券市场发展留出了空间。

（四）无形资产的担保问题

国家没有明确的规定限制无形资产的抵押，但是由于缺乏客观、公正、专业化的第三方评估机构，缺乏活跃的技术交易市场，专利等无形资产难以有公正的价格作为抵押品。所以发展为科技金融服务的中介机构——科技型银行，也至关重要。

七 我国设立专门科技型银行的政策建议

（一）做好政府职能定位，处理好政府与市场的关系

在目前的一些地区，科技支行和科技小额贷款公司等机构的设立与运营过程中，地方政府部门的"作用"过大。我们认为，应当按照党的十八届三中全会全面深化改革的要求，政府在科技银行的运作

中，只能扮演调控和推动者角色，科技型银行是一个独立运营的金融机构，要按市场化原则进行经营。政府可以通过立法、投资等方式在其中发挥作用。

一是政府通过适度资本金注入方式对银行行使权限。政府对投入科技型银行的资金，在收益方面只索取较低的固定比例的收益，在风险方面则与民间资金共同承担。这种模式使政府分担一部分风险，可以激励科技型银行从事一般银行不愿承担的较高风险的业务。

二是政府给予一定的税收政策扶持，在成立初期减免税收，给予高新技术企业同等的税收优惠待遇。

三是必要的财政补偿和担保，例如对科技型银行在债券市场上发债给予担保等。

（二）完善科技型银行的制度环境

我国科技型银行若要取得实质性的发展，真正成为类似美国硅谷银行那样的银行并切实解决科技型中小企业融资问题，需要一个良好的制度环境。建议中国人民银行、中国银监会、科技部、财政部、国家税务总局、中华全国工商联合会、国务院法制办等部门建立协调机制，协调制定科技金融政策，制定科技型银行风险控制与监管制度，推进科技型银行的设立和发展。

应该说，目前我国设立的科技支行和科技小额贷款公司等并不适合科技型企业的金融需求，而是应当设立类似美国硅谷银行的科技型银行。但是，在当前政策法律法规下，设立科技型银行面临诸多障碍，前文已有论及。

因此，应当坚持改革创新，推进科技金融政策法律法规建设，鼓励设立科技型银行。比如说，应当允许科技型银行兼营信贷业务和股权投资等业务，实行混业经营。

（三）积极开展科技型银行试点，实现模式创新突破

我国科技型银行的发展要因地制宜，从各地实际情况出发，积极探索各有特点的科技型银行模式。各地可以选择在高新技术产业园区建立试点并开展业务，取得效果之后再向其他地区扩散。

1. 明确客户定位，按照需求阶段提供服务

前文分析表明，处于不同生命周期的科技型企业，资金的需求不同、面临的风险程度各异，因此，科技型银行应当按照企业所处的阶段以及行业特征等，有针对性地提供服务。比如，初创期的企业，可以采用 IP 抵押贷款 + 股权投资 + 辅导服务等服务模式。

2. 创新业务模式

创新业务方式。应当允许科技型银行进行一定范围内的股权投资。各种成熟的可供选择的新业务方式，参见前文。

创新抵押方式。科技型银行，可学习硅谷银行模式，积极进行抵押方式的创新，把专利、知识产权等无形资产纳入担保与抵押物的范围。为了防范风险，科技型银行在拓宽抵押方式的同时，也要成立专业的评估团队和建立相应的评估机制，对那些无形资产进行合理定价。

3. 通过市场化运作，建立跨平台合作与支持体系

科技型银行的发展要借鉴硅谷银行的经验，积极与风投机构、律师事务所、会计师事务所、保险机构、评估机构等开展合作，构建跨平台合作与支持体系，为不同生命周期阶段的科技型企业提供不同特点的专业化和高水准的服务。

（四）设立科技金融研究院

在试点设立科技型银行的同时，作为配套，设立科技金融研究院，打造一个科技金融领域专家学者交流平台，为科技型银行服务的

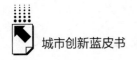

运营和持续经营提供理论支撑和政策建议。

一是服务于国家创新驱动战略的实施。2014 年 10 月 27 日上午，习近平主持召开中央全面深化改革领导小组第六次会议，谈到智库建设时指出，"改革发展任务越是艰巨繁重，越需要强大的智力支持。"成立科技金融研究院，为国家创新战略的实施提供智库支撑，对实施创新驱动发展、加快创新型城市建设、全面提升科技综合实力、促进经济社会高水平接续发展都具有积极作用。

二是服务于科技金融体系建设。长期以来，党和国家非常重视科技金融体系的建设，出台了诸多支持政策，在相当程度上缓解了科技型中小企业的融资难问题。然而，到目前，从政府层面看，政策支持不够系统完善；从体制层面看，金融创新还不够积极主动；从产品层面看，融资产品还不够创新实用；从市场层面看，融资渠道还不够完整通畅。这些问题的解决，需要有专门的科技金融研究机构进行深入研究，提出更有针对性的可行举措。

三是直接服务于科技型银行。从我国科技支行、科技小贷公司等机构运行数年的效果看，成绩固然可观，问题也不少。若配套成立科技金融研究机构，为科技型银行提供点对点的智库支撑，可以及时而精准地提出解决方案，促进科技型银行稳健持续快速发展，为解决科技型中小企业融资困局提供更为切实的方案。

四是服务社会。科技金融研究院是一个桥梁，通过沟通科技型银行、企业（主要为科技型中小企业）、科研院所和政府等，协调各个主体，促进创新驱动发展战略的加快实施，推动经济社会转型升级、民生福祉的提升。

（执笔人：刘正山）

B.6

德国风险投资退出机制研究

摘　要：　在风险投资的整个运行过程中，退出是最为关键的一个环节。退出质量的高低，直接决定了投资的成败与风险资本的增值程度。我国的风险投资存在着退出渠道单一、相关法律不健全、多层次的资本市场未建立等一系列问题，制约了风险投资业的健康发展。德国风险投资业在发展过程中曾经历了与我国类似的阶段，德国法律与中国法律也因同属于大陆法系而具备法律移植的可行性。因此，对德国风险投资退出机制的法律研究，将对我国建立和完善高效、健康的资本市场有着重要的借鉴意义。

关键词：　风险投资　退出机制　德国法律

一　引言及文献综述

风险资本的存续周期一般可分为募资、投资、管理、退出四个阶段。在这四个阶段中，退出是整个投资过程的终点，在整个投资流程中有着重要意义。正是通过退出环节，风险资本的增值得以实现。目前，风险投资在国内发展极其迅猛，但退出渠道相对于巨额的投资规模来说仍显得相对单一和狭窄。赵茂琳、张小蒂（2003）对各种投资退出的方式进行了总结，认为投资退出的方式主要有三种：股份转让、

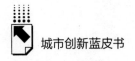

公开上市和破产清算。股份转让包括了并购重组、管理层回购等方式。王汉昆（2009）认为，风险投资基金在我国的发展面临一定困境，源于其投资退出方式不完善，过分依赖于公开上市的途径，场外交易市场不发达，使得很多公司可选择的渠道太少，因此，不少企业到国外上市，从而实现了自身上市融资与私募股权投资基金的投资退出。王谢勇（2008）则认为投资机构和受资企业的合作关系会对退出行为的决策造成影响。戴国强（2002）研究发现在私募股权投资退出时，选择退出方式的一大制约因素就是购买者对信息不对称问题的解决能力。

谈到风险投资，不论是资本规模还是相关的交易、监管法律制度，美国都走在了世界的前列。也正是由于美国在风险投资领域的统治性地位，国内理论界和金融实务界每当讨论起风险投资法律制度的完善、修正等课题，言必称美国。但是，我们必须清醒地认识到，美国与中国属于完全不同的两大法系。美国所属的英美法系（亦称海洋法系），以判例为导向，成文法为补充，在司法运行中强调遵循先例，实行陪审团制度；而中国目前的法律体系，尤其是民商法领域，却是受到欧洲大陆法系国家尤其是德国法传统的深刻影响。中国现行法律的框架与司法运行方式，很大程度上直接来自于德国法，虽然经过了几十年的本土化实施，已经发展为具有中国特色的社会主义法制，但其所使用的基本法律概念、逻辑方法、司法理念仍然是从德国法直接继受而来。金融领域的制度创新、完善，最终还要落实到法律的修正与实施。因此，德国风险投资行业的相关法律问题的解决方案，对我国进一步发展、完善健康、高效的风险资本市场，仍有着重要的借鉴意义。

二 德国风险投资产业发展情况

（一）德国风险投资业概述

德国的风险资本在德国经济总量中所占的比重并不算大，直到

1990 年之前，德国的金融体系还是以综合性银行系统为主导，以银行贷款为主要的企业融资手段。这似乎不是一个发达国家所应该具备的支持创业企业融资的金融体系。随着 1997 年"新经济时期"的到来和针对高成长、高技术创业企业的"创业板"的引入，风险资本迎来了一个高速发展的阶段，大量来自风险资本的投资注入初期的创业企业中去。尽管近 20 年来德国的风险投资产业有了很大发展，但受德国经济规模的限制，其与国际标准相比仍然有着一定差距。事实上，风险投资对创新技术行业至关重要的作用，成了德国与英国、美国这种资本市场发达的国家相比最大的劣势。

在"新经济"时代的末期和 2002 年股市大跌时期，所有国家的风险投资总额均有所下降，德国的总额为 2.4 亿欧元，占 GDP 的0.21%。与之相反，在资本市场为金融导向的美国，尽管在经济萧条时期，投资总额仍然达到 62.7 亿美元，占 GDP 的 0.6%；在英国，这个数字则是 9.6 亿美元，占 GDP 的 0.62%。此外，在一些不以资本市场为导向的欧洲国家，风险投资市场也维持着较高水平。以法国为例，根据 2003 年普华永道的数据，2002 年法国的风险投资总额占GDP 总额的 0.39%。所有的数据都表明，风险投资产业的规模在德国相对较小。

就像其他大部分金融体系一样，德国的风险资本来源于不同类型的投资者。既来源于银行、保险公司等金融中介机构，也来自于养老金、政府部门等。这些不同类型投资者承担风险的能力有着显著的差别，他们在相关行业领域的专业知识也有着很大差异，这在某些情况下直接影响了他们的投资目标。因此在近 20 年内，这些不同类型的投资者之间相互关系的变革对德国的风险投资产业发展有着重要意义。

（二）德国风险投资的退出机制

风险资本通常会在预期的目标达成后选择退出项目。尽管风险资本的投资人通常对整个投资周期都会有一个较长时间的心理预期（平均7~10年），但风险资本从其字面定义上就能看出只是一种对创业企业的融资来源，这种融资只是在某个特定时期针对某个特定项目，风险资本最终会从投资中全额或部分退出。这与追求短期投资回报的对冲基金和追求更长期回报的私募股权基金不同。在整个风险资本的运行周期里，退出是最后的环节，而且由于退出环节很大程度上决定了风险资本投资的回报，因此显得异常重要。风险资本选择退出的时机是由多方因素决定的，包括投资利润率、合约安排、市场大环境和其他投资机会的出现等。风险资本在退出时的表现直接对投资人将来是否还将继续注资给该风险资本有着重要影响。因此，风险资本在退出选择时的表现是一个国家风险投资产业吸引力的重要考量标准。

一般情况下，德国风险资本有以下退出方式：清算、管理层收购、二级市场交易、同业并购和IPO。清算一般发生在项目失败时，因此清算是项目各方都不愿意看到的结局。第二种方式是管理层收购，意思是创业者自己将风险资本手中的股份回购。这种做法会对创业者造成较大的资金压力从而对创业企业是个挑战。第三种退出方式是将股份转让给另一家风险资本，实现替代。尽管对原本的那家风险资本来说这意味着退出，但风险资本仍然存在于企业中，企业将会得到来自新的风险资本提供的一系列增值服务。第四种退出途径是同业并购，这是指风险资本将股权出售给一家有足够专业知识能够将被投企业融入自身的同行业企业或是追求经营多元化的不同行业企业。进行这类收购交易的目的通常是获取创业企业的研发成果、专利技术等。如果还有其他一些可开发的附加价值，同业收购能使创业企业获得比IPO更高的估值。此外，同业收购相比IPO，对市场大环境的依赖度较小。最后，在公开的证券市场上出售股份（IPO）或在二级市场上出售是第五种退出方式。IPO通常会导致公司股权的分散和稀释。为了降低风险资本与外部投资者之间的代理问题，风险资本经常在股权锁定期刚刚届满时就出售股权，一方面风险资本可以在表现优异的企业上获得更多的利润，但另一方面如企业经营表现不如意或股市整体下挫时风险资本也面临着更多的挑战。

（三）对德国风险投资退出机制的实证研究

关于德国风险资本的退出，可以分为以下三个阶段分别加以研究：1990～1996 年、1997～2003 年、2004～2007 年。在第一个阶段，风险资本退出的总额从 1990 年之前的 1420 万欧元提高到 3590 万欧元，虽然总量有了一定增长，但与其他国家相比还处于较低水平。在这个阶段，风险投资的主要退出方式是同业收购和回购，占到总额的 20%。通过证券市场退出只占 10% 的小比例，经营失败的企业比例也从 1992 年的 10% 上升到 1996 年的 19%。

第二个阶段为 1997～2003 年，涵盖了新经济时期和创业板的存续期间。此期间的退出总量迅猛发展，从 1997 年的 7280 万欧元增加到 2002 年的 2.132 亿欧元。但是，由于 2003 年的股市大幅度缩水，风险资本退出的总额又下降到 8200 万欧元。这些退出环节的波动与新设基金的投资周期相一致，很明显，退出总额与投资总额成正比例关系，其中的原因在于退出的资本又循环进入了基金的下一个投资周期。另一个风险资本融资总量增长的原因是相对繁荣的经济环境促进了新设基金的发展。

1997～2000 年，大量资本的退出引发了投资总量的增长，但是有着 1 年的滞后效应。大部分的退出决策在 2000～2001 年就已经作出，但退出峰值却出现在 2001～2002 年。造成这种滞后的原因，至少对于通过 IPO 的退出来说，是风险资本一般会在锁定期的末期退出而不是在 IPO 的过程中。多元化的退出途径和高额回报可以吸引更多的投资者。出售给公众投资者显然成了风险资本最主要的退出方式。

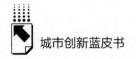

1999 年，19% 的资本退出都是通过 IPO 完成的。原因之一是创业板设立时的高技术的成长企业有机会将股权出售给公众。同业收购也同样以 25% 的比例继续成为主要的退出方式之一，与此同时回购的重要性却在下降，从 1998 年的 30% 下降到 2002 年的 4%。尽管如此，随着股市的大幅下挫，2002 年 IPO 数量也受到了重大影响。此外，由于缺乏有效的退出途径和对创业企业前景的看衰，2001~2003 年，通过清算结束投资的比例高达 40%。

2004~2007 年，证券市场再一次成了风险资本主要的退出途径。2007 年通过在主板 IPO 退出的比例已达到 11%，创下新经济和高技术公司时期的最高值。但在企业首次进入公众后发生的二级市场交易也在 2007 年达到 20%，同样创下了新高。这个现象说明，风险资本偏向于在 IPO 之后继续持股一段时间。通过这种战略实现的投资回报相比在 IPO 阶段就出售股权要更高，一方面是因为 IPO 之前对股票的抑价，另一方面也因为 IPO 后的第一个月股价会上涨。承销商为了将来能够招揽更多的业务也会帮助风险资本以最佳时机退出。同业收购继续占到总额的 25%。2007 年的二级市场交易占到 21%，而管理层回购则只占 5%。2007 年的清算比例为 8%，超过了 2006 年的 5%，但仍然比 2001~2003 年的 40% 要低得多。

金融危机的开始对德国风险资本的退出产生了巨大的影响。直到2007 年的第三季度，有 34% 的项目期望从证券市场上退出，而整个 2008 年却没有一起成功的 IPO，二级市场的退出比例也相当低。相应的，同业收购的比例从 2007 年的 30% 猛增至 2008 年三季度的 53%。

综上，德国风险投资目前最主要的退出途径是同业收购，2007 年占到总额的 30%；二级市场交易超过 20%，直到金融危机初始，通过 IPO 从主板或二级市场退出的占到 30%。从学术的角度看，IPO 是最佳的退出途径，因为大部分的退出价格和经营表现信息都是可以公开的。因此，我们将着重讨论风险资本通过 IPO 退出的细节问题。

三 德国风险投资的 IPO 退出

（一）IPO 在德国风险资本退出机制中的地位

如果风险投资人确实对创业企业的成败、估值、长期经营表现有着显著的正面影响，那么这一点应该在 IPO 一开始就能够看出来。例如，有风险资本背景的企业和一般企业在 IPO 时不同的抑价发行程度，和在股票锁定期到期时的不同决策，最后还反映在不同的长期经营表现和融资表现上。这是因为有一些风险资本投资人重复地使用 IPO 作为退出方式，人们可以想象这些风险资本对由于所投企业 IPO 表现不佳或是其他不合适的退出渠道而带来的负面声誉非常敏感。相应的，合理的报价和审慎的退出表现都是一家具有较高声誉的风险资本所应该具备的能力。这类风险资本通常会选择另一家声誉很好的承销商。如果是这样，风险资本将对某次 IPO 的质量和价值作出令人信服的判断，从而降低不利选择问题。因此，具有风险资本背景的企业会比一般企业在 IPO 时体现出更低的抑价程度，企业的长期表现也会更好。相反，对掌握内部信息的风险资本会寻找不论在主板还是二级市场上更优的退出价格以使他们的投资回报率最高的猜想成为可能并且现实的。因此，人们不难想到，风险资本相比其他一些信息闭塞的外部投资者，不论在主板市场还是二级市场，都更有积极性去获取更多的内部信息。

此外，承销商为了能在将来获取更多的业务，也在支持企业主板或二级市场上市的过程中扮演重要的角色，从而帮助风险资本在 IPO 期间或者股票锁定期末期能够以最优的条件获得退出。价格预测通常是由承销商的分析人员依据 IPO 后第一年企业的盈利情况作出的。此外，与承销商相关联的共同基金在 IPO 中的表现非常好，也能够获得

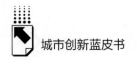

非常高的回报。总之，在IPO过程中的各方之间都存在着代理问题，这对IPO的价格和企业经营表现有着重大的影响，尤其是对具有风险资本背景的企业来说，这些利益冲突在德国的中央银行系统里将被进一步放大。

相反，一些实证研究表明，风险资本相比承销商，在IPO前后对企业的金融报告能够做出更加精确的监控，这是因为这样做能为风险资本自身带来更多的收益机会。当然，风险资本在IPO阶段的退出并不仅仅依赖于其专业素养，同时也和宏观大市场的环境有关。在美国，Lerner和Gompers指出，有些退出机会可以带来50%的回报，但在市场不景气时可能会低一些。在德国，Bessler和Kurth也同样研究发现风险资本通过寻找最优退出机会使它们能够在市场繁荣时在锁定期到期时迅速退出，如果在市场不景气和锁定期来临之前恰逢股市下滑，风险资本也能够选择继续持股。

此外，在市场繁荣时期，风险资本通常可以在创造超过平均回报的利润的同时顺利从项目中退出，这为他们顺利入下一轮新的投资周期做好了铺垫。此外，在这个过程中，还会有新的募资增加到现有基金总额中来。额外募资的获得使接下来的投资能够获取更高的价值。但是同时，更多的资金总量去追逐相对较少的投资机会，将导致同期市场估值的提高，对投资回报率也会产生不利影响。这项研究和关于对冲基金和共同基金的表现与投资总额的关系的研究类似。尽管如此，风险资本必须为这些巨额募资找到足够的投资机会，包括一些处于晚期阶段的项目。

在抑价程度和长期经营表现上，具备风险资本背景的企业和一般企业相比会有更低的抑价和更好的长期经营表现。相应的，风险资本的介入可以提高企业的质量，降低外部投资者信息不对称的程度。相反，具备风险资本背景的企业在IPO过程中一定是溢价发行股票的，这是因为风险资本的投资回报主要取决于其投资时买入的价格和退出时卖出的价格之间的差额。事实上，风险资本通常都掌握了一定数量的董事会席位和相当的控制股权，因此他们能够决定 IPO 的时机和进展。很明显，这在风险资本和创业企业之间又产生了新的代理问题，该问题同时也存在于风险资本和潜在的外部投资者之间。可以猜想风险资本由于其能够介入企业的商业计划、产品发展、市场战略和研发从而有渠道得到企业的内部信息，在 IPO 过程中风险资本的退出会引发外部投资者对该企业前景的看衰。最终，这种退出战略会使该风险资本的声誉下降。相反，风险资本也能够通过履行它的认证担保角色从而提高企业的质量。这种认证担保效应特别体现在 IPO 过程中甚至之后，风险资本仍然持有创业企业很大比例的股权。Brav&Gompers 和 Barry&Muscarella 的两项实证研究表明，在美国，与一般企业相比，具有风险资本背景的企业在 IPO 后继续持股可以显著提高企业的估值。

（二）风险资本退出后的 IPO 企业的长期经营表现

关于德国 IPO 企业的长期经营表现在不同时期的不少研究中都有体现。在 1970～1995 年德国创业板建立之前的阶段，Bessler 和 Thies 研究发现通常新股发行后业绩不佳会持续 36 个月。Bessler，Kaen 和 Sherman 也同时测试了同一时间段德国 IPO 企业的运行和融资表现。他们找到了有关公司金融的相应证据，说明德国的以中央银行为主导的金融结构，可能同时对公司上市的决策和二级市场的表现有影响。

也有研究关注 1997～2003 年，在德国创业板上市的风险资本背景的企业的长期经营表现。研究发现这些企业通常长期业绩不佳。此外，Bessler 和 Kurth 同时也发现了足够的证据表明风险资本，尤其是与银行相关联的风险资本在一级市场上市的时机把握得非常好。当与银行相关联的风险资本在 IPO 期间出售了他们大量的股票，这些创业企业在二级市场上的表现将相当低迷。如果与银行相关联的风险资本

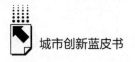
继续持有他们的股份，那么情况将相反。这些企业在上市后的前6个月表现都非常不错，但之后就开始突然下滑。很明显，对早期投资者和IPO阶段才获得股权的投资者来说，股权锁定期的末期是一个非常重要的时刻，这个时候股价波动会很大，公司的真实价值也得以显现。

有一种观点认为风险资本由于其特别的项目筛选、监督、咨询能力，可以为企业质量和IPO表现带来正面的影响。Bessler和Kurth分析了101个有风险资本背景的企业和206个普通企业在1998～2001年在IPO中的表现，其主要区别体现在抑价发行和中长期表现上。研究揭示了有风险资本背景的企业高达55%的抑价水平和普通企业47.1%的抑价。此外，上市交易6个月后，回报率分别高达36%和24.5%。有趣的是，上市交易的24个月后（500个交易日），这些企业在IPO中的投资回报率分别只有6.5%和3%。这些数据表明，平均而言，企业的最初持股者（所有人）相比IPO时期退出，在6个月后会有更好的退出机会。但是，对于风险资本背景的企业和一般企业来说，不论是抑价还是6个月或24个月之后的回报上的差别并没有统计学上的意义，这意味着我们对这两类企业的对比分析只是停留在宏观层面上。我们必须从确切的证据上证明风险资本的介入对IPO抑价（初次回报）和IPO中长期表现有着显著的影响。

这些发现在某种程度上与其他国家取得的实证研究不同。Bessler和Becker在2007年进行的研究和Jenkinson和Ljungqvist在2001年进行的研究为实证分析提供了一些数据。另一种解释是德国的风险资本在经历了20世纪90年代末期高速增长之后，并没有足够的时间去使它们投资的企业经营表现出优于那些普通企业。此外，还有一些国际上的证据表明，那些成立时间不长缺乏经验的风险资本相比有经验的同行，会选择更早地将投资组合向公众出售。从而建立自己的声誉以募得更多的投资。这颇有些哗众取宠的意味。相应的，德国的风险资本相对国外的风投巨头，规模较小，经验也不足。尽管如此，很多 IPO 企业，至少是 2000 年上市的那一批企业，它们不论在经营上还是在融资上的表现都非常差，这使得人们质疑它们是否做好了上市的准备。那个阶段的高股价使公司 CEO 们迫不及待地出售手中的股权，尽管这些公司距离上市的实际标准还相去甚远。因此，这个特殊的时期对德国的风险资本来说并不具有代表性。

尽管如此，如果考虑到银行参与到风险资本的募资中，结论就不同了。创业板市场上的 101 家有风险资本背景的企业中的 44 家有银行的参与融资，这意味着在 IPO 之前，银行掌握着超过 4% 的市值。Bessler 和 Kurth 在 2007 年的报告中发现，银行背景的 IPO 企业抑价或首日回报为 73.6%，而一般企业只有 40.7%。这种区别可以归因于德国中央银行系统的利益冲突。银行背景的 IPO 企业需要一个更高程度的抑价来吸引投资者。而在长期经营表现上，银行背景的 IPO 企业并没有显示出更多的优势。

（三）IPO 退出时间节点对二级市场股价的影响

就德国的创业板来说，有不少研究都关注风险资本介入后对 IPO 抑价的影响和它们的退出表现。就抑价来说，Bessler 和 Kurth 并没有发现风险资本背景的企业和一般企业之间有什么显著的不同。令人惊讶的是，风险资本的声誉与抑价程度之间有着正比关系，也就是说，声誉越好的风险资本，抑价程度越高。除去这些分析，德国的风险资本相比美国同行，也更倾向于在 IPO 过程中出售股权。实证研究表明，当风险资本附属于银行时，其投资的 IPO 企业会有一个显著的抑价。很明显，在风险资本融资、IPO 抑价和德国中央银行系统的研究员表现之间存在严重的利益冲突，因此分析风险资本退出时的一些细节就变得非常必要。

通常风险资本可以选择在主板或是二级市场上出售股权。由于风

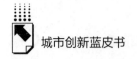
险资本在 IPO 企业的信息掌握上很有优势，因此一旦它们在 IPO 启动初期就选择抛售股权，往往意味着这家企业在将来的经营表现会很糟糕。相反，如果一家风险资本承诺将在 IPO 之后继续持股，往往说明它们对企业的未来有信心。事实上，风险资本继续持股，就是为了等待更好的退出时机。为了分析风险资本在创业板的退出表现。Bessler 和 Kurth 把 57 家风险资本背景的 IPO 企业（银行投资的除外）分为两组。第一组包括 28 家风险资本，它们在 IPO 初期就抛售了大部分的股权。第二组有 29 家企业，它们在 IPO 初期只出售了少部分的股权。实证表明，抛售大量股权的那一组风险资本抑价程度更高，达到 54.5%，而另一组数字只有 27.4%。由此，市场会自动接收这些信息，意识到这里存在着潜在的代理问题。在上市交易的前 6 个月，大量抛售股权的风险资本所投资的企业表现明显较差。而继续持有股权的那些风险资本所投资的企业虽然一开始获得的投资回报较低，但在 6 个月后便有了抢眼的表现。尽管如此，这种差异性还不至于到了显著的地步。相反，24 个月之后，两者的差异更加小了。这说明那些在 IPO 之后继续大量持股的风险资本在 6 个月之后开始走下坡路。这说明风险资本即便没有在 IPO 启动时就立即退出，也不必然意味着企业长期的优秀表现。

此外，Bessler 和 Kurth 2007 年的报告在分别对银行注资的 IPO 企业进行分析后得到了它们之间明显的差异。对银行融资的 IPO 企业来说，早期大量抛售股权的企业在抑价上的表现和继续保持持股的企业相比并没有显著提高。当银行保持继续持股，超额收益平均能达到 70.3%，而大量抛售股票的企业超额收益只有 17.4%。90% 的差距在统计学上有着显著的意义，但是 24 个月之后，这个数字只剩下了 21%。这两组企业之间经营表现上的差异说明，银行注资的风险资本投资的企业在风险资本在 IPO 期间抛售股权的情况下股价并没有提高。相反，在 IPO 期间没有急于抛售股票的风险资本，在前 6 个月的表现相对较好。锁定期快要结束时投资回报率最高。此后，回报率急剧下降。这说明在锁定期快结束时出售股份是一个最佳时机。因此，与银行相关联的那些风险资本既可以精确地预测回报模式，也可以对二级市场的股价形成影响。

（四）锁定协议对风险资本 IPO 退出时机的影响

在 IPO 过程中锁定协议运用广泛。通常，承销商与企业签订锁定协议，约束早期投资者、管理层和风险资本在 IPO 开始之后的一段时期内继续持有股权。这种协议可以被理解为是一种信号或承诺机制。锁定协议和锁定期的到期也许会对投资者行为和 IPO 企业的经营表现有明显的影响。在德国创业板时期，首先对创始人和早期投资者强制设立了 6 个月的股权锁定期，其次对在 IPO 期间获得股权的私人投资者设置了 12 个月的税务锁定期。在 Bessler 和 Kurth 的报告中，这两项制度引发了一些严重的代理问题。除了这两种 2 年之内就会到期的股权锁定规定以外，对公司员工获得的股票期权也有着 2 年锁定期的规定。

所有者结构。所有者结构的改变，相应的创始人、早期投资者、管理层在 IPO 时期退出上的表现是非常重要的，这反映了他们对公司前景的一种预期和判断。他们之间的相互关系也非常重要。锁定协议是承销商和拟上市公司之间关于限制投资人在特定时期内出售其股份的协议。这段时期通常是 6 个月，也会延长到 2 年。此外，交错的锁定期同样也具有灵活性，例如谷歌。相对于其他国家，德国的证券交易所对锁定期的强制性规定至少是 6 个月，这是创业板的规定。这样做的目的是增强投资者对即将上市的这些高科技企业发展前景的信心。

在美国，Field 和 Hanka 在 2001 年提出证据表明锁定期临近结束时股价会有一个明显的下挫。事实上，他们的报告指出临近锁定期届

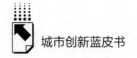

满，股价会严重下挫1.5%，其中有风险资本支持的IPO企业股价下滑程度要三倍于一般企业。此外，他们还发现临近锁定期届满，股权交易的总量会上升40%。这说明了很多风险资本一旦有了第一个退出的机会就会选择出售他们的投资。从风险资本回报的角度说，这是个正确的选择，因为股价在锁定期届满时会比IPO过程高，因此保持持股直到锁定期届满是一种理性的选择。至少在经济繁荣时期，锁定合约的投资者和在IPO时期获得股权的投资者在投资回报上都获得了较大收益。另外，承销商也有动机通过支持锁定期的股价来为早期投资者尤其是风险资本提供更好的退出机会。

德国创业板市场上关于锁定期的规定非常独特，它要求至少长达6个月的强制锁定，没有任何协商的余地；而在其他一些国家，锁定期的长短主要取决于企业与承销商之间的协议，从而会产生不同的表现方式。Bessler和Kurth在2007年通过对大量的样本分析得出，57家风险资本背景的IPO企业中有12家（银行注资的除外）、44家银行注资IPO企业中的16家，把锁定期延长到了12个月。主动将锁定期延长，显示了风险资本对该企业未来发展前景的乐观。因此，我们可以根据风险资本的这种承诺，预期这些企业将会有更低程度的抑价和较好的长期经营表现。不过，锁定期的延长也可能是承销商为了能够使股票成功地上市而对创始人、管理层和风险资本的一种要求。

从这些非银行注资的风险资本背景的IPO企业的比较可以看出，那12家延长了锁定期的IPO企业的初始收益率只有22.1%，而另外45家选择标准6个月锁定期的企业则达到了45.7%。但是在6个月交易之后，那些只有6个月锁定期的企业获得的超额收益只有37.1%，低于其他企业的67.4%。在24个月之后，回报上的差距更加明显。在这个时期，那些延长了锁定期的企业获得的超额回报率高达67.7%，而采用普通锁定期的企业只有7.4%。这种回报模式似乎说明了风险资本如果选择了更长的锁定期，对IPO企业的质量也会更加有利。采取标准锁定期的企业非常幸运地在锁定期届满时就达到了收益的峰值，而其他企业的收益峰值则要晚一些才能到来，通常往后平移了近 3 个月。

对那 44 家银行注资的 IPO 企业，实证数据又与这些非银行背景的 IPO 企业不同。Bessler 和 Kurth 在 2007 年的报告中没有发现有银行融资的 IPO 企业的抑价程度与锁定期长短之间有什么关联。选择了延长锁定期的那些通过银行融资的 IPO 企业，在 6 个月后获得的超额回报率只有 9%。这个数字显著低于其他银行融资的 IPO 企业。尽管如此，这些企业在 24 个月后的表现就相差无几了。对于那些选择 6 个月标准锁定期的企业，我们发现前 6 个月确实表现很好，但紧随着锁定期的届满就会有一个大幅度下滑。由此可见，对银行融资的 IPO 企业来说，锁定期的长短并不是这些企业市场表现的保证。从上面的例子可以看出，虽然延长了锁定期，但是这些企业的价值仍然很小，而且还由于银行职能的分化导致了一些利益冲突的问题。

关于员工股票期权，德国创业板规定的锁定期至少是 2 年。股票期权计划在新经济时期被广泛作为一种对员工的激励手段来运用。对普通员工来说，获得股权激励是一种很有效的做法。但这个结论只在新兴行业里适用，在一些传统行业里，结论似乎相反。根据 Bessler，Becker 和 Wagner 在 2009 年的调研，员工对股票价格的预期普遍乐观，所以非常认可股票期权这一激励。创业板的特征是从 1998 ~ 2000 年科技股的价格大幅上涨，但紧随其后的就是 2000 年三月开始的股票大幅下跌，几乎所有的股票期权在那时候都无法兑现。造成这种现状的一种解释是股票期权计划的锁定期要长于风险资本的锁定期，那些早期投资者已经在锁定期届满时抛售了股票，而留给了持股员工们一个不确定的市场未来。事实上，这些期权的持有者还必须对抗由于风险资本撤资而产生的股价下滑压力。尽管股票期权计划在高

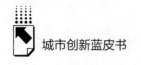

科技企业里使用广泛并且对员工有着很强的吸引力，但它们的兑现能力却让人怀疑。

四　结论及启示

德国的风险投资制度与美国、英国等以资本市场为导向的国家之间有着很大的区别，而德国中央银行系统主导下的银行不同定位，是造成了各方利益冲突的根源。在这一点上，我国资本市场中的央行导向下的金融格局，和德国资本市场有着异曲同工之处。以银行为主导的资本市场，必然导致了投资及退出战略的保守化倾向，这已无法满足大数据时代的技术高速发展的现状。德国风险投资退出机制中关于IPO锁定期合约设计、可转换金融工具的使用，以及二级市场上股权交易的相关制度，对如何拓宽中国资本市场中风险投资的退出路径有着很强的借鉴意义，值得理论界和金融实务界认真研究。

第一，可转换金融工具的借鉴意义。可转换金融工具制度是德国风险投资中通行的特殊股权制度，但在我国却很少明文使用，直到2005年才在《创业投资企业管理暂行办法》中第一次以公开形式提出了"优先股"、"可转换优先股"的概念。虽然股东间可以通过协议的方式实现优先股、可转换优先股的权利，但这些协议操作性较差，因此应该由相关部门尽快出台关于优先权的专门法规，对分红优先权、优先股与普通股的转换机制、剩余财产优先分配权、表决权、回赎等优先权的相关内容作出具体规定，营造一个可将优先股做成一个金融产品流通、转让的法律环境。

第二，IPO股权锁定期的调整完善。在锁定期方面，我国法律规定的一年锁定期加大了风险资本投资者的风险，也导致资金不能顺畅地流通。对比德国法律对锁定期的规定，锁定期时间长度有1年、半年，其中1年的锁定期，前6个月完全禁止转让，后6个月可以有条件地转让。设置锁定期的目的是保护资金流通的安全，我国可以采用 1 年的锁定期限，但前 6 个月完全锁定，后 6 个月在一定的条件下可以转让，变相缩短锁定期，也有利于风险投资者快速退出市场，收回资金。

第三，股权回购制度的完善。股权回购退出的成本低，损失不大，有利于风险投资基金在企业困难时抽回资金。但是，在我国以回购方式退出的风险投资基金却很少，主要是因为我国并没有放开对股权回购的规定。首先，可以借鉴德国法律的规定，扩大股权回购的适用范围，原则上允许公司进行股权回购，规定在例外情况下禁止回购。其次，在股权回购的数量上也可以适当放宽，在不低于公司最低注册资本的前提下，提高可回购股权的比例。最后，在股权回购退出时，应当规范信息披露制度，如果信息披露不够完整、准确，不仅会影响公司的利益，而且容易使股权回购变成内幕交易的工具。

（执笔人：虞思明）

参考文献

赵茂琳、张小蒂：《IPOS 发售机制的演进趋势及比较分析》，《证券市场导报》2003 年第 11 期。

王汉昆：《我国私募股权投资基金退出机制研究》，硕士学位论文，天津财经大学，2009。

王谢勇：《我国股票发行定价效率实证研究》，《南开经济研究》2008年第 6 期。

戴国强：《股票发行审核制度研究》，《特区经济》2006 年第 8 期。

PwC/2003. Global private equity 2003.

Cumming, Douglas. 2005. Capital structure in venture capital contracting:

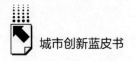
Foreign securities. *Advances in Financial Economics*, 12 (1): 405 – 444.

Bessler, Wolfgang, and Andreas Kurth. 2005. Exit strategies of venture capitalists in hot issue markets: Evidence from Germany. *Journal of Entrepreneurial Finance and Business Ventures*, 10 (1): 17 –51.

Brav, Alon, and Paul Gompers. 2003. The role of lockups in initial public offerings. *Review of Financial Studies*, 16 (5): 1 –29.

Bessler, Wolfgang, Fred Kaen, and Heidemarie Sherman. 1998. Going public: A corporate governance perspective. In Comparative corporate governance-The state of the art and emerging research , eds. Oxford: Clarendon Press.

Bessler, Wolfgang, Christoph Becker, and Daniil Wagner. 2009. "The Desighn and Success of Stock Option Plans for New Economy Firms. " *Journal of Entrepreneurial Finance and Business Ventrues*, 12 (4): 1 –34.

Bessler, Wolfgang, and Andreas Kurth. 2007. Agency problem and the performance of venture – backed IPOs in Germany: Exit strategies, lock – up periods, and bank ownership. *Journal of Entrepreneurial Finance and Business Ventures*, 13 (1): 29 –63.

Field, Laura, and Gordon Hanka. 2001. The expiration of IPO share lockups. *Journal of Finance*, 56 (2): 471 –500.

B.7

欧洲投资基金管理运作模式及对我国政府创业投资引导基金的借鉴

摘　要：　欧洲投资基金是欧盟促进中小企业发展的政策性金融机构，主要是以"基金中的基金"（FOF）的模式管理运作，本质上是以财政资金创立的大型引导基金公司，它在支持风险资本、改善科技型中小企业金融服务方面享有国际声誉。在功能定位上，我国迅速发展的政府创业投资引导基金（以下简称"引导基金"）与欧洲投资基金颇为相似，但由于引导基金发展时间较短，存在一些亟待解决的问题：质量和结构上的问题导致市场化运作基础不足，在发展引导基金过程中缺乏整体规划，同时，对引导基金的管理较为分散，基金的业务运行存在行政化倾向且缺乏有效监督。根据母基金的管理规律，借鉴国际经验，建议我国探索成立专门的基金管理机构，统一现有多家引导基金的管理运作，实行市场化运作，从而提升引导基金的管理水平与效率，充分发挥引导基金对社会资金的带动作用，为新兴产业、科技型中小企业提供便利的创业、创新环境，更好地服务于国家创新战略。

关键词：　欧洲投资基金　政府创业投资引导基金　运作模式

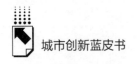

欧洲投资基金（European Investment Fund, EIF）是欧盟促进中小企业发展的政策性金融机构，它主要采用"基金中的基金"（Fund of Fund, FOF）的模式运作，支持了大量欧洲科技型中小企业的成长和发展。本文通过对欧洲投资基金管理运作模式的分析，为近年来我国成立的一些以支持中小企业发展为目的的政府引导基金的发展方向和运作模式的优化选择提出政策建议。

一　欧洲投资基金的属性及其管理运作模式

欧洲投资基金（European Investment Fund, EIF）成立于1994年，是欧洲投资银行（EIB）为欧洲金融市场提供风险资本的专业部门，对缓解欧洲国家中小企业融资难发挥着重要作用。EIF专注于支持中小企业，它利用财政资金引导社会资金投向中小微企业，从本质上来说它是一家以财政资金创立的大型引导基金公司，管理着跨国、跨行业、跨类型、具体目标不同的各类母基金，通过母基金投资于符合要求的子基金，推动子基金更好地开展业务，为中小企业提供融资支持，从而促进中小微企业的发展，为创新、创业、就业和科技发展注入力量。在这种模式下，财政资金直接投入金融市场，间接带动实体经济，起着引导和催化的作用。

（一）EIF的股权结构及资金来源

截至2013年底，EIF的股东包括公共部门和私营部门共计27家机构，其股权主要由三大部分组成。其中，欧洲投资银行持有62.1%的股份，欧盟委员会持有30%的股份，剩余7.9%的股权由来自欧盟成员国和土耳其的多家金融机构持有，其中部分为私营金融机构。截至2013年底，EIF的注册资本为30亿欧元。2014年5月，EIF股东已通过决议，将对EIF进行50%的增资，将其资本规模扩大到 45 亿欧元。

EIF 采取无负债经营，其本身的资金主要来源于所有者投入的资本和积累的留存收益。同时，除自有资金外，EIF 还接受其股东或其他第三方的委托，依照特定的政策目标，代表委托人对受托资金进行投资运营。例如，欧洲投资银行 50 亿欧元用于支持技术和产业创新的风险资本委托基金（Risk Capital Mandate，RCM），欧盟委员会投资 11 亿欧元的竞争力与创新框架项目（Competitiveness and Innovation Framework Programme）等，都由 EIF 受托负责实际运营。对于受托资金项目，EIF 的做法可以是单独运营，也可以是与其自有资金或其他资金合并使用，以实现资金配置的最优化。

（二）EIF 的运营机制和业务范围

EIF 的核心任务是为欧洲各国的中小微企业提供融资支持，以促进欧盟在创新、科技、经济增长、就业、区域发展等领域的战略目标的实现，其支持对象并不仅限于科技企业，但科技创新和成果转化是其重要的支持对象。

为实现其目标，EIF 的具体做法是与一系列服务于中小企业的金融中介机构合作，通过为这些金融机构提供融资、担保或其他金融产品和服务，推动这些金融机构为中小企业提供多样化的融资服务，从而起到撬动社会资本、促进社会资金流向中小企业的作用。成为 EIF 合作对象的金融机构包括科技成果转化机构、天使投资人、创业投资基金、私募股权基金、商业银行、小额贷款公司、信用担保机构等，截至 2013 年，与 EIF 建立合作关系的金融机构已超过 700 家。通过这些机构，EIF 为中小企业提供覆盖其生命周期中从种子阶段到发展阶段各个时期的股权和债权融资。

EIF 为中小企业提供的主要服务有两种方式，一种是与广义的产

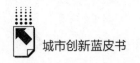
业投资基金合作，通过设立母基金的方式投资到各类不同的市场化运作的创业投资基金之中，创业投资基金在自己擅长的领域寻找项目或企业进行投资，投资方式以股权融资为主，同时也会提供一些债权融资。另一种是与商业银行等信用中介合作，通过为中小企业提供信用升级和担保服务，鼓励商业银行特别是小贷机构为中小企业提供信贷资金支持。

EIF 向中小企业融资支持机构提供的资金绝大部分是以 FOF 的形式投入到中小企业的，在这一过程中，EIF 管理的基金并不与中小企业直接发生联系，而是通过向各类广义创业投资基金出资，由相关基金进行市场化运作选择中小企业进行投资。

在企业生命周期的不同阶段，其融资需求的特点是有区别的，因此，EIF 充分考虑到中小企业融资市场的实际需求，设立了多样化的项目，同时与天使投资人、风投基金、增长基金、私募股权基金等涉及不同投资目的的创业投资基金合作，致力于从创意到企业成熟的全过程改善中小企业和科研活动的融资环境。

1. 参与科技成果转化的投资

科技成果转化是指将科学研究的成果转化成能为市场所接受的产品和服务的过程。这种转化可以通过研究机构与产业之间的合作来实现，也可以采取注册技术专利或是成立科技型创业企业的方式来实现。

在 EIF 的一份研究报告中，将科技型创业企业的创立与发展过程划分为三个阶段。第一个阶段是科技成果转化（Technology transfer）阶段，是指从技术发明或知识产权形成到商业概念的形成、验证直到开始获取最初的顾客之间的过程。第二个阶段是创业（venture）阶段，是指建立生产线，扩大客户基础并建设结构完整的商业机构的阶段。第三个阶段是扩张（expansion）阶段，是指在商业机会被证明之后，企业进行产能及市场等方面的进一步发展和扩张的阶段。

该报告指出，在欧洲市场，由于创业投资基金和天使投资基金的存在，第二阶段的融资相对较多，但对第一阶段和第三阶段的融资较为困难，其中科研成果转化阶段的融资最为困难，这主要是因为，这一阶段比一般风险投资进入的时间更"早"，对传统的金融机构来说，投资于刚刚从实验室中"新鲜出炉"的科研成果的风险过大，回报时间过长。2005年，EIF受欧盟委员会委托进行了一项研究，结果表明，在欧洲的科技成果转化领域，市场失灵的情况显著，科研成果转化早期的风险投资严重不足，研究成果的商业化水平与美国相比明显偏低，而且其间的差距还在不断扩大。

为改善这种状况，EIF一直致力于寻求更符合研究机构在科技成果转化方面需求的支持方式，通过多样化的手段，引导欧洲本土的资本流向科技成果转化活动，在促进欧洲科技成果转化方面发挥了重要的支持作用。

科技成果转化投资是一个新兴的投资领域，其投资方式和投资工具与传统的股权和债权投资有一定差别。在欧洲各国的金融市场中已经有一些以科技成果转化过程为投资对象的专业机构，即科技成果转化基金或组织，例如英国的知识产权商业化公司IP集团、法国的IT Translation公司等。这些机构通常与特定的大学或研究机构有较为密切的合作关系，将这些研究机构产生的具有商业价值的科研成果，采取适当方式进行商业化，从而完成科研成果的转化。而EIF促进欧洲科技成果转化市场发展的方式，即是通过与这类专业机构的合作来实现，也可能是直接与大学、研究机构合作，以直接投资或给予其他形式的引导和资助的方式，促进对科研成果商业化过程中的最初阶段的投资（见表1）。

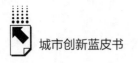
表 1 EIF 已有的一些促进科技成果转化的具体方式

支持方式	实例	所举实例的具体投资方式
衍生公司投资组合(Spin-off portfolio)	IP Venture Fund	IP 风投基金由 EIF 和英国 IP 集团合资设立,总规模 3200 万英镑。该基金的投资对象是与 IP 集团签订了协议的 10 所大学设立的衍生公司(spin-outs),对每家企业的每轮融资,IP 风投基金的出资比例皆保持在 25%
新一代许可(Next-generation licensing)	Leuven/CD3	EIF 与鲁汶大学各出资 400 万欧元,合资设立了药物设计与开发中心(CD3),专为药物开发项目提供早期项目融资,以填补在项目成熟到足以吸引大型制药公司注资之前的融资缺口
大学种子基金(University seed fund)	UMIP Premier Fund	UMIP Premier Fund 由曼彻斯特大学知识产权有限公司(UMIP)和 EIF 合资设立,总额 3200 万英镑,由科技风险投资公司 MTI partners 负责管理。该基金投资于曼彻斯特大学的衍生公司,投资的阶段从概念验证阶段、种子阶段到 A 轮或 B 轮融资
大学/孵化器基金(University/Incubator fund)	University X (name deleted) Innovation	X 大学创新种子基金总规模为 1050 万欧元,其中 EIF 出资 50%。EIF 通过该基金,与 X 大学合作,为该大学及其所在地区的其他创新机构的科研成果衍生出的创业企业提供融资支持
两步式衍生公司投资(Two-step Spin-off portfolio)	University Y (name deleted), under completion	在这一实例中,EIF 作为主要投资方,与 Y 大学共同投资于一个称为 Y 大学合作投资基金的专门机构,其中 EIF 的投资比例始终保持固定不变。该合作投资基金为 Y 大学新成立的衍生公司提供种子投资,并为已存在的 Y 大学衍生企业提供后续融资支持

2. 创业投资及天使投资

EIF 认为,创新是建立知识经济社会的必要条件,而风险资本(Venture Capital)是为了激励创新必不可少的资金来源。EIF 致力于通过进行必要的基础建设,提高风险资本作为一种投资选择的吸引力，建设可持续的风险投资生态环境，从而保障对欧洲社会创新和创业的资金支持。在风险投资领域，EIF 主要扮演的是催化剂的角色，通过向创业投资基金、私募股权基金和天使投资人提供支持，提高风险投资市场的活力和流动性，吸引更多的社会资本进入风投市场，从而为中小微企业，尤其是科技型中小企业服务。

EIF 并不直接对任何中小企业进行权益投资，而是通过设立母基金（Fund of Funds）的形式对风险投资市场产生影响。EIF 用于支持创业投资活动的资金很大一部分是欧洲投资银行、欧盟委员会或其他第三方（如国家或地方政府）委托的资金，也有部分是 EIF 的自有资金。EIF 根据委托方的政策目标，设立特殊目的母基金，通过母基金投资于符合特定政策目标的创业投资基金，从而间接支持特定产业或区域内的中小微企业创新创业。欧洲投资银行设立的欧洲技术基金（European Technology Facility）、荷兰的生命科学合作基金（Life Sciences Partners）等都是这类母基金的代表。这些基金的运营和投资由 EIF 管理和指导。

当母基金投资于特定子基金时，EIF 通常充当基石投资者（cornerstone investor），出资 20% ~ 33%，具体的份额取决于目标行业、基金本身的特点、投资机会及市场情况。子基金的管理运营由与 EIF 合作的基金管理机构具体进行，EIF 以市场为导向，对子基金的表现做出评价，从中总结经验，对表现优良的基金，根据市场的实际需求，有可能会进一步追加投资。图 1 展示了 EIF 为中小微企业提供股权融资支持的过程及其在各个环节中扮演的角色。

对于投资中小微企业的天使投资人和其他非机构投资者，EIF 通过欧洲天使基金（European Angels Fund，EAF）为其提供支持。符合条件的天使投资人可以向 EIF 提出申请，经审查通过后，EAF 会与天使投资人签订合作框架协议，并为天使投资人提供一笔资本金，作为合作投资资金，由天使投资人自行做出投资决策，为其看好的中小微

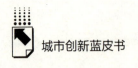

图 1　EIF 为中小微企业提供风险资本的过程及其角色

企业提供创业资本，同时 EAF 按比例分担天使投资人在投资过程中支付的费用。EAF 的合作方式为与其合作的天使投资人保持了最大限度的自由空间，天使投资人在得到来自 EIF 的资金支持的同时，还可以充分利用 EIF 在风险投资方面的丰富经验和宽广网络，进一步扩展其投资，提高收益，同时受到的束缚并不多。为保证天使投资人的精力可以集中在投资活动上，EIF 对其的管理程序尽量简化，并为天使投资人设计了标准化的报告工具，使他们可以高效地完成向 EIF 报告投资情况的工作。

3. 成长资本和夹层基金

已成立的成长期中小微企业与初创期企业相比具有不同的特点，它们通常已经开始盈利，并表现出良好的成长性，但往往需要进一步的融资来满足其扩张需求，而又不一定能获得充足的银行贷款，因此仍希望寻求股权融资。另外，部分企业在这一阶段需要进行股权重组以获得更多的外部资金支持。针对这些企业的实际需求，EIF 同样通过设立母基金的形式，投资于以成长期企业为投资对象的成长基金（Growth Funds）、夹层基金（Mezzanine Funds）等，为他们提供股权融资或股权/债权混合融资。

在这类投资方面，EIF 已积累了比较丰富的经验，长期的市场观察表明，由于目前的市场情况，大多数基金发起人和机构投资者都对这类业务缺乏兴趣，因此可以说，对成长期企业的股权投资同样是金融市场的一个薄弱环节。因此，EIF 在实际投资于成长资本市场时，一般会在相关基金筹款过程的较早阶段就参与进来，与基金发起人建立合作关系，以凭借自身在欧洲金融市场上的影响力，帮助其吸引其他投资者的兴趣，使基金能够达到适当规模。

欧洲投资银行委托给 EIF、总额 10 亿欧元的增长夹层基金（Mezzanine Facility for Growth）是 EIF 在这方面投资的代表性例子。该基金投资于欧洲各国的夹层基金，从而为中小企业提供股权/债权混合融资，在这一市场上发挥着带动社会投资的重要作用。

而对 EIF 自身来说，因为投资于成长型企业的风险显著低于初创期企业，这类投资可以对其投资组合起到平衡的作用，降低了 EIF 的总体风险。

除了帮助中小企业获得创业投资基金以股本为主的风险投资，EIF 还考虑到了中小微企业的债务融资需求，并且采取了切实可行的措施。与对创业投资基金的支持类似，EIF 对中小微企业的债务融资需求的帮助也是间接进行的，其直接服务的对象是那些为中小微企业提供债务融资或担保的各类金融机构，包括商业银行、租赁公司、担保基金、互助性担保机构等。

EIF 为这些金融中介机构提供的服务主要包括两类。其一是为证券化的中小微企业债权投资组合提供担保和信用增进。其二是为小额信贷、中小微企业贷款或租赁的投资组合提供担保或反担保。通过为金融机构提供这些服务，EIF 有效减小了金融机构为中小微企业提供贷款、担保和租赁的风险，促进了市场规模的扩大和健康发展。

（三）EIF 为中小企业提供融资支持的效果

EIF 通过多样化的方式，对欧洲中小微企业的发展起着重要的推动作用。仅 2013 年一年，EIF 就通过多样化的方式为欧洲各国的超过 14 万家中小企业提供了融资。EIF 将自有资本和受托管理的资金投入各类服务于中小微企业的金融机构，从而联合社会资本，鼓励金融资本投向中小微企业。根据 EIF 公开的年度报告，EIF 投入的各类资金超过 33 亿欧元，而其带动的社会资本投入则接近 160 亿欧元。也就是说，EIF 的资金投入一般能带动 2~6 倍的社会资金进入中小微企业融资领域，财政资金的放大效应表现较为显著。实际上，这些数据尚未考虑到 EIF 的投资活动通过增强金融市场活力、推广投资经验等对欧洲中小微企业融资产生的间接效应（见表 2）。

表 2　EIF 历年支持中小微企业发展新增投入情况

单位：百万欧元，倍

项　目	年　份	2013	2012	2011	2010
权益融资支持	投入总额	1468	1350	1126	930
	催化总额	7147	7078	6061	4568
	放大倍数	4.87	5.24	5.38	4.91
债务融资支持	投入总额	1844	1180	1461	611
	催化总额	8611	5111	7626	3138
	放大倍数	4.67	4.33	5.22	5.14
小额信贷支持	投入总额	54	40	67	8
	催化总额	201	139	140	32
	放大倍数	3.72	3.48	2.09	4.00

在风险资本领域，EIF 经过多年的探索，已积累了丰富的经验，取得突出成效，在欧洲风险投资市场上具有非常重要的地位。截至 2013 年底，EIF 的对外股权投资的存量为 79 亿欧元，同时带动了 421.58 亿欧元的社会资本投入，共支持了 481 家服务于中小微企业的各类基金。其中，通过科技成果转化、天使投资、创业投资等方式投入创业早期企业的资金约为 41.16 亿欧元，带动社会资本 183.83 亿欧元，通过成长基金等方式投入成长扩张阶段企业的资金约为 37.88 亿欧元，带动社会资本约 237.75 亿欧元。

（四）EIF的治理结构及监管机制

有效的治理是EIF获得成功的关键。EIF作为独立法人，采取公司制的治理方式，具有较为完善的机构设置、管理流程和规章制度，这一点也获得了外部评级机构的高度评价。EIF是以市场为导向运营的机构，在完成其政策目标的同时，通过商业化的定价策略和维持收入与费用之间的良性配比，保证合理的资本回报。EIF作为市场化的机构，欧洲投资银行和欧盟委员会对其采取的也是市场化的管理方式，通过信息公开、定期报告和审计等手段进行监管。

EIF第一层次的控制，是管理层实施的财务、运营和合规方面的控制，以及风险管理系统。第二层次的控制则是审计，包括了内部审计和外部审计，二者都由审计委员会负责协调实施。内部审计对EIF的内部控制体系及流程的合规性和有效性进行检查和评价，外部审计则对财务报告的公允性提供合理保证。

另外，作为欧盟的一个组成机构，EIF与欧盟下属的其他组织有合作关系，如欧盟委员会的内部审计机构和欧洲审计院等。欧洲审计院负责对欧盟的所有财政收支进行审计，并对外公布结果。因此，虽然EIF有自己独立的审计机构，但其管理的属于欧盟的资金同样要经过欧洲审计院的审计。

信息透明是EIF维持良好治理的另一个重要手段。EIF有专门的信息公开规则，其经营投资活动、运营流程和基本方针等都是向公众公开的，具有较高的透明度，接受社会和民众的监管。

二 我国政府创业投资引导基金的发展及管理模式分析

为了促进我国战略性新兴产业的发展，顺利实现我国经济增长方式的转型，近年来，我国各级政府出台了一系列促进战略性新兴产业发展的政策措施，其中，成立政府引导基金参与创业投资活动也成为一项重要措施，为此，中央政府专门出台了关于创业投资引导基金运作的基本规定。在这一宏观背景下，我国各级政府纷纷成立了不同类型的创业投资引导基金，为中小企业提供资金支持，其中，国家层面设立的科技型中小企业创业投资引导基金、国家科技成果转化引导基金和新兴产业创投计划（参股创业投资基金）是典型代表。

（一）我国创业投资引导基金的基本管理规定及国家级创业投资引导基金

1. 中央政府对创业投资引导基金的基本规定

在国家支持各级政府设立创业投资引导基金的政策出台之后，为了促进国内创业投资引导基金的规范设立和运作等，2008 年国务院办公厅转发国家发改委等部委的《关于创业投资引导基金规范设立与运作指导意见的通知》（国办发〔2008〕116 号），其中对创业投资引导基金（以下简称引导基金）的设立和运行等问题进行了基本的规定。

2. 国家层面的政府引导性基金及其管理模式

国家层面的政府引导性基金主要有科技型中小企业创业投资引导基金、国家科技成果转化引导基金和新兴产业创投计划（参股创业投资基金）等。

（1）科技型中小企业创业投资引导基金

2007 年设立的科技型中小企业创业投资引导基金，是我国第一个国家层面的政府性引导资金。财政部和科技部也联合制定了《科技型中小企业创业投资引导基金管理暂行办法》（该规定已废止），对科技型中小企业创业投资引导基金的设立和运行等进行了规定。

科技型中小企业创业投资引导基金首个年度规模 1 亿元，明确专项用于引导创业投资机构向初创期科技型中小企业投资；资金来源为中央财政科技型中小企业技术创新基金、从所支持的创业投资机构回收的资金和社会捐赠的资金；按照项目选择市场化、资金使用公共化、提供服务专业化的原则运作；引导方式包括阶段参股、跟进投资、风险补助和投资保障。

2014 年 4 月，财政部会同工业和信息化部、科技部、商务部制定了《中小企业发展专项资金管理暂行办法》，对原中小企业发展专项资金、中小企业信用担保资金、地方特色产业中小企业发展资金、科技型中小企业创业投资引导基金等专项资金进行了整合，设立了新的中小企业发展专项资金。中小企业发展专项资金中仍包括科技型中小企业创业投资引导基金的内容，并进行了相关规定。引导基金运用阶段参股、风险补助和投资保障等方式，对创业投资机构及初创期科技型中小企业给予支持。与原《科技型中小企业创业投资引导基金管理暂行办法》中规定的基金引导方式相比，在《中小企业发展专项资金管理暂行办法》中，基金引导方式中未具体规定"跟进投资"的内容。

（2）国家科技成果转化引导基金及其创业投资子基金

为了加速推动科技成果转化与应用，引导社会力量和地方政府加大科技成果转化投入力度，中央财政设立国家科技成果转化引导基金。2011 年财政部制定的《国家科技成果转化引导基金管理暂行办法》（财教〔2011〕289 号），对国家科技成果转化引导基金（以下简称转化基金）进行了规定。转化基金的支持方式包括设立创业投资子基金、贷款风险补偿和绩效奖励等。

（3）新兴产业创投计划（参股创业投资基金）

为了促进创业风险投资事业的快速、健康发展，2007 年财政部、国家发展改革委颁布了《关于产业技术研究开发资金试行创业风险投资的若干指导意见》（财建〔2007〕8 号），决定拿出部分国家产

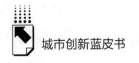

业技术研究与开发资金试行创业风险投资（属于直接投资创业企业）。

为了加快培育和发展战略性新兴产业和新兴产业创投计划实施，2011年财政部和国家发改委制定了《新兴产业创投计划参股创业投资基金管理暂行办法》（财建〔2011〕668号），其中对"新兴产业创投计划"参股创业投资基金（以下简称参股基金）进行了规定。

根据《战略性新兴产业发展专项资金管理暂行办法》（财建〔2012〕1111号）的规定，战略性新兴产业发展专项资金的支持范围包括：支持新兴产业创业投资计划，即采取中央财政资金与地方财政资金、社会资金参股，共同发起设立或增资现有创业投资基金等方式，支持具备原始创新、集成创新或消化吸收再创新属性，且处于初创期、早中期的创新型企业发展。

（4）国家中小企业发展基金

根据《国务院关于进一步支持小型微型企业健康发展的意见》（国发〔2012〕14号）规定：依法设立国家中小企业发展基金。基金的资金来源包括中央财政预算安排、基金收益、捐赠等。中央财政安排资金150亿元，分5年到位，2012年安排30亿元。基金主要用于引导地方、创业投资机构及其他社会资金支持处于初创期的小型微型企业等。鼓励向基金捐赠资金。目前尚未有国家中小企业发展基金的具体政策规定，但从其"主要用于引导地方、创业投资机构及其他社会资金支持处于初创期的小型微型企业等"的要求看，国家中小企业发展基金也基本上属于政府创业投资引导基金的范畴。

另外，2008年我国开始实施战略性新兴产业计划以来，各级地方政府为支持本地区相关产业的发展，也纷纷出资成立了形式多样、目标各异的政府引导基金，政府引导基金的发展进入快速发展阶段。

（二）我国创业投资政府引导基金存在的问题

我国创业投资政府引导基金的发展虽然取得了一定效果，对战略性新兴产业和科技型中小企业的发展起到了相应的推动作用，但创业投资政府引导基金的发展仍然存在一些问题，主要表现在以下几个方面。

1. 创业投资引导基金的发展缺乏整体规划

我国虽然已经发布了《关于创业投资引导基金规范设立与运作指导意见的通知》，也已经设立了众多创业投资引导基金，但缺乏整体规划，很多地方政府设立的创业投资引导基金的业务范围和运行目的并不明确，也很难取得明显效果。即使是中央政府成立的不同创业投资引导基金之间也缺乏协调，在覆盖范围方面存在交叉和空白的领域，导致在最需要资金的领域创业投资基金基本没有涉足，在创业投资资金相对充足的领域又形成了不同创业投资基金的无序竞争，一些相对成熟企业的股权投资价格不断被推高。

2. 创业投资引导基金的管理较为分散，没有形成合力

我国各级政府成立的创业投资引导基金在管理上较为分散，基本上是一个基金就要成立一个管理机构，这与欧洲投资基金接受欧盟委员会、成员国政府以及第三方机构等的基金合并管理形成了鲜明对比。这种分散化的管理模式，一方面导致各个基金各行其是，对相关企业的支持缺乏协调，没有形成合力；另一方面也导致基金管理费用的高企，很难找到合适的具有市场化运作经验的基金管理人员。

3. 创业投资引导基金的管理存在行政化倾向

政府创业投资引导基金虽然是政府出资成立的，但是，这些基金所从事的工作是要把这些资金投入到市场化创业投资机构之中，发挥财政性资金的带动作用，吸引社会资金投入到战略性新兴产业之中，最终还是需要获得一定的投资收益，至少要实现引

导基金的良性运转，因此，政府引导基金并非是无偿的，在管理运作方面也需要以市场化的方式进行，但政府设立的引导基金的管理层很多都是由政府官员转任的，在管理上也趋向于以行政方式进行，这很容易导致政府创业投资引导基金的运作效率低下，投资绩效不佳。

4. 创业投资引导基金的业务运行缺乏有效监督

我国设立的诸多创业投资引导基金以及其他领域的引导基金存在的一个明显问题是缺乏有效监督，主要表现在：一是政府对创业投资引导基金的目标和绩效指标设定不足，创业投资引导基金的运作，内部人控制问题明显；二是现有的相关创业投资引导基金缺乏审计体系，这不仅体现在外部审计的引入不足，还体现在基金内部审计部门的缺乏；三是创业投资引导基金的运行透明性不足，公众很难获得相关创业投资引导基金的业务范围、运作形式、申请方式、项目投资情况以及最终投资结果等信息，不仅无从监督创业投资引导基金的运作，甚至都无从得知如何获得相关基金的投资。

5. 创业投资引导基金的运作基础不足

政府设立的创业投资引导基金的正常运转需要良好的市场环境的支持，尤其是需要市场上存在运转良好的市场化运作的广义创业投资基金，同时相关基金的结构也较为合理，能够覆盖创业投资各个时期的投资。但从我国创业投资基金的发展情况看，投资于种子前期、种子期和成长期的创业投资基金相对较少，大多数集中于快速成长期的中小企业，同时，这些创业投资基金的管理运作水平参差不齐，很多基金管理者试图赚"快钱"，希望投资之后在一个较短时期内实现上市退出，赚取一二级市场的高额差价，很少在早期进入创业者实现从科技成果转化到企业设立和成长的进程之中，这导致我国创业投资引导基金可能有时候很难选择到合适的创业投资基金进行投资。

三 我国政府创业投资引导基金的管理模式借鉴

在欧盟 EIF 基金投资运作模式的基础上，结合我国政府创业投资引导基金的实际情况，未来我国政府创业投资引导基金的发展模式可以考虑如下设计。

（一）建立国家级政府创业投资引导基金管理机构

我国各级政府设立的创业投资引导基金数量已经不少，再设立新的基金虽然在促进某些领域的创业投资企业发展上还是必要的，但更为重要的是要对现有的创业投资引导基金进行整合，实行统一机构代管的方式运作，即设立一到两家专门的创业投资引导基金管理机构（以下简称基金管理机构），现有的各种政府创业投资引导基金由原设立方作为委托机构统一委托新设立的基金管理机构进行管理，新的基金管理机构根据政府设立不同基金的不同要求，以市场化原则对引导基金资产进行投资运作。基金管理机构还可以根据现有创业投资引导基金对中小企业生长期的整体覆盖情况，向相关政府机构设立新的基金，以对新兴产业给予更好和更有针对性的支持。

（二）基金管理机构以市场化原则开展投资运作

新成立的基金管理机构要完全按照市场化原则开展投资运作，这需要包括以下方面的市场化。

一是实现管理运作的市场化。主要是实现基金管理机构与各级政府机构的分离，基金管理机构在投资运作过程中，各级政府及政府机构不应对基金管理机构的决策过程和决策结果进行干预。

二是内部管理模式的市场化。新成立的基金管理机构要按照市场化原则成立内部机构，在内部机构的管理运作方面以市场化的方式进

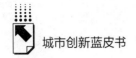

行，建立投资决策的授权制度，提升基金管理机构的运作效率。

三是工作人员的市场化。基金管理机构要招聘专业的投资管理人员组成运营团队，减少相关政府机构的人员进入基金管理机构的情况，同时，基金管理机构的人员任用与职务提升也要按照市场化原则进行。

四是基金投资的市场化。基金管理机构投资的市场化包括两个方面，一方面，基金管理机构在选择与之合作的创业投资基金过程中要按照市场化原则进行，建立完整的基金选择、资金委托、投资过程监控、投资绩效考评和对基金管理情况的奖惩等流程，选择合适的创业投资基金担任相应基金的管理者。另一方面，基金管理机构在委托创业投资基金开展投资运作过程中，也要遵循市场化原则，通过基金的持有人大会或者类董事会会议获取合理信息和提出合理意见与建议，不对创业投资基金的管理运作特别是投资决策进行干预。

（三）建立健全对基金管理机构的运作目标和绩效考评机制建设

成立专门的基金管理机构之后，要根据基金管理机构的状况设置科学合理的市场化运作目标和绩效考评机制，作为对基金管理机构运作效果考核的依据，其中，实现财政资金的保值增值和政府设立的创业投资引导基金相关目标的完成情况要作为考核的主要指标。

（四）建立有效的监督机制和政务公开制度

建立对基金管理机构的监督机制，完善基金管理机构的内部风险控制和内部审计制度，对基金管理机构的运作情况进行及时审查，同时，定期引入外部会计稽核机构以及外部公共审计机构对基金管理机构以及所管理各个基金的运作情况进行审计。

同时，还要建立基金管理机构的政务公开制度，要向社会公众公开相应的信息：一是基金管理机构的投资理念、组织体系、管理模式、部门职责和主要投资管理人员情况。二是所管理基金的情况，包括受托管理的引导基金的目标、投资范围，申请该基金管理人的资格、方式及选择流程，基金的管理人情况、受托管理资产情况及管理人的投资绩效情况。三是基金管理机构整体的绩效情况等。

（执笔人：黄曼远、孟艳、许文）

企业案例

Case Studies on Enterprises

B.8
一亩田集团的"互联网＋农业"模式创新

摘　要：　农业是关系国计民生的关键产业，农产品的流通效率决定了一个城市发展的潜力。一亩田集团作为国内领先的农产品诚信交易平台，一直以"为农民增收、为市民减负"作为企业努力奋斗的目标，以"创造农业新文明"作为公司发展的愿景。本文以我国农产品流通业面临的困局为出发点，全面阐述面对这些难题，一亩田集团如何以科技创新为驱动，以"互联网＋"为手段，积极引领农产品流通方式变革，重塑中国农业产业链新生态。最后，本文指出当前行业面临的痛点、难点，并提出对应的政策建议。

关键词：　一亩田集团　科技创新　互联网＋　农产品流通

北京一人一亩田网络科技有限公司（简称"一亩田"）成立于2011年，是国内领先的农产品电子商务诚信交易平台，也是国内最大的农产品交易大数据平台，截至2015年7月中旬，一亩田平台日交易额达到3.5亿元人民币，平台日间接影响交易额达8亿元人民币，预计2015年度平台直接交易额将突破1000亿元人民币。

一亩田电子商务平台具有品类全（涉及农产品品种达到1.2万种）、产地广（产地涉及1972个县，覆盖1.3亿农民）、客户多（210万卖家、22万买家）、线下重（在全国有34家省级一级批发市场门店，近910个基层产地设有门店、办事处或网点）等特点。一亩田通过互联网手段打破了传统市场"亏两头、肥中间"的利益格局，其一端连着批发商和采购商，一端连着农民和产地，通过移动互联网和大数据能力，以及线上线下的撮合服务，一方面帮助农民实现农产品产销对接，让农民获得更高的回报；另一方面降低采购商的采购成本，将原先属于渠道环节的利润返还给卖家和买家，为我国农产品流通效率提升做出了重大贡献。

一 剖析传统农业弊端，预示电商发展新机遇

农产品流通过程是农民价值实现以及城镇居民生活成本最终确定的过程，它将农村、农业、农民与城市、工商业、城市居民紧密地联系在了一起。其重要性毋庸置疑，其落后现状亦让人痛心疾首，农户生产规模小、议价能力低、产地分散、产品集中度不高、服务资源隐性不足、物流损耗严重、信用与信任度缺乏等因素导致流通效率不高，成为农民身上隐形的大山，归纳起来其主要包括三个方面。

（一）小农户面对大市场

我国农民人均耕地3.28亩，远低于世界平均水平，他们分散从

事农业生产，组织化程度低，议价能力弱。分散的小农户为农产品物流提供商品源，却很少与购买方建立稳定的供销关系，形成利益共同体则更少。农民无法充分掌握整个农产品流通市场的信息，也不可能对价格走势产生明确的判断，被隔离在农产品商业体系之外，不仅在农产品消费价格上涨时无法充分获得商业利益，还要在价格下跌时成为市场风险的最终买单者。农民既然被隔离在商业环节之外，那么他们对商业环节的增值也就漠不关心，所谓从地头到餐桌的产业链条实际上是断裂的，而自生产领域就开始的农产品质量参差不齐、安全隐患丛生也就不足为奇了。

（二）多环节意味低效率

从田头到餐桌，农产品流通通常有 30 个以上发生费用的环节，流通环节多、冷链运输率不高，导致我国农产品产后损失非常严重，果蔬、肉类、水产品流通腐损率分别达到 20%～30%、12%、15%，仅果蔬一类每年损失就达到 1000 亿元以上。欧、美、加、日等发达国家和地区肉禽冷链流通率已经达到 100%，蔬菜、水果冷链流通率也达 95% 以上，而我国大部分生鲜农产品仍在常温下流通。

（三）供应链不完善导致流通体系不通畅

供应链运行的一个典型特征是整个链条的增值，这就要求核心企业与各个节点之间的合作关系是紧密、顺畅的，并且能够保证整个链条的增值能在节点间进行合理分配。而现实中的农产品流通过程，与分散的小农户相连接的主要是小规模的贩销商、批发商和零售商。这些主体虽完成了 80% 的农副产品流通，但过小的规模使主体间的合作与分离都表现出明显的随机性，任何环节的主体都缺乏与链条上其他主体长期合作的动力，也没有协调管理整个链条的能力。农产品流通的社会服务体系严重不足，缺少类似日本农协能够承担起协调整个社会农产品流通重任的服务组织，只能让全社会的农产品市场参与个体在大市场中挣扎。

传统农产品流通领域的问题，是挑战也是机遇。在互联网＋时代，电子商务平台在解决农产品流通中有不可替代的作用，其价值体现在三点。一是电子商务能有效实现产销衔接，改变了传统流通模式中农户和采购商地位不对等的状态，有利于生产者直接和消费者进行交流，迅速了解市场信息，自主进行交易，增强了生产者信息获取能力、产品自销能力和风险抵抗能力。二是电子商务能缩短流通链条，拉近了田头和餐桌的距离，减少摊位费、产品陈列成本、信息搜寻成本、环节利润和时间成本，避免因无效物流和产品过剩带来的运输、储藏及损耗成本，让农民和市民都从中受益。三是电子商务有利于健全农产品市场机制和功能，可以打破信息闭塞、市场割据的局面，有利于构建规模大、信息流畅、透明度高、竞争充分的农产品市场。

二 优化传统农业，试走"互联网＋"新路径

（一）专注农产品进城，解决市场信息不对称

与大多数农村电商"工业品下乡"的市场路径不同的是，一亩田专注的是"农产品进城"，在客户价值上"帮农民挣钱"。

一亩田利用互联网手段实现了农产品市场的两个信息对称即供需信息对称和农产品价格信息对称，通过一亩田网站、手机 APP、三位一体的网店及与一亩田百度直达号形成"网络服务多元化"，使农产品市场的买家、卖家很容易通过买卖分离的网上"交易大厅"获得交易机会，是中国最活跃的农产品交易平台。

一亩田基于遍布全国农产品批发市场的分理中心、遍布全国的产

地办事处实地接触交易的优势，充分发挥网络实时、全方位的优势，每日早晚两次推出农产品产地和销地行情数据服务，品类包括畜牧养殖、生鲜果蔬、粮油种植、鲜活水产、林业苗木、中医药材、特种养殖等各个方面。真实有效的海量交易数据，让农产品流通领域的各方用户都能清晰地通过 PC 端、移动终端随时看到每一个农产品的需求、流向、交易价格、交易数量、交易时间、交易对象。一亩田实现了农产品流通领域的供需信息海量化、价格信息实时化、完全可视化和高度透明化，通过信息开放带来参与用户海量、自由交易的机会，有效解决了农产品售卖难问题，在一定程度上大大减少了部分农产品表面的"产能过剩"、本质上"信息短缺"的问题。

截至 2015 年 6 月，一亩田为 210 万农产品供应商，包括合作社、农产品经纪人提供服务，同时为 22 万买家，包括商超、餐厅、机关院校提供服务。每日有效信息达 30 万条，涉及农产品品种达到 11875 种，数据的数量、质量、更新频次领先全国同行。产销信息涉及省（市、自治区）31 个，涉及 1972 个县，覆盖 1.3 亿农民。

从 2014 年 7 月至 2015 年 5 月，一亩田完成农产品交易额已经突破 100 亿元，月均增幅超过 30%。2015 年 7 月中旬，每天一亩田平台线上交易额已经达到 3.5 亿元人民币，一亩田每天间接影响交易额达 8 亿元，预计 2015 年度平台直接交易额突破 1000 亿元人民币。从 2015 年前 6 个月的平台交易数据来看，交易额呈指数性上涨态势，且后期涨势将非常强劲（见图 1）。

根据 2015 年 6 月的数据，使用一亩田的用户，35% 是专业农产品流通人士，包括农产品经纪人、批发商、食品加工企业、超市采购经理、大型餐饮企业采购人士等；55% 为农户，包括合作社责任人、种养殖大户、基地经理；其余 10% 则包括了各级政府相关管理部门、农业研究机构和金融研究机构以及各大媒体等。

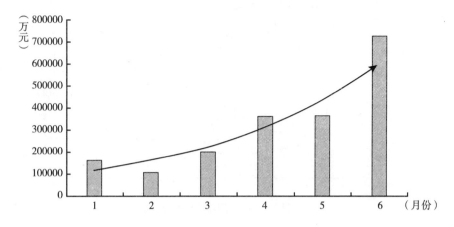

图 1　2015 年一亩田交易平台农产品交易额增长趋势

信息发布中，89% 为供应信息，11% 为采购信息。在网站涉及的交易中，26% 为蔬菜，22% 为水果，其他交易包括粮油种植、鲜活水产、林业苗木、中医药材、特种养殖等。

（二）升级农产品市场体系，创新综合交易服务模式

农产品传统流通方式要经过多级环节，这其中不仅会产生多项附加费用，同时伴随着信息不对称、流通半径长、流通成本高、效率低下等弊端。一亩田通过互联网手段形成农产品交易扁平化，打破传统市场"亏两头肥中间"的利益格局，实现了生产者与用户的直接对接，将原先属于渠道环节的利润返还给卖家和买家，降低采购成本的同时让生产者获得更高回报，实现真正意义上的"公平贸易"。

和传统"轻电商"专注线上信息服务不同，一亩田模式突出了"重电商"模式，即既强调与农业产业和农业市场的深度融合，又十分重视线下渠道建设和线下服务，呼应和服务一亩田平台的线上撮合（见图 2）。目前，一亩田农产品旗舰店（服务买家）覆盖全国 30 个省级一级批发市场及重点城市的二级批发市场，近 900 个基层产地设有门店、办事处或网点（服务卖家）（见图 3）。

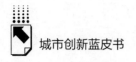
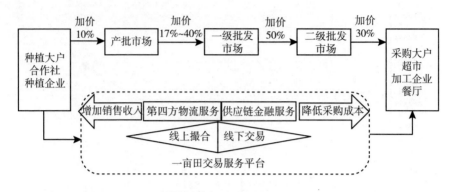

图2　一亩田交易平台

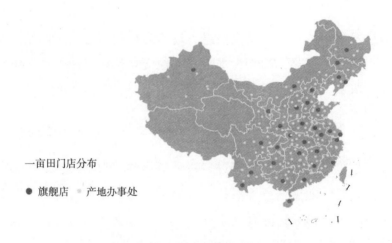

图3　一亩田门店及产地办事处

　　针对中国农产品市场产地分散、产品集中度不高、服务资源不足、信用和信任度缺乏等因素所导致的交易效率不高的问题，一亩田通过商业模式创新、市场流通改造、市场资源整合，以线上和线下相结合的方式创建中国农产品市场的综合交易服务平台。

　　一亩田为交易双方提供交易补贴服务。为了进一步推动农产品通过线上进行交易，提高交易便利度与效率，一亩田除了免费提供交易平台外还实行交易补贴制度，即向交易双方各提供交易额1‰的补贴。

　　一亩田为交易双方提供产地查证服务。为了满足传统农产品市场的"看货"需求，降低传统交易的看货成本，一亩田推出线下"类公共性"服务——产地查证。根据交易双方的交易条件，提供"代客看货"服务，对供应商进行"真实产地、良心生产、放心产品"的基本查证，使跨区域的交易更容易达成。

　　一亩田为交易双方提供结算担保服务。针对传统农产品市场信任度差的现状，一亩田推出"结算担保服务"，即买家将全款打入一亩田平台，一亩田作为结算担保方，向卖家先支付全款的50%～70%，待买家收货确认后再将余款向卖家付清。对于买卖中出现的"货不对板"的纠纷，由一亩田先行赔付，然后再按平台交易规则和法律法规进行处理，有效解决了交易双方的信任问题。

　　一亩田为交易双方提供物流信息服务。针对农产品流通面临"有生意难流动"的不便和长距离物流转接不畅、成本过高等问题，一亩田在交易平台上搭建了第四方物流信息平台，具有强定位的互联网位置服务、强计算能力的成本节约服务。交易双方在一亩田完成订单后可通过物流信息平台选择最佳距离和成本的货车、仓储、冷库、冷链物流等海陆空货运和仓储资源，大大提高了中国农产品市场的"可交易"和"可交付"能力。

　　一亩田为交易双方提供大数据服务。针对中国农业因为生产集中度不高、市场效率过低，始终缺乏敏锐的市场信号，在很多地方和很多产品上容易出现"同质化过剩"和"突然性短缺"现象，一亩田充分发挥平台交易规模的优势，运营大数据的计算能力为合作区域的地方政府提供每个地区的农产品销售数据、市场分布半径、竞争情况，为地方政府在规划农业产业布局中告别"拍脑袋"和"凭经验"的方式提供科学的数据支撑；在一亩田，每一位参与交易者都有专有数据和公共数据，这些数据对每一位经营者在决定自己的农产品种植种类和生产规模上具有重要参考作用。

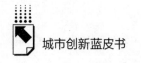
（三）提高农产品集中度，推进区域农业经济发展

为充分发挥交易综合服务平台的效率和效能，进一步提高农产品产地集中度、产品集中度、交易集中度、交易服务集中度，2015年起推出"村晖行动"，重点锁定有生态农业和特色农业产品资源的省市县作为合作对象，最终实现1300个合作县（市）、产能覆盖50%、与区域现代农业发展共赢的目标，与省市县共同整体推进区域农业电商发展。截至2015年6月，一亩田战略合作省份已经包括宁夏、贵州等5个，县域产业带合作县市包括山东即墨、河南焦作、云南红河等63个，其中40个进入深度合作阶段，包括县域培训、贸易对接、"有一味"特色农产品推荐计划。

打造县域开发的"根据地模式"。一亩田的"深耕产地"，不是在空调房使用鼠标键盘工作，而是将自己定位为"脚上沾满泥巴的电商平台"，强调在田间地头"作战"的能力。在跨省建立大区，在省级建立专区，在县域设立根据地，落地生根建团队，深入产地、深耕产地、长耕产地，主要开展电商培训、农产品普查，推动农业经营者和特色农产品上线、产地查证、线下对接等常态服务。

开展"新农商"电商素质提升行动。一亩田在县级人民政府的组织和支持下，普遍开展对农业种植大户、农民专业合作社、农产品加工企业的主要负责人、带头人、农业经纪人的农产品电子商务的知识和技能培训，培养农产品电子商务的使用习惯，提高农产品流通的效率。

推动原产地品牌虚拟市场化集中。对于原产地价值高的县市，一亩田借鉴实体市场的做法，发挥线下原产地品牌的影响力优势，在线上建立虚拟批发市场，推动地区产品品牌主导下的全国相关品类展示和交易集中。以河南博爱县为例，在一亩田线上建立"博爱生姜"频道，作为平台生姜类交易的入口，将线上所有生姜品类的供需集中发布以来，博爱县充分利用一亩田平台效应，与一亩田探索"线上"带动"线下"的模式，择机在博爱县建设实体性的生姜品类全国性专业批发市场，进一步推动博爱生姜品牌建设，助力农民增收，促进博爱经济发展。

提供平台红利助农的增值服务。一亩田充分发挥平台的市场集中、资源集中、用户集中的优势，为平台用户提供更多的衍生和增值服务，使分散的农业生产者和经营者能享受有规模效应带来的便利。在县人民政府的支持下，一亩田为平台上交易的农业生产者和农户提供"农易贷"金融服务；"找工快"为在线农民提供周边的工作机会信息，为企业提供农民工劳动力信息；"好农贷"为农业生产者提供快速、便宜、有机的农资团购服务；"田学院"为农民闲时提供各项专业技能的短期培训。

三 利用"互联网＋"手段，努力发挥企业社会价值

（一）发挥平台信息集中优势，快速有效地解决滞销问题

应对滞销，一亩田最快可以做到一个小时响应，方式则是线下响应、线上对接，一个是市场"众力"，一个是内部团队的快速反应，共同解决问题。2015年至今，一亩田平台解决了60余起滞销问题，涉及河南、湖北、海南、福建、辽宁、山西等地。仅2015年3月份，就为河南焦作、新野等地滞销大葱解决了2000吨的销售出路。如2015年4月，浙江省一位村民老何养了1000多只鸭子，每天收获80多斤鸭蛋，长时间无人上门收购，结果积压了1000多斤鸭蛋，后来老何用手机在一亩田平台上发布了供应信息，很快，接到了来自上海和杭州客户的采购咨询，最终老何卖掉了全

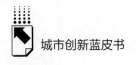

部滞销鸭蛋。

另外，如湖北宜昌长阳县高家堰镇青岩村在 2014 年 12 月遭遇椪柑、脐橙滞销问题后，通过一亩田平台既解决了销售问题，又在单品价格上由传统交易方式的每斤 0.6 元，实现了 3.2 元的销售价格，果农直接在销售价格上实现了 5 倍多的收入增长。所以，一亩田通过互联网手段不仅可以让生产者与采购者直接对接，还可以降低采购商的采购成本，实现公平贸易。

（二）推出"村晖行动"，促进县域经济发展

从 2015 年初开始，一亩田启动了"村晖行动"，推出县域现代农业发展共赢计划。以河南省焦作市博爱县为例，一亩田与其在 2015 年 1 月 24 日正式签约，在平台开设博爱特色产业带，推进农产品网上销售。截至 2015 年 7 月上旬，博爱县的合作社、种植大户和龙头企业通过一亩田产地专员的电商培训覆盖率基本达到 100%，APP 交易使用率至 80%，通过一亩田平台农产品销售总额达 8438 万元，除主粮以外，占到该县全部农产品交易额的 50% 左右。

据产地反馈了解，一亩田 APP 深受当地农业从业者的欢迎，之前大多数人对外面的市场信号感受不强，且对产品价格也基本没有议价能力，通过在平台销售产品后，买家选择更多，还可以增加收入。之前通过传统销售渠道，销售区域大部分集中在河南省内，最远覆盖周边河北和山西的部分区域。现在销售半径快速增加，目前已经延伸至安徽、江苏、山东、上海、天津、浙江、陕西等省市，新增销地交易额占比有 30%。另外，通过平台交易，农户也比以往增加了收入，比如，春节期间，当地西芹行情跌至 0.5 元/斤，经产地人员的帮助，卖到了 0.75 元/斤以上。此外，一亩田不仅增加农民收入，而且帮助农民避免经济损失，4 月份，解决金城乡近 65 亩大葱滞销问题，挽回经济损失约 25 万元。

（三）研发大数据产品，提供多重增值服务

基于在数据处理和分析方面积累的经验，以及横跨产销两地的分支机构，一亩田逐渐汇聚了大量可分析数据，并以此为基础开展了大数据研究，并形成了一系列产品对外发布。

第一，多维度价格产品，包含：①价格指数，基于交易数据的指数产品；②行情点评，产地和市场第一手信息实时获取；③价格监测，基于价格与行情信息的分析预测；④舆情预警，滞销、自然灾害、价格剧烈波动等。

第二，神农图，致力于打造全国最权威的农产品大数据平台。包含：①交易地图，基于一亩田交易平台的真实交易；②供应地图，基于一亩田交易平台的真实货源；③价格地图，一亩田交易价格数据及多维度数据共建共享；④天气地图，基于一亩田平台供应产地的天气情况；⑤产品地图，单品战略，整合生产、交易、流通、天气、价格信息，提供服务；⑥区域地图，与省市县一级政府合作，共建区域农业大数据。

不论是价格产品，还是神农图，均是对农产品市场提供市场信号的产品，同时也反映了全国农业电子商务化的程度。其意义主要体现在解决市场信息不对称问题，大数据产品既可以提前反应和预警农产品价格行情变化，又可以反映未来市场总体供求关系的变化，用户都可利用其精准地掌握市场的节奏，做到有效节约方方面面的成本，例如时间、资金、人力、资源等。比如生产者利用大数据，可以指导生产，避免盲目种植，逐渐形成订单种植模式，而且可以科学决策产品的出售最佳时机，最大限度地避免市场风险带来的损失；加工企业或采购商利用大数据可以更多地掌握产品的议价权，有效控制库存量和收购进度；政府利用大数据可以制定合理的农业生产规划，进一步优化资源配置。

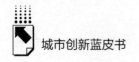

（四）鼓励万众创新，带动大众就业

在一亩田的企业文化熏陶与业务推广需求下，上千名外出打拼的青年回到了家乡，带回技术、带回管理、带回资金，也带回互联网的理念，每个人都从不同纬度去服务中国农业。比如，现阶段分布在全国的900多个门店、办事处和网点，其员工一部分是在外打工返乡者，相当一部分是来自全国基层的当地人员，不但拉动县域就业率，并且通过电商平台的推广，带动了当地农业从业者利用互联网技术进行产业升级，增加经济收入。相信，通过一亩田的努力，将来更多的年轻人发展机会不止在北上广，应该在更广阔的天地。

除了那些有识青年可以投身农业，其实还有许多的现代农民也正走在拥抱互联网的路上。一位来自河北唐山曹妃甸的返乡务农人员，名叫姚卫强，他2014年濒临破产时，在万般无奈下尝试通过一亩田平台将手中50万斤冬瓜销售一空。之后，他除了依靠一亩田销售，还尝试用大数据指导种植，通过平台大数据分析，结果显示，有机花菜如果晚10天上市可以有更好的销路，所以他选择打时间差，比传统花菜上市时间推迟10天上市，让他纯赚5万元，随后又通过大数据指导甘蓝种植，又比往年多挣30%。现在，姚卫强把越来越多的地，变成了"大数据"指导下的"试验田"，他的成功也逐渐引来了不少效仿者。

（五）提高流通效率，促进城市集约发展

在京津冀协同发展的过程中，借助"互联网＋"模式，疏解农产品批发市场相关低端服务人员，促进物流环节提质增效，节约利用土地都具有重要的现实意义。据一亩田测算，一亩田公司人均服务效率达1.8亿/人·年，而新发地批发市场人均服务效率仅为0.2亿/人·年。同时，一亩田整合物流资源形成"第四方物流"模式，为

买卖双方提供包括包装、运输、储存、加工、配送等供应链一体化的综合服务，提高物流效率的同时也减少了车辆在京停留时间及进京数量，在一定程度上对北京的交通拥堵起到缓解作用。

在当前一亩田与传统产业深入融合发展的趋势下，预计将来会出现一批互联网批发商和采购商，农产品从生产地直达消费地，不需要在批发市场停留。对京津冀协同发展来说，在疏解非首都功能的推动下，倒逼北京大型农副产品批发市场加快转型，甚至是分散疏解退出，在保定、廊坊等京外地区形成新的仓储、物流发展中心，促进京津冀在农业、物流等领域深入协同发展。

四 完善农业产业体系，引领"互联网＋"新趋势

（一）建立农产品安全可追溯体系

一亩田运用互联网＋的手段，在交易领域实施大尺度的透明化交易，利用规模化的农产品电子商务交易平台，推动食品安全规则。目前，一亩田平台信息的透明性和交易的可评价性以及信用记录的金融产品转化性，客观上形成了有利于诚信交易的生态体系及产品安全监督系统。为进一步保障食品安全，一亩田的信息化将从原产地的田间地头开始，对产地的地理信息、气候信息、土壤信息、绿色生产信息、文化信息、生产者信息等均进行实地查证，并予以公开披露。同时，一亩田将通过与地方政府合作，选取有规模、有诚信的种植户开展农业物联网建设，实行二维码管理，并对生产流通进行安全视频监控，依靠农产品流通大数据加快农产品溯源、追溯全链条建设，对良种培育、施药施肥、种植技术、加工管理、品质控制、物流渠道等进行整体把控，从根本上实现农产品的"来可查、去可追"。

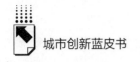

（二）建立农产品价值标准分级体系

中国农业市场一方面存在农产品销售难，另一方面存在高质量的农产品难以卖出相对应价格的问题。这既与中国农产品现阶段的产品化和品牌化能力较弱有关，同时，也与市场缺乏农产品的分级体系有关。

一亩田 2015 年初推出来的"中国农产品对标体系"是用大数据和市场化的方式对中国农产品进行价值分级的首创。在这个"对标系统上"，每一个产品的原产地信息、生产方式信息、客户信息、经营者信息、认证和标准信息、交易信息、市场评价信息等都被纳入数据库。参与者填报信息、网络贡献信息、第三方查证信息，大家贡献信息，大家使用信息。每一个信息都成为农产品品牌因素，影响着该产品的议价能力。比如焦作温县的"铁棍山药"，因为《本草纲目》的记载（文化信息）从而强化了原产地价值，所以在市场上比山东的"铁棍山药"定价高。比如，长期拥有五星级酒店供应商资格的农产品的市场定价能力就强。

一亩田"中国农产品对标系统"未来将成为中国最大的产品数据中心，通过互联网手段实现农产品的信息集中、数据集中、交易集中、意见集中的能力，客观上形成了中国农产品分级体系，使得农产品通过各种方式分级，有效解决中国农产品领域好产品、好品牌溢价难的问题，大大提高了农产品生产者、经营者开展"责任生产"，提供"放心产品"的积极性。

（三）建立农业供应链金融服务体系

农业发展首先要面临的问题是金融匮乏，主要表现为农业生产、经营领域中中小企业和农户融资难，一亩田充分运用交易数据，判定交易的真实性，同时参与买卖双方的物流和结算，形成很强的信用评估和风险控制能力，推出了"农易贷"产品，以一亩田作为第三方信用平台，联合包括中国邮政储蓄银行等金融机构及互联网金融公司为种植户、合作社、批发商提供信用贷款，首次在中国农业市场领域实现了贷款流程快、利率低、无须抵押和担保、风险可控的农业金融创新模式，让金融服务真正高效率地走进田间地头。目前，在北京新发地，农产品电子交易达到 300 万元即可向一亩田申请 10% 的即时信用贷款。在一亩田平台有一定交易数据沉淀的农产品经营者都有机会获得一亩田的金融服务。

未来一亩田将基于海量交易信息、用户数据和云计算能力，建立起中国最大的农业信用数据平台，集合整条供应链的信用状况，以核心用户真实贸易为背景，捆绑上下游中小企业、农户和消费者，提供农业供应链的系统性金融解决方案，提升农资生产销售、农产品种植养殖、收储加工、品牌食品生产等农业产业链中小企业和农户的信用水平，降低融资成本和风险，与银行联合开展供应链金融服务，在此基础上一亩田还将开展用户财富管理与投资服务，进而形成互联网金融业务的闭环。

五　主要政策建议

（一）给予电商企业进农村各项配套工作支持

电商网络渠道下沉对农村发展意义重大，但是目前农村电商发展仍处于探索阶段，无法真正带动农民致富，主要是由于农村基层对电商认识不到位、农村电子商务基础网络与物流设施薄弱、农民上网比例低、农村电子商务人才缺乏等。政府需与企业加强合作，提供软硬环境，加快电商发展。在硬件上通过公共投入，提供基础设施，包括物流、仓储、光线、网络设施等，同时在软件上对进入电商领域的农

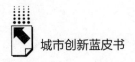
民进行培训，鼓励和支持优秀的实干电商企业与市县级电子商务进农村项目相结合，为企业提供培训用户背景资料，帮助企业召集开展电商培训班，并给予配套资金支持。结合农村电商发展带动的产业链人力需求，政府可出台相关鼓励政策促进有志青年返乡就业、创业，进一步激活农村电商发展，形成农村经济的良性循环。

（二）加快农产品批发市场以及物流信息化改造进程

批发市场是农产品流通中最重要的一环，当前批发市场交易依然处于"三现"状态，即现货、现场、现金。而且，物流不论在传统的供应链体系，还是在电商的流通体系中均占据非常重要的地位。现阶段电商企业整合信息流的过程比较耗时耗力，所以建议国家可以推进农产品批发市场快速实现信息化改造，实现数字化市场，解决了信息共享，将来商户就可实现线上交易，使电商平台容易切入批发市场环节和运输环节，实现产地信息与批发市场信息高效对接，实现订单信息和物流信息的高效对接，逐渐形成线上虚拟的批发市场，而且减少车辆货物在实际市场的滞留时间，实现高效运转，提速批发市场整体的升级改造。

（三）支持农产品冷链物流基础设施建设

冷链上游的冷库结构性缺失是从业者绕不开的障碍，目前国内冷库建设存在重视肉类冷库、轻视果蔬冷库，重视城市经营性冷库、轻视产地加工冷库建设的问题。建议国家政策资金在投入建设冷链基础设施的过程中，做到有的放矢，重视建设专业果蔬冷库，依托重点果蔬生产基地，建设低温保鲜设施，实现资源有效配置。另外，建议出台政策，快速实现"共同配送"模式，培育壮大冷链物流企业，拓展连锁配送网络，开展一体化物流服务，并鼓励建设第三方冷链物流公共平台，为社会开放冷链服务。

（四）助推利用互联网＋　把好食品安全关口

食品安全既要靠严律重典，还要靠执行机制的创新。政府部门应鼓励农产品电子商务交易平台释放"规模化效应"，为其提供强制标准和管理资源，利用交易各方对平台的路径依赖，将国家强制标准、食品安全标准、信息披露标准，结合第三方平台的产品分级标准进行食品安全的管控。政府直接管理同时助推第三方平台利用市场机制倒逼农产品标准化和安全追溯体系建设，进而有效推进食品安全的控制进程。此外，政府需了解农产品电子商务在传统流通渠道变革中的作用，大力引导企业自主创新，让传统农业加快升级，新兴生产力加快成长。

（执笔人：詹继宗等）

B.9
鑫亚集团的"第七方物流模式"创新

摘　要：　当前，加快物流业发展已经成为促进我国经济增长，尤其是电子商务为核心的"互联网＋产业"发展的重要力量。鑫亚集团致力于打造物流实体经济与虚拟经济的桥梁，联合银联、银行等金融机构，自行建立全球物流金融网及配套系统，结合物联网技术的应用，最终实现思想流、物流、商流、信息流和资金流五流合一。这种以"物流供应链金融"理论为基础，物流信息管理体系为核心的新型物流平台，可以有效整合供应链生态系统中的商流、物流、信息流、资金流，既能为客户提供供应链的保姆式服务，也能降低企业、银行、仓储、物流、车主、商户等供应链利益相关者的风险和成本，提升收益，从而实现持续的经济效益和社会效益。

关键词：　第七方物流　战略创新　公共平台创新　金融服务创新

　　广东鑫亚集团股份有限公司成立于2004年，其前身是一家第三方物流公司。企业成立11年来，一直围绕"做好做大做强物流产业"做文章，由经营传统物流货运业务，发展成为全国最具规模的一站式供应链服务品牌领导者，逐步成为集投资咨询、教育培训、供应链服务、电子商务、物流运输于一体的现代服务产业集团。目前，鑫亚集团通过第七方物流理论，结合大数据、云计算以及物联网技术，打造了一个全新的"绿色、低碳、智慧"的全产业链经济商业生态系统，业务范围已辐射到全国 16 个省、48 个市县，并与多个地方政府达成战略合作意向，共同打造物流金融城和市县区域总部经济金融中心。自 2012 年以来，鑫亚集团先后被广东省发展和改革委员会、广东物流行业协会、广东省现代服务业联合会授予"现代服务业重点联系企业"、"电子商务 100 强企业"、"2014 年度优秀会员单位"等称号。

一　鑫亚集团的转型升级历程

（一）从"开出租"起家转做第三方物流服务

鑫亚集团创始人张长德先生最初是一名出租车司机。在开出租的过程中，他逐渐认识和积累了货运代理的人脉和资源，于 1999 年开始转行做货运中介物流，后于 2004 年成立了广州市鑫亚物流有限公司。秉承服务至上的理念，公司很快为多家核心企业提供第三方物流服务，香港建滔化工就是其当时主要服务的对象之一。与建滔化工结缘始于建滔旗下龙华玻璃纤维有限公司的一批货物急需在规定时间内送至江苏昆山。受台风影响，海上运输通道受阻后，龙华公司紧急招募陆上运输队完成货物运输。由于时间紧、任务重，运输车队的招募并不顺利，受朋友之托，鑫亚答应承运这批货物，从而拉开了与建滔集团合作的序幕。

2005 年，建滔集团旗下的连州玻璃纤维布和铜箔厂竣工投产初期，运输业务起初全部由建滔集团内部车队承运。由于山路陡峭、路况复杂，一次偶然的车祸，吓得建滔集团的驾驶员再也不敢去连州了。厂里需要的原材料运不进去，生产出来的产品运不出来，工厂面临停产危机。无奈之下，连州布厂找了许多运输车队，有些车队直接拒绝，有些车队趁机漫天要价。鑫亚集团再次临危受命，以低于其他车队20%的价格，承接了布厂的运输业务。运营过程中，鑫亚克服了种种困难，以优质的服务给布厂留下了良好的口碑，也由此打开了江浙等地的货运市场。

（二）把"第三方物流"做到极致

传统货物中介物流常遭遇路况差、坡陡多弯的困难，车毁人亡等交通事故频发，鑫亚公司也为之付出惨痛代价。加上物流运输中丢失货物、司机违法违规等现象，迫使鑫亚对所处行业进行深刻反思。物流行业必须找到一条改革之路，否则未来道路会越走越窄。变革的第一步就是让物流车辆从企业持有变为司机个人持有，最大程度激发物流司机的积极性。考虑到改革初期很多司机没有钱购买企业作价的车辆，公司主动提出借钱给司机来购买车辆，购车款从给司机结算的运输费用中按比例扣除，公司全面负责统筹，寻找货源、安排运力、维修车辆、更换耗损配件等。通过这种方式，公司把所有的自持车辆变为司机持有，让原属公司的司机，升级成为车主。

此次改革，极大地加强了司机的责任心，发挥了他们的个人能动性，使司机更加专注于提高安全意识，提升驾驶技能，对车辆更加爱惜。正是企业运营模式的改革，不仅为生产企业、物流行业降低成本带来新的思路，也将鑫亚集团的第三方物流做到极致。运输司机的年收入从改革前的5万~8万元猛增至15万~20万元，企业车辆投入资产从改革前的900万元降至0，员工数量由100人降至8人，企业运营费用从每年200万元降至每年100万元，在年营业收入2000万元不变的条件下，利润由原来的200万元升至400万元，实现了利润翻倍，每车产出和人均产出分别翻了3倍和25倍，投入产出比由

18.18%变为666.67%，是原来的36.67倍，事故死亡人数由原来的每年三人降至零。

（三）在需求中突破，实现全物流信息金融化

产权改革虽调动了广大车主的积极性，但货运车辆单打独斗的境地仍未根本改变，信息闭塞、资金困难仍是制约整个物流行业快速健康发展的一大障碍。同时，随着互联网经济的迅速崛起、传统商业模式的变更，物流需求不断提升，但物流供给较为滞后，表现在：行业秩序仍比较混乱，服务标准也不统一；司机与货运部、中小型物流公司大小不一、参差不齐，存在找货难、管理难、融资难问题，生存状况堪忧，工作环境堪忧。此外，物流行业管理技术、监控手段等相对落后，导致货物安全、货物时效、货物价格不一，给货主、物流企业都带来很大的安全风险，成本较高，资源浪费依然严重。

面对物流需求增加、供给严重制约的窘境，鑫亚公司提出通过互联网传播物流供需信息的核心业务理念，以信息化的手段实现资源共享和资源整合，打通物流与资金流动不畅的障碍，促进整个物流业的发展。为此，公司进行了新一轮改革，打造出一个全新的物流模式——全产业链新经济模式平台。这种以"物流供应链金融"理论、创新的物流信息管理体系为核心，以 IT 系统、物联网技术为基础、银联和中国移动为合作伙伴的全新平台，可以有效整合供应链商流、物流、信息流、资金流，既能为客户提供供应链的保姆式服务，也能为供应链的利益相关者（企业、银行、仓储、物流、车主、商户等）降低风险、降低成本、提升收益，从而实现持续的经济效益和社会效益。

（四）在创新中升华第七方物流交易模式

过去的 10 年，互联网之风席卷全球，大大促进了电子商务尤其

是网上零售的发展。物流作为电子商务的重要组成部分，如何助力网络经济、助推 GDP 增长，进而提升我国在国际市场的国际地位及竞争力，已成为政府和企业面临及迫切需要解决的问题。然而，作为电子商务的车轮——物流，发展水平在我国依然处于起步阶段。物流行业的种种问题在很大程度上制约着我国电子商务的快速发展，迫切需要进行一场改革。

传统物流包括：由制造商或生产企业自己完成的物流称为第一方物流，即供方物流；由采购方自己提供的物流活动成为第二方物流，即需方物流；由第三方通过合同契约为供方和需方提供的物流服务称为第三方物流；为第一方、第二方和第三方提供物流规划、咨询、物流信息系统、供应链管理等活动的为第四方物流；在第四方物流基础之上为供方或需方提供代购或代销服务的为第五方物流；在第五方物流基础之上为供需双方实现跨时间和空间的实物转移，实现零库存，创造增值服务，价值最大化的为第六方物流。第七方物流则是建立在为第一方（供方）、第二方（需方）、第三方（物流方、贸易方、中间方等）提供服务的基础之上，通过第四方（咨询与供应链）的服务，实现将第五方（商流）、第六方（信息流）和第七方（资金流）与第一、第二、第三方进行完美的结合。它将传统"物——货币——物"货币交易模式，进化为利用金融信息化交易手段与方式，通过团购消费积分换购货物，尽量去除货币对交易的影响，从而加速资金快速安全流动形成资金池，使供需各方都可在此模式中获得利益达到共赢，这种涵盖并凌驾于各方物流模式的"物——物"交换新经济模式，即为"第七方物流"模式。

为促进互联网与物联网的结合，加速物流行业和电子商务行业的发展，鑫亚集团首度提出"行即物流"概念，并结合中西方文化特点，坚持以行文化理念为基础、第七方物流理论为核心，全力打造全球物流金融网的新发展平台。这种第七方物流交易模式可以紧紧围绕

"人、车、货"三个基点，联合政府、财税、交通、银联、银行、石油、保险等机构，为供应链上下游提供一站式服务，最终实现大物流、大数据、大金融，促使电子商务的相关交易环节在透明闭环运行，形成一个完整的物流供应链生态圈，未来必将助推电子商务快速发展。

二　鑫亚集团转型升级的基本经验

经过八年的努力，鑫亚旗下拥有 7 家全资子公司，业务范围涉及企业管理咨询服务、人力资源服务管理、教育培训、投资管理服务、资本运营、软件产品运营与服务、物流供应链管理与咨询、物流供应链金融研究和实施、物流运输、物流软硬件集成等方面。集团致力于打造物流实体经济与虚拟经济的桥梁，联合银联、银行等金融机构，自行建立全球物流金融网及配套系统，结合物联网技术的应用，实现物流技术在企业管理中价值最大化，把思想流、物流、商流、信息流和资金流五流合一，最终实现全流物流金融化的战略目标。从整体看，鑫亚集团转型升级成功既有外部因素的诱导，又有内部不断改革创新的动力，其基本经验可以概括为以下几个方面。

（一）战略创新：行文化、行经济、行文明助力全球物流金融梦

鑫亚集团倡导的"第七方物流"商业模式，以行文化慈善公益基金会为重心，关爱货车司机、家庭及其在交通事故中的物流人。集团下属 7 个子公司，从事基金、投资咨询、供应链服务、物流服务、运输服务、电子商务以及高新技术等物流供应链金融产业，为货车司机提供 e 站式供应链服务，有效降低空车率，提升周转率，盘活库存资本，实现零库存。通过行文化、行经济、行文明助力物

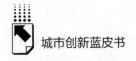

流金融梦，集团构建了较为健全的组织架构体系、完善的运营平台体系。

集团通过三个全球首创，实现了战略上的融合贯通，一脉相连。首先是"行文化理念"，将理念结合文化，中方融合西方文化，再结合中国实况，总结出第二个首创"第七方物流理论"，在此基础上，应用互联网、物联网、云计算技术、软件结合硬件开发出第三个首创"全球物流金融网"。全球物流金融网平台，可以有效降低物流成本，对社会、政府、核心企业以及司机家庭均产生较大的"成本洼地"效益，并通过整合全球资源，实现低碳、绿色、智慧发展，保护和关爱人类可持续发展。

（二）理论创新：第七方物流

"第七方物流理论"将传统"物—货币—物"交易模式，进化为利用金融信息化的交易手段与方式。通过团购消费积分换购货物，尽量去除货币对交易的影响，从而加速资金快速安全流动形成资金池，使供需各方都可在此模式中获得利益达到共赢，这种涵盖并凌驾于各方物流模式的"物—物"交换新经济模式，即为"第七方物流"模式。其特点是：首先可以盘活信用，解决融资难题。第七方物流平台通过累积的历史数据为司机、车主、货主获得银行的信用，在电子商务生态圈中的物流供应链环节建立起一套完整的信用体系，扫除了电子商务交易中的物质及资金安全交割的盲区。各方有了信用，物权交割变得更容易，交易风险可实时转移，从而促使物流各方转型升级，实现科学发展、和谐发展。

其次，有利于信息化服务，降低空车率，提高运行效率。第七方物流通过全球物流金融网的商品展示交易形成初始订单，物行网进行车货匹配撮合，木牛流马系统形成确认订单，并通过 GPS 及 POS 交易数据实时了解装卸信息，加上 APP 或短信平台的实时消息服务，减少待货时间，提前完成车货匹配，降低空车率，提高运行效率。

再次，可以定向采购消费，降低成本，增加税收，扩大税基。第七方物流平台为司机、车主提供油品、轮胎、配件、修理等服务，为商家提供代销，为司机、车主提供代购等保姆服务，集中采购、集中消费首先降低了采购及消费成本，既解决了"营改增"后物流企业增值税进项抵扣不足的问题，又增加了政府的财税收入。第七方物流中物质及资金交割透明化、电子化，加之物联网平台的应用，使在电子商务交易中扣缴税款成为可能，将在很大程度上解决电子商务交易过程中的税款流失问题。

最后，有利于统一结算，资金归集，降低资金风险。第七方物流平台通过移动 POS、专属金卡，联合银行、银联平台将司机、车主、货主的日常交易实行统一结算，并进行同行归集，降低了各方的资金风险，提高各方效率，在一定程度上解决了电子商务活动中交易结算和支付安全的问题。

（三）物流信息管理系统创新：木牛流马

木牛流马第四方物流信息管理系统通过一个账号和密码即可帮助货主统筹优化物流资源，无缝链接物流、商流、信息流和资金流，实现供应链全过程标准化、透明化、专业化和信息化，其特点是：集下单、调度、追踪、结算于一身，可完成物流活动全过程的第四方平台系统；可视化操作，可全程 GPS、3D 视频监控，精准定位，降低车辆运输风险，快速反应，迅速解决；整合能力强，能整合物流活动全过程的方方面面，盘活信息流程和商业机会，便捷灵活，设置合理、人性化，降低成本（如空车信息发布）；财务功能强大，尤其是与金蝶系统搭接，实现远程服务及多点操作；最专业的物流信息化系统，功能设置人性化，具备强大的扩展功能，个性化设计做到"量体裁衣"。

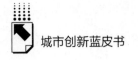
（四）电子商务与网络公共平台创新：物行网

物行网以电子商务和网络公共平台为依托，以组织技术、信息的协同、公共资源的共享为目标，以货车信息交互、网络交易、网络结算、网络物流金融、建立信誉体系等多元化网络服务为手段，提供海量的车源信息、安全的结算支付、完善的监管服务，为车辆提供撮合交易；整合国内外物流行业资源和贸易客户资源，打造贸易商面向物流提供商的网络物流集中采购渠道、物流提供商面向贸易商的网络营销渠道、物流提供商之间的同行网络采购合作渠道，打造全球最有影响力的物流行业传媒，实现物流产业化资产联合、物流过程控制共享和完成共同物流服务的货、车信息交互系统。其最精准的运力行情指导、海量有效的车源货源信息、手机短信实时在线撮合、安全的第三方担保结算、GPS 实时监控定位查询等特点，可大大提高车货资金周转率，降低空车率与物流采购成本。

（五）物物交换创新：物行商城

物行商城贯彻第七方物流理念，以积分换取商品，实现物物交换。凭借丰富的资源优势、先进的管理理念、强大的技术支持围绕着"车"这一核心，为车主、物流企业、物流消费方、银行、物流关联方打造高效、优价、安全、便捷的交互交易平台。商城通过线上展示、线下交易（OTO）方式，提供物美价廉的产品。消费者实时消费后还能实时返利，实现资金积分化、支付手段多样化。通过供、需的规模经济优势，可以发挥海量采购信息支撑代购代销的作用，帮助企业预知采购信息，降低库存，加快资金周转速度，进而实现行业效率和盈利能力的提升。

（六）金融服务创新：全球物流金融网

全球物流金融网依托木牛流马系统，为货主提供产品展示、订单撮合、交易结算等一站式服务，通过海量的货车移动结算终端及物联网技术（GPS、RFID、条形码等）应用实现物权及资金封闭及时交割，有效控制交易风险。全球物流金融网的网上交易平台免费使用、货车移动终端（pos）支持结算，可以实现物权及资金交割闭环运行、高效安全，也可以提高物流信息数据实时透明采集，完善线上线下结算同步，以整合交易信息资源，提高金融资源效率。不仅如此，全球物流金融网还可以整合全球资源，实现全球物流一体化，成为全球物流交易结算中心和大宗物资交易与融资平台，从而为各行各业供应链各环节提供全方位服务。

（七）文化创新：关爱物流人、行者、货车司机

当下中国处于一个深度转型期和关键时期。实现中国梦，需要每个人站好自己一班岗。作为物流人的货车司机，焦虑心情、疲劳驾驶往往是交通事故频发、生命财产损失的重要原因。目前全国有3000万的货车司机，这3000万的货车司机又衍生出2.1亿的相关家庭成员，确保货车司机的生活质量和安全，必将为社会安定团结做出极大的贡献。

鑫亚集团以行文化慈善公益基金会为重心，关爱货车司机、家庭及其在交通事故中的物流人。对于最基础的物流人——货车司机而言，平台系统的应用颠覆了以往紧张的生活及工作模式。系统平台可以在司机将货物送达前，帮助司机筹划下一次的行程，甚至在司机出发之前就帮助司机筹划好了下一次的行程。而司机把货物送到后所需要做的就是充分休息、养护车辆。情绪的变化、生活内容的变化，可最大限度地保障司机们在行程中的安全。同时，公司力图让每位司机

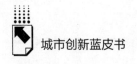
从开车转变为营销员、采购员、监督员、收银员、情报员,从司机转变成车主,车主变成货主,变成一个有素养的蓝领工人,实现打工变老板的梦想,而这对加快农村城镇化进程、促进司机朋友的全家幸福也具有重要的现实意义。

三 鑫亚集团创新发展的启示

鑫亚集团以全球首创行文化理念为根基,第七方物流理论为支撑,建立物流金融大数据应用平台,其发展模式对我国物流行业转型升级具有重要借鉴意义。第一,可以降低物流成本,促进经济增长。据估计,我国物流成本是发达国家的 2 倍以上,而借助全球物流金融网可降低物流成本 5 ~ 8 个百分点,仅 1.5 万辆货车运输成本就可降低 2.56 亿元成本,增加 2.31 亿元税收,促进现代服务业增加 90 亿元。这对促进我国经济增长,尤其是以电子商务为核心的互联网 + 产业的发展具有重要意义。第二,关爱和保障了广大物流人——司机的权益。目前,我国物流司机高达 3000 万名之巨,背后有 2 亿多家庭。实施全球物流金融互联互通,不仅能提高物流车主的收入,而且能通过降低安全事故,确保更多家庭和谐幸福。第三,利用大数据加快物流行业转型升级,对整合上下游产业链、扩大货车后尾市场的就业、拉动内需有帮助。同时,利用互联网技术和大数据的应用,可以实现天网、地网、人网的合一,将消费金融、物流金融和供应链金融统一起来,形成供应链生态圈的闭环,增加新信用、新服务、新业态。经济主体可以结合供应链的闭环,发挥众筹、众包、众创的作用,促进"大众创业、万众创新",形成经济新增长点。第四,生产制造企业结合物流信息系统,可以发挥个性化设计和柔性化生产的优势,推动智慧生产、智慧研发、智慧设计向前发展,促进"中国制造 2025"的落地。以物联网为基础,税收透明化,可抑制偷税漏税现象发生,推动营改增及金税工程快速落地，进而能增加政府财政收入，不仅有利于政府公共物联网信息平台建设（PPP）资金筹集，而且有助于实现城市的智慧化发展，提高城镇化质量。第五，推广第七方物流理论，还可以将思想流、物流、商流、信息流和资金流五流合一，最终走向"物—物"交换，这对落实一带一路、亚投行、人民币国际化的发展战略都有益处。

（执笔人：项松林）

B.10

大连亿达集团的万众金服模式

摘　要：　当前我国已经掀起了一个"大众创业"、"草根创业"的新浪潮，我国科技创业活动已进入高度活跃期，对孵化服务的需求更加旺盛。在此背景下，亿达集团在其长期软件园投资运营优势基础上，开展了万众创业场和万众金服的创新实践，致力于打造一个聚集创业者和投资人的创业投资社区。该社区成为创业者和投资人的首选投融资对接平台和创业孵化器，成为实现创业梦想、发现个体价值的梦想家园。

关键词：　亿达集团　万众金服　万众创业场

在《国家中长期科学和技术发展规划纲要（2006～2020年)》和《国家中长期人才发展规划纲要（2010～2020年)》中，国家明确提出孵化器发展的战略导向。习近平总书记指示，青年是国家和民族的希望，创新是社会进步的灵魂，创业是推动经济社会发展、改善民生的重要途径，全社会都要重视和支持青年创新创业，提供更有利的条件，搭建更广阔的舞台，让广大青年在创新创业中焕发出更加夺目的青春光彩。李克强总理提出要掀起一个大众创业、草根创业的新浪潮，关键是进一步解放思想，进一步解放和发展社会生产力，进一步解放和增强社会活力，打破一切体制机制的障碍，让每个有创业愿望的人都拥有自主创业的空间，让创新创造的血液在全社会自由流动，让自主发展的精神在全体人民中蔚然成风。在各种政策因素综合作用下，当前我国已经掀起了一个"大众创业"、"草根创业"的新浪潮，我国科技创业活动已进入高度活跃期，对孵化服务的需求更加旺盛，对经济发展的支撑作用更加强大。在此背景下，我国著名房地产企业亿达集团在其长期软件园投资运营优势基础上，开展了万众创业场和万众金服的创新实践。

一 亿达集团简介

亿达集团创立于 1984 年，是一家集房地产开发、软件园投资运营管理、生态科技城开发建设、IT 咨询服务、IT 教育培训、建筑装修、物业服务、组合机床制造、冷链物流等产业于一体的大型企业集团，共有控、参股企业 75 家，职工 6000 余人，2013 年销售收入突破 92.9 亿元，实缴税金 15.8 亿元，名列 2014 中国服务业企业 500 强第 250 位、中国民营企业 500 强第 134 位、中国房地产开发企业 500 强第 33 位。亿达集团致力于提供最佳的生活空间和工作空间，致力于建设人与自然、产业与环境和谐共生的科技园区；努力成为区域领先、国内一流、国际化、可持续发展的现代化企业集团；以高度的责任感和使命感，为国家、社会、城市的发展做出贡献，为客户、股东、员工、合作伙伴创造价值；做一个于人类有益的、受人尊敬的企业公民。

二 万众金服的基本情况

万众金服有限公司（以下简称"万众金服"）是由亿达集团下属的亿达控股有限公司出资成立的一家平台型公司，其主要定位是帮助初创企业、创业青年迅速找到天使投资和提供孵化服务，帮助天使投资人、投资机构发现优质初创项目。万众金服致力于打造一个聚集创

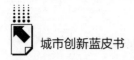

业者和投资人的创业投资社区，成为创业者和投资人的首选投融资对接平台和创业孵化器，成为实现创业梦想、发现个体价值的梦想家园。万众金服的核心理念是线下精品路演体验产品，线上预售认购股权，以此打造万众金服的O2O金融生态圈（见图1）。

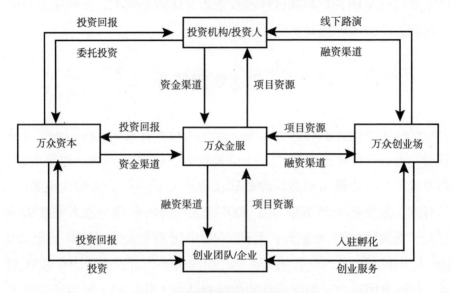

图1 万众金服O2O金融生态圈

万众金服的目标客户是有靠谱创业计划而缺乏资金、没有办公场地、没有办公设备、没有人脉的创业者和正在寻找项目的投资人。万众金服希望能够在线上帮助创业者筹集到创业所需资金，同时让创业者在线下享受到精细化的创业服务；通过线下活动，结交一批志同道合的创业者、有经验的企业家、风险投资人；通过在线路演为创业者和投资人提供互动交流的平台；通过"路演直播大厅"展示创业项目，完成投融双方初期接洽；通过万众金服融资平台，对通过审核的优质项目发起众筹融资，帮助中小企业和创业者募集天使资金。其总体目标是用3年时间进行快速扩张，成为我国海外创投资本涉足中国的合伙人、中国创投资本走向世界的桥头堡、中国最大的创新创业

O2O 生态系统拥有者、全球项目源和交易额最大的股权众筹平台。

万众金服的主要理念有三个：一是打造 O2O 金融生态圈理念。万众金服通过线上的万众金服平台整合创业项目和投资人，线下的万众创业场实现创业孵化，通过万众资本汇聚投资资源，实现创业团队和投资人的完美对接，打造创业金融生态圈。二是精细服务理念。万众金服根据创业者的实际需要提供全方位的精准服务，充分发挥万众创业的品牌优势，整合各种创业资源，通过创业辅导、创业沙龙、创业品牌策划、高端商务办公等功能，改善创业环境，真正为孵化企业服务。三是产业布局理念。万众金服计划三年内在全国一二线城市建立 50 家以上的创业场，在第四次创业大潮来临之际，占据战略制高点。同时，充分利用亿达已经开拓的园区资源，以北京、上海、深圳为中心，在具备创业基础的省会级城市建立自己的创业场，如杭州、西安、武汉、苏州、成都、重庆、大连、天津等地区，吸引的创业项目可以选择在合适的地点开展创业活动。

万众金服主要关注的领域是在泛互联网的创业投资，即 TMT（Technology 科技，Media 媒体，Telecom 通信）领域，包括移动应用、智能硬件、O2O、电子商务、网络游戏、创意文化、大数据应用等移动互联网相关的新兴产业。团队规模和产品阶段不限，融资金额在 100 万 ~ 500 万元人民币；CEO 和团队足够优秀，对所在行业有深刻见解或丰富经验。项目的产品、服务具有创新性，具备差异化优势，且该优势难以复制或具有独特的商业模式。

三 万众金服的主要组成部分

（一）万众资本

万众资本是由亿达集团在 2014 年创立，为中国高速发展中处于

"天使阶段"和"初创阶段"的企业提供投资的机构化的天使投资基金，旨在鼓励青年人创业、创新、创富、创造。作为万众金服平台的核心组件之一，以"创业者的导师、出资人的管家"为目标，以开放的心态与创业者、企业家以及出资人共同成长，万众资本专注于TMT行业，包括物联网、移动互联、游戏、企业软件、O2O、电子商务及教育培训等领域的种子期投资。

万众资本为创业者提供多种融资渠道。①自有资金：自有天使基金1.5亿元，针对万众金服融资平台优秀的项目进行投资；②直接融资渠道：通过与工商银行、建设银行、交通银行、北京银行等银行的合作，建立了中小企业的直接融资渠道；③风投机构：通过与泰山天使、天使汇等多家金融机构、担保公司、风投机构建立创业金融服务战略合作，根据企业和项目的具体情况，为企业提供多种投融资模式；④政府资金申请：协助初创企业多渠道争取国家科技经费，包括科技计划项目经费、高新技术企业科技开发补贴资金、国家级新产品或火炬计划重点项目资金、国家级863计划项目资金等；项目融资推介通过万众融资平台向各风险投资机构、民企投资者融资项目聚集风险投资资金。

（二）"万众+"融资平台

"万众+"是万众创业的线上综合型的中小企业融资平台。以节省时间和空间为经营理念，通过"网络路演+股权众筹"的模式解决投融资信息不对称的问题，构建互联网金融大数据生态体系（见图2）。

1."万众+"融资平台简介

"万众+"的核心理念是由经验、资源丰富的职业投资人来领投，其他认证投资人跟投。领投人协助项目完成跟投融资，可以获得额外的项目股权奖励以及利益分成。融资结束后续流程"万众+"全部包办，帮助企业迅速完成融资流程。

"万众＋"并不是一个真正意义上的在线投资平台，更像一个投资人的社区，采取线上线下相结合的方式。投资人在线承诺投资金额，确定投资意向后，线下通过和创业项目的沟通来确认投资协议。投资协议签订之后，由领投人作为 GP、跟投人作为 LP 组建有限合伙企业，再通过有限合伙企业整体入股创业公司。

"万众＋"通过标准化的投资条款和方便高效的投资流程，省去了大量的沟通成本和法律成本，带来了众多的投资人资源信用验证，如果融资成功，"万众＋"将收取融资额的 5% 作为服务费。

"万众＋"立志成为最权威的股权众筹平台，帮助投资人获取公正、及时的股权众筹资讯，也能根据平台独有的数据分析快速判断项目的优劣，还能与行业大鳄交流投资经验，与同行吐槽投资陷阱。"万众＋"愿与国内众筹平台及广大投资人携手，规范行业发展，营造一个透明、规范、安全的众筹行业环境，让参与股权众筹的资本实现价值投资更安全和更靠谱。

"万众＋"与国内的大部分股权众筹平台的区别在于：不是投融资对接，而是为投资人服务；不是信息撮合，而是创业服务；突出项目展示功能，通过 PC 端、移动端和线下的创业场，开放直播路演大厅中的创业者路演，使得创业者和投资人第一时间接触到优质项目，从中获取信息和经验；产品化开发和完善的投后管理，走精品项目路线。

2. "万众＋"的七个特色

第一，专业性。"万众＋"以"机构投资者＋个人投资者"这种合投方式，提升股权众筹融资模式的专业性和安全性。以机构投资作为基石投资人的众筹项目，强化对所投资项目的专业性调研和跟踪，提高所投项目的可信度。

第二，路演。每个项目"万众＋"都会举行路演，并进行在线直播，与创业者面对面交谈，回答投资人关切的问题和平台上投资人提出的各种疑问。其他投资人可以通过 PC 和移动端设备在线了解整个过程。

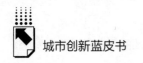

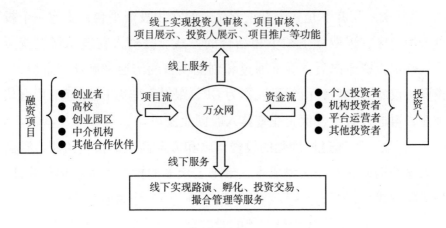

图2 万众金服融资平台功能

第三，多样化退出模式。"万众+"为投资者提供了多方面的退出渠道，包括股权转让、再一轮融资、大股东回购、债转股、IPO上市、新三板、区域性股权交易中心挂牌等。

第四，信任。创业项目应取得投资人的信任，如实地填写所有相关内容；项目正式开放前会做专业的调研，请创业导师点评，给出可行性分析；对投资人对相关的征信调查。

第五，透明度。清晰地呈现资金的去向，"万众+"进行投后监管，在平台上可以查到每一个项目的动态进展。

第六，联系。实现联络与交流——通过路演让投资人和创业者进行面对面的交流；通过项目移动端交流所投项目的进展和企业的发展情况；平台内的社区交流投资经验。

第七，强调投后管理。及时披露投资项目的进度、产品、团队、市场、财务等各个方面的信息，关注投资项目股权变化，参与投资项目的重大决策。

3. "万众+"的功能

"万众+"针对不同的角色，提供相应的功能。针对创业者：浏览平台全部公开信息、创建项目、管理和查看自己的项目、个人信息维护；针对投资人：浏览平台全部公开信息、投资项目、管理和查看自己的项目、个人信息维护、项目全投、项目合投、投后项目管理、资金管理（见图3）。

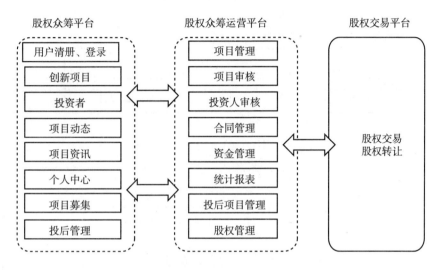

股权众筹平台	股权众筹运营平台	股权交易平台
用户清册、登录	项目管理	股权交易 股权转让
创新项目	项目审核	
投资者	投资人审核	
项目动态	合同管理	
项目资讯	资金管理	
个人中心	统计报表	
项目募集	投后项目管理	
投后管理	股权管理	

图3 "万众+"功能规划

4. "万众+"的业务流程

"万众+"对入驻的项目和投资人进行严格的审查制度，确保投资人和项目方的权益，通过项目预热和"万众面对面"两次路演，并通过在线直播的模式，使投资人和项目方对双方有更加精确的理解。"万众+"除了为创业者和投资方提供线上对接渠道外，还推出了一系列的线下活动，包括创投对接活动、天使训练营、创业沙龙等。项目预热是"万众+"举办的创投对接活动，活动分线上线下两种形式，活动筛选"万众+"上多个潜力项目进行预路演，并邀请投资人到场观看、点评以及提供专业建议，一起挖掘潜力项目，在预热中上获得认可的创业项目将被选入"万众面对面"活动（见图4）。

"万众面对面"是"万众+"重点打造的创投对接活动。活动以私密对接的形式，精挑细选预热上的多个项目，并邀请数十位与项目

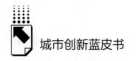

匹配程度较高的投资人到场，通过精心设计的环节实现项目与投资方深度沟通，达到资源匹配、快速合投的目的（见图5）。

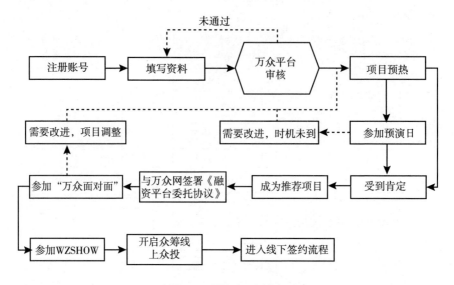

图4　项目入驻流程

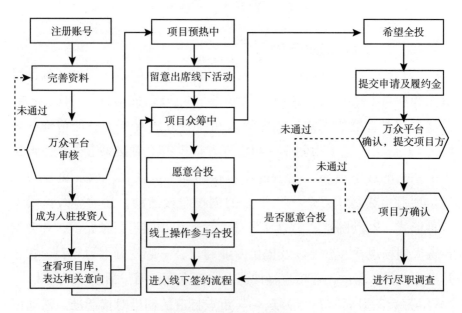

图5　投资人入驻流程

四 万众创业场

万众创业场是依托于亿达集团的创新型孵化器，由亿达集团出资设立。万众创业场于 2015 年 6 月开始运营，总部位于北京市朝阳区，同时已经开始在上海、成都、重庆等地规模化扩展，并正在筹划向海外扩张。定位为移动互联网、智能硬件、文化创意和节能环保等新兴领域的团队服务。同时，万众创业场是万众金服平台的线下创业服务机构，致力于搭建创业者、从业者、天使投资人、国内外投资机构、企业服务机构的交流、服务和合作平台。专注于为移动互联领域早期创业项目提供投资和孵化服务（见图6）。

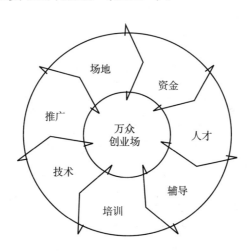

图6 万众创业场服务体系

（一）万众创业场的目标

成为国内领先，并具有国际水平的专业孵化器，致力于探索 TMT 领域早期项目的"导师＋种子投资"的孵化模式，形成有效的孵化服务和投资机制。万众创业场要做的事情就是让创业者可以放心

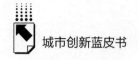

地去追逐他的梦想，"把剩下的事情都交给我们"。万众创业场不只关心是否帮创业者找到了合适的投资和人才，更重要的是时刻在创业者身后，让这些投资和人才，还有万众创业场提供的资源，一起帮助创业者快速成长。万众创业场和创业者一样用尽全力，渴望与创业者分享成功的喜悦。

（二）万众创业场的运营思路

万众创业场的核心运营思路是，通过完整的创业服务体系树立品牌，以吸引更多的优质创业企业入驻，在形成企业数量规模之后，去和闲置物业洽谈，获得较低的价格，把它变成万众创业场，最后再给创业团队办公。然而，目前在石景山总部的场地是由政府提供的，对万众创业场而言并无租用成本。

万众创业场对入驻团队也秉持开放的态度，并不设过多门槛。目前已有近10家企业入驻，万众创业场的盈利模式也是"办公场地租金+增值服务"，预计2015年可以实现微盈利。预期场地和服务收入的占比大约为7:3。但万众创业场认为，从趋势来看，增值服务的部分发展很快，未来几年内服务收入超过办公租金收入将是必然。

在服务内容的层面，除场地的基础运营之外，主要有金融服务（包括股权和债权）、垂直行业领域的导师顾问、帮助企业招聘、法律咨询（知识产权、合同梳理等）、申请政策（解决创业者对政府政策了解不足的信息不对称问题）、线下培训、定期的分享会和沙盘演练、项目路演等等。对于交流的形式，万众创业场的理念是不对交流形式做固定的限制。

在投资层面，万众创业场当前的做法是用其提供的服务换取企业2%~5%的微股权，目前已获得近5家企业的微股权。暂时没有退出的打算，一旦获得投资人的投资，也是对项目一个良好的背书，便更加有了长期持有的理由。

在已服务团队的层面，累计服务过的团队超过 20 家，目前实际入驻的企业有 8 家，还有一些提供服务但在其他场所办公的团队。

（三）万众创业场的主要特色

万众创业场主要有五个特点。第一，开放与低成本。面向所有公众群体开放，采取部分服务免费、部分收费，或者会员服务的制度，为创业者提供相对较低成本的成长环境。第二，协同与互助。通过沙龙、训练营、培训、大赛等活动促进创业者之间的交流和圈子的建立，共同的办公环境能够促进创业者之间的互帮互助、相互启发、资源共享，达到协同进步的目的，通过"聚合"产生"聚变"的效应。第三，结合。团队与人才结合，创新与创业结合，线上与线下结合，孵化与投资结合。第四，便利化。提供场地、举办活动，能够方便创业者进行产品展示、观点分享和项目路演等。此外，还能向初创企业提供其在萌芽期和成长期的便利，比如金融服务、工商注册。第五，全要素。提供创业创新活动所必需的材料、设备和设施。

（四）万众创业场的服务

万众创业场为创业者提供 360 度全方位的创业服务，包括导师辅导、专业投融资和产业对接服务，构成了创业服务的完整产业链体系。根据创业者的实际情况，提供驻场孵化、虚拟孵化、基础服务套餐和增值服务套餐多种形式满足创业者的各种需求。第一，免费场地：30～100 平方米的办公室单间，或者单独的敞开区工位，相应的办公桌椅等设施。第二，配套设施：无线网络、电话、打印复印机等办公设备，同时为创业企业提供快速入驻、企业注册、餐饮、员工宿舍等日常工作生活服务。第三，共享平台：建立公共技术平台、IDC机房，帮助企业降低研发成本。第四，投融资服务：借助万众资本，吸引投资基金进入，为创业场团队引导投资。第五，科技创新基金申

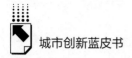
报：协助创业场团队取得国家和地方的创新基金，各种科技计划和国家中小型科技企业创新基金等，解决创业企业前期的资金问题。第六，培训服务：为创业者提供创业技能、法律、政策、财务、会计、知识产权、人力资源、技术贸易、商品贸易等方面的培训服务。第七，交流平台：建立类似咖啡厅的创业交流场所，定期举办行业活动、创业培训、讲座，提供一个开放、专业、休闲的交流场所和沟通平台，为创业者和投资人以及创业者之间提供互动。第八，人才服务：通过培训班、研讨会等培训创业者及员工，协助企业制订人力资源发展计划，招聘新员工，完善孵化企业人力资源管理，同时开展人才招聘、人才测评、人才培训、专题调研等全方位的人才服务。

（执笔人：张铁、冯立果等）

众筹网：开启众筹小时代

摘　要：　在众筹网 CEO 孙宏生看来，众筹体现了"三小"的特点，为小微企业、面向小老百姓、进行小额融资，是比较接地气的创业服务模式。众筹兼具金融和互联网的双重属性，是互联网金融的代表模式之一，想象空间是非常大，未来 3~5 年有可能出现千亿甚至万亿级的市场。

关键词：　众筹　众筹网　互联网金融

众筹译自 crowd funding，即大众筹资。当代众筹指通过互联网方式发布筹款项目并募集资金。相对于传统的融资方式，众筹更为开放，项目是否具有商业价值不再以能否获得资金作为唯一标准。众筹的兴起源于美国网站 Kickstarter，该网站通过搭建网络平台面对公众筹资，让有创造力的人可能获得他们所需要的资金，以便使他们的梦想有可能实现。这种模式的兴起打破了传统的融资模式，每一位普通人都可以通过该种众筹模式获得从事某项创作或活动的资金，使融资的来源者不再局限于风投等机构，而可以来源于大众。

目前众筹有奖励众筹、股权众筹、公益众筹等模式。奖励众筹的特点是在项目成功后给予投资人一定形式的回馈品或纪念品，回馈品大多是项目成功后的产品；股权众筹是指投资后获得股权回报；公益众筹则是投入后得到一封感谢信。

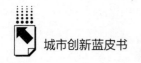

一　众筹网：打造最具影响力的众筹平台

众筹网是网信金融集团旗下的众筹模式网站，从 2011 年就着手进行众筹领域的研究、开发、设计、推广，2013 年 2 月正式上线，致力于为项目开发者提供筹资、投资、孵化、运营一站式综合众筹服务，集合了多种众筹模式。目前，众筹网是国内最早开启地方战略、实现众筹展示标准化、拥有最流畅的支付流程、国内最具影响力的众筹平台。经过两年多的发展和运营，得到了相关政府部门的关注，2014 年 6 月 12 日，中国证监会主席肖钢一行重点就股权众筹调研网信金融集团及众筹网；2015 年通过中国证券业协会审核，成为股权众筹行业首批协会会员。

众筹网母公司网信金融集团是中国人民银行互联网金融专业委员会首批成员、互联网证券专业委员会成员单位。网信金融集团是国内传统金融机构拥抱互联网的最早实践者之一，是综合性金融服务提供商实践"互联网 + 金融"的先行者。截至目前，网信金融集团在全国拥有 70 余个物理网点，覆盖 13 个省份、4 个直辖市，致力于为中小微企业提供多元化的业务和产品。网信金融集团的金融背景、技术优势、业务布局等都为众筹网提供了得天独厚的发展基础。

服务于国家"互联网 +"行动计划，众筹网开启"众筹 +"行动计划，致力于服务中小微企业和创业团队，建设创业者生态体系，完成从创意到创业、投融资到挂牌上市的全系列金融服务。目前众筹网已涉足多个行业门类，包括科技、文化、动漫、农业、能源、环保、生物、房地产、公益等众多行业。截至 2015 年 6 月底，众筹网帮助 9723 个小微和个人创业项目成功融资 3 亿元，众筹网的注册用户数也超过 64 万人。

二 探索总结众筹的五大价值

众筹的筹资价值显而易见，那具体来说，众筹模式有哪些价值与功能？我们试图挖掘总结以发挥众筹的最大效能。

第一是发现。投资人在早期发现具备价值潜力的想法和产品，获得更早投资机会。他们购买到"未来的商品"，并有机会参与项目。众筹网 CEO 孙宏生认为，众筹最关键的价值在于价值发现。传统的金融市场发现价值是通过市场调研，但今天在众筹平台上能够先一步看到数据来验证价值。随着众筹的发展，包括银行、基金和一些金融机构，也希望通过众筹平台上的市场验证数据来观察是否可以投资。

第二是验证。投资人以真金白银支持项目，发起者可以迅速看到项目市场反馈并及时调整。数据结果成为争取机构投资的"案例背书"。这相当于用"钱"投票，是比较真实的验证市场反应。

第三是营销。相比传统方式，众筹使整个项目全程处于推广状态，通过社交网络分享、互动，在用户群中产生话题，营销效果好。很多项目在完成筹资之后发现不仅收获了大量用户，也获得了很高的关注度。

第四是筹资。众筹提供最便捷、快速、透明的筹资平台，消除传统融资的中间环节，提高融资效率，降低交易成本。通过实际的众筹项目我们能发现，众筹模式不仅能筹钱，而且能筹人、筹智。

第五是资源。众筹帮助项目对接上下游产业链、资本市场、最终用户，实现资金、资源对接，用户角色也可能变为合伙人角色。

三 打造用户至上的一流体验

互联网时代，用技术手段打造一流的用户体验，如何吸引用户并

留住用户，如何支持千万量级用户同时访问，如何针对数据进行挖掘、处理和分析，是众筹网技术团队一直在研究的课题。

最终，技术团队采用前后端分离的技术来搭建众筹的系统架构，这种技术扩展性极强，可支持千万级用户并发访问，并能每日在云端采集100G以上的数据进行大数据分析，能支持PC、WAP、APP、微信公众号等多平台运营。

2014年，众筹网产品团队推出了国内众筹行业第一款手机APP——众筹网APP，该APP也被中央人民广播网评为2014十佳APP之一，也是唯一一个获奖的互联网金融APP。还推出了业内第一个基于社交圈的"轻众筹"类目，让基于移动互联网上的众筹轻量、小额、简单化，降低了发起众筹的门槛。

同时，众筹网在业内最早实现了展示标准化，在手机网页、微信上的表现形式，给用户带来流畅的众筹体验。众筹网基于众筹主要行业的区分对不同行业进行标准化展示，体现了众筹网对行业的现状和发展的理解。

众筹网还提供了最流畅的支付流程体验。支付流程在保证资金安全性及用户体验的基础上，针对众筹各行业的特殊性，设计了针对性的交易流程，易用性与安全性在支付流程中得到了很好的平衡。

四 经典案例为众筹行业提供样本

众筹网是面向人人的"众创空间"、服务于大众创业者的线上创业服务平台，人人可以通过众筹平台发布自己的梦想、产品、创意。在"大众创业，万众创新"的新形势下，众筹网可以帮助普通创业者"人人可以出彩"。

众筹网运行两年多以来，取得突飞猛进的发展，众筹平台与多个行业跨界合作，不断刷新众筹领域的制高点，积累了丰富的众筹案例。在众筹网刚上线没多久，联合长安保险推出的"爱情保险"项目，创出了国内融资额最高众筹纪录，筹资额超过 600 万元。"快男电影"项目近 4 万人次参与，创出投资人最多的纪录。我们可以通过几个案例来看下众筹模式的商业价值所在。

（一）一场音乐剧众筹：挖掘文化众筹新型融资模式

东方剧院推出的音乐剧《爱上邓丽君》项目登陆众筹网，风靡 2014 年整个夏天，这是一场文化与金融的碰撞，为文化创意产业新型融资方式插上了飞翔的翅膀。

《爱上邓丽君》项目在众筹网上首试众筹，项目刚刚启动，在整个演出市场影响极大，"众筹＋音乐剧"成为业界广为流传的话题。第一轮只开了 9 场，已经达到超过 100 万元的票房收益，这在国内原创音乐剧市场中已经成绩斐然。《爱上邓丽君》项目在众筹网上共发起 4 轮众筹，募资超过 95 万元，每次均超过预期设定的目标金额。

2013 年，国内音乐剧处于快速增长时期，场次增长 53.2%，票房增长 21.7%，总收入增长 404%，相较于电影市场，国内音乐剧市场具有相当大的发展潜力和空间，是一块投资"洼地"。

音乐剧《爱上邓丽君》是有"音乐剧教父"之称的李盾老师的原创作品，它以受人们喜爱的已故歌手邓丽君为主题，受众年龄覆盖了"60 后"、"70 后"和"80 后"，这些人群的消费能力高，可支配的时间也相对自由。制作团队还聚集了《卧虎藏龙》、《饮食男女》的编剧王蕙玲，百老汇一线音乐剧导演卓依·马可尼里等各领域顶尖高手，组成了超豪华创作班底。

在许多民众看来，音乐剧依旧是一个可望而不可即的"奢侈品"，一方面是目前国产的音乐剧市场规模很小，其票价成本高等直接因素，让许多人望洋兴叹。据北京演出行业协会数据，2011 年北京音乐剧平均票价为 480 元，与国外音乐剧票价水平相比偏高。日本

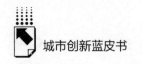

四季剧团的音乐剧票价为 200 元人民币左右,《狮子王》在百老汇上演时的票价仅 40 美元,相当于 255 元人民币,而《妈妈咪呀!》中文版平均票价在 500～600 元。另一方面音乐剧毕竟在中国起步较晚,国内的创新能力弱,时间又很难比肩,同时又缺乏好的营销。而众筹模式可以减少多个环节,降低成本,吸引更多观众,对于演出票价,起到了非常重要的调节作用。

众筹模式可以突破传统模式,降低制作成本,增加受众群体。以往传统模式是原创舞台剧→演出承办方→场地方→推广团队→票务公司→执行团队。而采用众筹这种新模式是原创舞台剧→众筹网→执行团队,减少了 3 个环节。环节的减少,人力、物力等投资成本降低,门票价格自然就降低了。例如《爱上邓丽君》,票价从原来的平均 480 元降低到 150 元,相当于一场 3D 电影的票价。不仅如此,区别于传统的票务公司,众筹模式不仅是预售票务,还有其他回报,让用户获得更多实惠。《爱上邓丽君》众筹项目采用低票价、持续演出、明星阵容模式,可以让更多的观众亲临现场,感受舞台剧独特的魅力,增加观众量和受众度,有利于舞台剧市场受众人群的培养。

另外,强调受众参与,实现剧作价值最大化。掌握观众属性数据,可有效与市场结合。传统票务无法掌握观众数据,而在众筹网的注册用户,会注册有基本信息,众筹网强大的数据支撑及市场覆盖可帮助国内舞台剧做得更好。在众筹上支持舞台剧的用户,众筹网可以利用自身强大的互联网平台进行大数据分析,包括观众的年龄层、职业、在众筹平台上支持过的项目等,从中可以分析出用户喜好,根据喜好可以增加项目卖点,让用户产生连续支持的行为,增加项目支持者的黏度。还可以帮院线及演出团体聚拢自己的粉丝团,注册会员,进行点对点式的营销,最终使剧团及院线受益。

李盾曾经表示:"音乐剧需要不停地编排,这样的作品才是活的，有灵魂的。众筹网可以把他们采集分析的数据反馈给我，我再用于创作中，这样的作品更接地气，更有生命。"

受众的参与，可以通过众筹来"定制"舞台剧。可以通过众筹的方式一起参与剧本走向及制作，甚至可以参与演员人选等等，做到真正意义上的"众筹定制"舞台剧，这些才是众筹在舞台剧市场的重要价值。这也可以在一定程度上提高观众参与度，增强用户的粉丝心态，增加演出品牌黏度。

众筹模式还可以促进舞台剧产业的良性循环。观众数据分析、观众参与互动、定制化的舞台剧种，众筹营销方式能够让剧团专心于剧目创作，出台好作品，用最低的成本得到尽可能高的票房，促进舞台剧产业的良性循环。

众筹模式还可以整合双方资源，实现合作共赢。众筹网本身有受众资源、平台资源、媒体资源，也具有平台推广的作用，而合作项目方自身也有各类资源，双方可以联手宣传推广，充分整合并利用资源。

最终，众筹网与音乐剧《爱上邓丽君》的携手，从第一轮的牛刀小试，一直持续发布到了第四轮，每轮募资额都超出了预设的目标额度，双方可谓实现互利共赢。

（二）县长众筹引发农业众筹的新思考

程万军是山西省永和县挂职扶贫干部，担任永和县副县长。他被永和县"山舞银蛇，原驰蜡象"的生态环境所吸引，但是当地是国家级贫困县，农民收入极低，生活条件非常艰苦，让他陷入深深的思索。

永和盛产核桃，单靠县里企业自身寻求核桃产业发展面临着诸多困难，首要问题就是融资难，永和县的小微企业与全国其他地区小微企业一样，都面临着土地无产权、质押无实物、民间拆借利息过高、

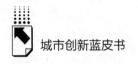

风险相对较高、项目竞争力不强的问题，很难获得银行的青睐。其次，一些小微企业都是家族式企业，没有现代化的企业管理，成本无法控制。再则，销售的观念仍然落后，没有摆脱固有的销售思维，还没有一个成熟的互联网思维，理念相对落后。

为了改变永和县贫困的现状，为核桃找一个出路，程万军在众筹网发起了核桃众筹项目，描述了他亲历的永和风貌、核桃特点和为孩子们建设一所圆梦书屋的愿望，回报设置集核桃销售、旅游推介、爱心捐款于一体，项目一经上线，吸引了全国各地的支持者，预期目标15万元的筹资额，短时间内就众筹资金超86万元。

核桃众筹项目成功帮助永和县销售核桃2万余斤，每斤帮助当地农民增收3~5元，并成功签约一家省级经销商。除此之外，还发放永和旅游宣传手册及接待门票等近万份，成功捐资1.5万元为幼儿园的小朋友建设圆梦书屋。

程万军的核桃众筹项目，为永和农业和众筹结合进行了尝试，为农业经济、贫困地区提供了一条可供借鉴的农业众筹模式，在全国范围内引起强烈反响。

（三）为科技创客们"众筹"出梦想的第一桶金

刷刷手环的创业团队是一批科技狂热分子，研发的刷刷手环将可智能穿戴与移动支付相结合，创造了国内首款可以刷公交卡（可刷公交、地铁等）、可以进行健康管理的智能手环。创业团队"环保、健康"的理念，解决了目前年轻人的亚健康状态问题，鼓励大家绿色出行、多运动，帮助用户解决了健康管理问题，并且为公交出行提供了更大便利。

创业团队还通过设计发布了"你走路，我买单"的众筹项目：坚持21天，每天走13000步，将把购买货款全部返还，促进支持者坚持健康运动。通过众筹平台，创业团队把用户与产品做了深度链接，创造了营销史上的一次经典案例，激发了创业者的热情。刷刷手环在众筹网原定目标筹资 5 万元，而实际筹资超 45 万元，获得近 2000 名用户的支持。创业团队借助众筹网，筹募到第一批粉丝，为科技创业者提供了众筹用户的范本。

五　小结

众筹网引领着众筹发展，成为行业翘楚。通过不懈的努力，众筹网的百度指数位居国内众筹行业第一，遥遥领先于其他从业者。众筹网的发展在很大程度上引领和助推了国内众筹行业的发展，因此也备受媒体关注，新华社、《人民日报》、中央电视台、《南方周末》、《财经新周刊》、《财经》、《21 世纪经济报道》、《第一财经日报》、《经济观察报》、《中国经营报》、《中国企业家》、《创业家》、《新京报》、《东方早报》、《南方都市报》、《商业周刊》、福布斯、腾讯网、新浪网、搜狐网、网易网、凤凰网及自媒体等持续重点报道，并且获得行业认可，摘得多项行业桂冠。未来，众筹网将加强跨行业合作，挖掘创新项目，开发更流畅的众筹体验和更具创新性的众筹产品，激发"大众创业、万众创新"的热情，为更多行业提供众筹服务，为国家经济发展贡献众筹力量。

（执笔人：马利霞）

B.12

中畅公司的新技术创新孵化平台

摘　要：　改革开放以来，科技创新对中国经济发展的作用有目
共睹，然而受各种因素影响，我国科技创新的步伐还
有待加快，科技成果应用尤其是新技术转化还有待提
高。为加大科技成果应用力度，中畅致力于提供最佳
的创新环境、最丰富的技术与项目来源、最科学的终
端检验、最完善的风险投资、最适宜的产品需求、最
合理的市场推广，努力成为国内一流、国际先进、可
持续发展的现代新技术孵化平台，以高度的责任感和
使命感，聚集科研人员、企业、金融部门等各方面的
创新资源，形成创新合力，促进科技进步和创新成果
服务于中国经济的转型升级与社会发展。

关键词：　中畅公司　科技创新　新技术孵化

环视当今世界，科技创新是经济增长的根本动力，中国也不例
外。习近平总书记在 2014 年"两院"院士大会上指出：科技是国家
强盛之基，创新是民族进步之魂，加快科技创新极有可能重塑全球经
济格局，使产业和经济竞争的赛场发生转换。李克强总理 2015 年 7
月在国家科技战略座谈会上提出：科技创新的成败，很大程度上决定
着我国发展战略的成败；实施创新驱动发展战略，需要发挥好科技创
新对经济社会发展的引领支撑作用，推动经济提质增效升级。改革开

放以来，中国科技创新的研发投入强度、研发效率、基础和应用理论研究都取得世界瞩目的成就，但受研究方向、转化方法、市场情况等种种限制，科技成果尤其是新技术成果的转化率较低。目前，我国科技成果转化率在20%~30%，实现产业化的成果不足5%，与发达国家70%~80%的转化率和20%~30%的产业化率相差甚远。打造新技术创新孵化平台对转变我国经济增长方式提供前所未有的新机遇，特别是在经济新常态下能为实现经济发展由规模速度型粗放增长转向质量效率型集约增长的转变提供重要保障，也能给产业结构从增量扩能为主转向调整存量、做优增量做重要支撑。在此背景下，中畅（北京）科技有限公司在其长期跟踪、研究新技术转化模式的基础上，着力打造"中畅新技术孵化平台"，为推动原始创新，研发高精尖技术提供有力支撑。

一　中畅公司简介

中畅（北京）科技有限公司依托高等院校的基础性、综合型、交叉性、国际性的学科体系及长期以来形成的强大优势，铸就了超群的知识创新能力，产生了大批原创性新技术、新材料、新产品、新工艺的科技成果，多款产品目前在国内唯一能为被国际质量体系认证，具有引领国家自主创新的独特优势。为把科技优势转化为现实生产力，服务国家创新2.0建设，公司计划打造"前沿科技创新与产学研用合作发展"的新技术孵化平台，力图以"整合一批世界一流大学、聚集一批世界一流高端人才、产生一批世界一流科技成果、培育一批世界一流高科技企业"为目标，引进外部投资者组建创投基金，为科研成果转化及产业化发展提供资金支持，形成聚合高等院校与科研院所创新力量、产品中试、行业需求分析、战略咨询服务、投融资支撑、新技术与新产品推广联盟的新的发展模式。中畅致力于提供最佳

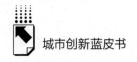

的创新环境、最丰富的技术与项目来源、最科学的终端检验、最完善的风险投资、最适宜的产品需求、最合理的市场推广，努力成为国内一流、国际先进、可持续发展的现代新技术孵化平台，以高度的责任感和使命感，聚集科研人员、企业、金融部门等各方面的创新资源，形成创新合力，促进科技进步和创新成果服务于中国经济的转型升级与社会发展。

二　中畅的新技术创新孵化平台优势

中畅在长期的新技术研发应用发展模式中，始终秉承产业、学校、科研机构等相互配合，按照实际需要提供相关技术或产品服务，推动新产品、新材料、新技术、新工艺研发与应用向前发展。就防腐行业而言，多是因为传统防腐工艺不到位，造成了很多安全隐患，每年因腐蚀造成的损失是台风、洪水、地震等自然灾害造成的损失总和的 6 倍以上，减少 30% 的腐蚀损失就相当于对 GDP 贡献超过 1 个百分点。中畅的目标既要对产品性能创新也要对环保健康创新，研发的新产品具有长效防腐、无毒、环保特点。目前，平台的竞争优势主要体现在以下几个方面。

（一）理念创新

针对科技资源使用效率不高、科研活动方向与实际需求脱节等不足，中畅开创了以企业主体的"个性化需求"为导向，倒逼新技术创新和研发满足实际需求的新途径。以环保涂装材料为例，中畅秉承为用户创造服务的先进理念，研发出的新涂装油漆不仅厚度薄、质量轻、产品经久耐用，而且能够满足材料使用、生产技术、涂装工艺、使用者安全的全环保要求。金属制品的长效防腐一直是困扰我国海运等行业发展的顽疾，现有处理方法大多集中在研发新产品满足金属物品防腐的要求，以达到延长金属部件的使用寿命的目的。然而，即使涂抹上新防腐产品，效果也不理想。实际上，现有金属保护的产品在研发和生产中没有任何问题，但企业在实际涂刷中不可能满足实验室的环境要求，涂装过程中的工艺水平低才是问题关键所在。为此，中畅想用户之所想，为用户量身定做了带锈涂装的新工艺，即使在不可能完全除锈的前提下，也可以通过工艺创新，防止防腐产品涂刷后出现的"外防里烂"等现实问题。

（二）产品创新

中畅平台具有众多高科技产品，可涂覆于实锈表面的环保重防腐涂料就是其中之一。与常规防腐涂料相比，重防腐涂料具有技术含量高、技术难度大、多学科知识交叉等特点，在高耐蚀树脂合成、高效分散剂和流变助剂应用、新型耐蚀抗渗颜料与填料开发、先进施工工具应用、施工维护技术、现场检测技术等方面都有广泛应用，已经成为衡量一个国家防腐涂料先进技术的重要标志。重防腐涂料作为防腐涂料的骄子，虽然在20世纪六七十年代已开始应用，但由于我国研发进度较慢，核心技术一直受制于国外企业。为推动国内重防腐涂料技术发展，中畅从生物工程、石油、化工等行业吸取营养，嫁接高技术，推动了重防腐涂料技术的革命，旗下的可涂覆于实锈表面的环保重防腐涂料不仅具有去除浮锈即可涂装，而且不受环境温度、湿度条件的限制，同时还拥有粉尘和VOC排放更低、不使用稀释剂、对人体无害、不依赖厚膜实现长效防腐的独特工艺。以10年期防腐对象为例，使用传统产品及工艺初始每平方米投入71元，十年间需要2～3次维护，不计人力的维护成本每平方米约150元；使用中畅新产品及新工艺后，十年内无须维护，每平方米总成本约60元。该产品可广泛使用于新兴海洋工程、现代交通运输、能源工业、大型工业企业、市政设施等多个领域，具有广泛的市场前景。

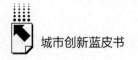

（三）工艺创新

中畅践行生态环境建设新理念，打造技术创新驱动经济转型新模式。就工业领域而言，中畅从制造业涂层保护入手，创新一系列新工艺解决方案，助力制造业实际经济转型，不仅能带动上万亿元相关产业发展，也有力地推动了"中国制造2025"早日实现。传统制造设备涂层保护通常使用酸洗磷化、热镀锌、干喷砂等前处理工艺，这些工艺不仅高投入、高耗能、低效益，而且会在其除锈过程中造成大量的粉尘污染、噪声污染和水污染，是我国环境污染的主要来源之一。中畅经过大量实验，开发出多种创新环保涂层保护新工艺，能为各地落实环保政策、促进企业换代升级提供新思路。针对酸洗磷化工艺造成水污染难以恢复的问题，技术团队创新了带锈涂装工艺，不仅实现了工业废水及污染物零排放，而且降低了能耗，节省了人工，提高了效率。以某化工企业为例，该单位烷机化装置设备需要维护的面积约为9万平方米，采用传统工艺进行维护，年维护费约120万元，采用中畅新工艺维护费仅需24万元，仅为传统维护费用的1/5。针对热镀锌工艺，中畅开创了环保替代施工涂装新工艺，不仅在防腐效果上不输热镀锌，还能自由地选择颜色，具有自洁、可修复性能等作用，能极大地美化城市环境。针对干喷砂工艺，中畅创新出高压水除锈工艺，既可以在带锈、带潮、带油环境下施工作业，又能长效防腐，完全颠覆了人们对涂料的认知。

（四）技术创新

当前经济发展驶入蓝色时代。随着我国海洋经济战略的实施，未来几年海洋装备制造、远洋航运、海岛建设将进入快速发展阶段。相对陆地而言，海洋开发难度较大，对科技要求更高。提升海洋资源开发能力，关键是深入实施创新驱动发展战略，推动海洋科技向创新引领转变。由于海洋自然环境恶劣、盐分较高，对设备和基建材料的腐蚀严重。大力发展海洋经济，必须减少海洋装备制造和海洋材料建设的次生灾害。中畅顺应海洋战略发展的新要求，开发出大量海洋防腐新技术，打破了发达国家涉海装备涂层技术的垄断。针对海上平台、海岛礁桩等基础设施，研发出高渗透型重防腐涂料与玻璃钢复合涂层技术，既可以对钢管内壁及外壁进行防腐处理，确保完全封闭钢材表面不会产生"外防里锈"，又可以加装玻璃衬套，达到一般防护技术多种防护体系八层涂镀层的防腐目的。针对海砂中氯离子对钢筋混凝土结构的腐蚀，中畅开发出海砂防治与利用新技术，采用喷涂高渗透创新环保可带锈施工涂料，将涂料喷涂在混凝土结构外表面，渗透扩散到钢筋表面，形成额外的保护膜，起到阻隔氯离子的作用，从而提高钢筋的抗锈蚀能力，改善涉海建筑的耐久性能。

（五）材料创新

材料的创新能有效保护机械设备和混凝土建筑免受空气及污水的侵蚀，已经广泛用于高铁线路、青藏铁路、高速公路、体育场馆、矿区井架、市政工程、港口门机、船舶与集装箱涂装、海水锅炉、储罐外壁等多个领域，客户包括中铁集团、中石油、中海油、中国二炮、华能电厂、渤海船厂、北京市政府、天津城建集团等。

三 未来中畅发展战略

作为国内领先的新技术孵化平台，中畅始终以促进中国产业升级和经济发展为己任。面对经济新常态和实体企业新需求，公司已经开始对"颠覆传统、重构未来"的新技术孵化应用进行了创新思考和实践探索。在中畅看来，只有抓住创新的源头，才能实现从技术转移

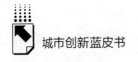

到成果转化再到产业化、规模化生产，才能令创新驱动变为经济增长的新引擎，让创新成果推动生产力实现更大进步。

（一）聚合高等院校与科研院所创新力量，提供可靠技术与项目创新源

纵观世界现代化的进程，重大科学发现和重要技术突破大都来源于高等学校和科研院所，源于它们在产学研用结合方面的卓越贡献。在创新的过程中，协作非常关键，需要政府、行业、企业家和科学家在一起，建立起一种协作机制。同时，还需要打造一个有活力的生态系统，能够跨越学历、行业、国家的界限，产生合力，以达到真正的创新。可以说，在创新时代，必须依靠平台力量才能整合各种创新资源。中畅正在构筑的新技术孵化平台体系中，以高等院校和科研院所为代表的产学研创新体系，正是其中重要一环。中畅希望通过搭建的平台生态体系，汇集来自国内外高等院校和科研院所的全球创新资源，以多种产业园为承接载体，以海量企业为产业化对接平台，以灵活金融体系为核心支撑，以全方位技术商业化为有力保障，通过推动新技术商业化，促进创新成果实现产业化和市场化。

（二）打造国内一流中试系统

发挥科技的支撑和引领作用，关键在于能够将技术先进、资源节约和环境友好的高新产品推广并应用。然而，一项好的科研成果或产品需要经过反复的中间性实验或中期开发（简称中试），以调整各类参数，提高良率，才能投放市场并被消费者接受。可以说中试的成败是科技成果产业化成败的关键，是我国目前技术创新和产业化发展的最大挑战和瓶颈之一。然而，由于中试阶段风险高、投入大、效果不确定，大多数中小企业不愿意也没有能力冒险投入，国有企业或科研机构因为失败率高不愿意介入，研发人员更是因为缺少资金和人才无

力承担。中畅计划通过引入战略伙伴，打造国内一流开放型中试系统，吸引国内外学术研究机构和生产企业成为会员，以有偿服务的方式回报投资者。该中试平台还能提供先进的工艺实验室和中试线，以吸引全世界最先进的工艺设备、新材料供应商前来展示，并与会员共同开发基于这些设备和技术的最新工艺。会员企业也可以依托中试平台，与中心团队共同开发最新特殊工艺和技术，满足特殊中试环节要求。

（三）行业需求分析与战略咨询服务

企业需求、企业支撑是新技术孵化应用走向深广的保障。企业是技术需求的主体，在激烈的市场竞争中，求生存、求发展的关键是不断提供满足消费者需求的新产品，但苦于没有研发力量组织技术攻关。只有充分认识和了解企业的技术需求和资源优势，才能发挥科研联盟的优势，克服科研成果曲高和寡的弊端，也只有满足企业实际技术需要，才能让它们在实际发展中摆脱无米之炊的困境。中畅新技术孵化平台提出"企业为主体，市场为导向，产学研用相结合"的价值理念，将会改变企业发展和高校科研院所两条平行线的状况，通过协同创新产生新的优势和能量。通过为生态系统内的组成部分提供全方位的行业需求分析及战略政策咨询服务，以市场需求倒逼技术革新，形成以企业为主体的"产—学—研—用"的新发展机制，促进技术创新上、中、下游的对接和耦合，实现产学研用的"无缝链接"。对科研人员而言，行业需求分析与战略咨询服务可以帮助科研人员解放思想，改变科技人员以前"先有成果，再找企业"的思维模式，进一步明确应用科研成果要以市场为导向，紧盯需求，在与企业紧密合作的基础上推动科研创新和新技术应用。对技术需求企业而言，平台可以将产业发展规律和技术创新规律有机地结合起来，提高企业的市场核心竞争力。对国家创新体系而言，平台创新生态系统可

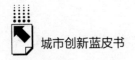
以突破产、学、研、用各自为政的壁垒，将隶属于各个不同管理体系的科技人才和资源进行有机结合，增强科研、教育、生产等不同社会分工环节在功能和资源优势上的协同与集成，最大幅度提高自主创新能力，实现科研产出的最大效应。

（四）融资支撑

金融支撑是新技术研发孵化走向深广的前提。由于新技术不确定性、市场不确定性和风险性等因素，促进新技术研发与孵化必须加快发展风险投资、贷款担保、投贷联动等科技金融服务，确保创新创业有资金来源、有风险分担。中畅拟建设科技大数据信息金融共享平台，计划打造集"线上＋线下"融资支持于一体的全方位金融服务，引进科技金融、天使投资、专业基金、股权基金、政府引导基金等为新技术研发提供从种子期、孵化期、加速期、成长期、产业化期的全链条支持。孵化平台还将营造良好的创新创业环境，发挥创业大赛、百家行等提供某些精选技术源，辅助创业导师、专业培训等能提供一些专业辅导，以及创业苗圃、创业工场、创业咖啡等能提供诸如工商、税务的某些服务，支持企业和科技中介服务机构进行技术合作，承接高等院校和科研机构的技术转移，扶持新技术研发者创新创业，打造以科技创新为中心的"高精尖"产业体系。

（五）推广营销

新技术的创新创业需要大力推广，才能将技术优势渗透到实体经济发展的各个方面。中畅提出"参与、共享、责任"的推广理念，计划打造"线上＋线下"双推广方案。针对创新创业者推广经验不足弱点，公司将发挥战略分析的优势，从产品的市场定位、核心服务目标、客户体验等角度出发，帮助创新创业者做好营销，推动科技成果迅速向现实生产力转化，并将科技成果融入产品品质与品牌之中，达到强化品质、品牌建设的目的。同时，公司还将利用自身平台优势，发挥移动互联网技术的作用，打造覆盖面广、点击量高、阅读量大的在线推广渠道，用最小的投入将新技术品牌效果做大做强。结合注册用户信息，中畅还能将用户每天接触和阅读的新鲜资讯串联起来，以大数据分析与逆向推理的方式，寻找与新技术相匹配的目标客户，然后通知相关技术研发机构，以便他们在做好技术开发的同时能以最快的速度找到相关需求方。公司还根据市场需要和广大用户的需求，定期召开新品发布和技术交流会，展示科技创新的新成果。

四　若干政策建议

中畅（北京）科技有限公司高度认为只有通过技术创新才能催生新产品，创造新需求，培育新兴产业，真正引领未来经济社会的发展。为加速科技创新步伐，中畅计划加快搭建新技术创新孵化平台，推动新产品、新技术、新工艺、新材料的研发和应用，推进实体企业转型升级，促进"中国制造"更多地成为"中国创造"。

未来发展中，中畅平台希望得到政府部门以下支持：第一，在政策方面，希望政府重视和推动产学研用新技术合作持续发展，鼓励实体企业在不提高成本的基础上，积极采用新技术对传统工艺和传统产品进行改造，促进新技术替代旧技术、智能环保型技术替代劳动密集型技术的应用与发展，尤其是市政工程、高危险及有可能泄漏有毒有害气液体的装置设备（如高铁、石油、化工等）尽快引入新技术，积极开展相关试点实验工作；第二，在资金支持方面，中畅希望政府加大风险投资、贷款担保等科技金融服务支持力度，确保优秀技术和好项目源有资金扶持，帮助研发人员追踪国际前沿，抢占未来科技创新制高点；第三，在政府审批和人才支持方面，中畅希望政府能给予更大支持，简化相关行政审批手续；第四，在知识产权保护方面，中

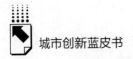
畅希望政府能完善知识产权保护的有关法律法规，加大对知识产权侵权行为的打击力度，保护技术研发者的创新热情。

中畅希望搭建开放式技术创新孵化平台，以更开阔更高远的国际视野，培养创新型领军人才，推出创新成果，并在创新成果转化为生产力的同时转变经济发展方式，在创新驱动中实现科学、和谐、可持续发展。

（执笔人：项松林）

发展清洁能源　打造（近）零碳建筑

——以汉新（近）零碳建筑能源系统为例

摘　要： 建筑能源消耗占世界总能耗的三成之多，而我国面临的能源安全及由此带来的环境问题十分严重，低碳、高效和清洁是能源开发利用的必然趋势。建设可再生能源建筑是落实国家生态文明建设战略、推动绿色和低碳发展的重要体现。大连汉新新能源科技有限公司通过多年的实践探索和自主知识产权技术创新，利用太阳能这一清洁和可再生能源，创造出一套集中温高效平板集热器、跨季低热损储热水箱和冷热转换控制中心于一体的汉新近零碳建筑能源系统，并能为用户提供制冷、采暖、热水、开水、直饮水和蒸汽等六项供给服务。特别是，对太阳能制冷技术在我国尚处于示范阶段的背景下，能够极大地推动太阳能制冷如当前太阳能热水器一样广泛普及，对推动节能减排和生产生活方式转变，具有重要的现实意义。

关键词： 能源安全　节能减排　生态文明　零碳

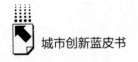
一　前言

（一）项目背景和意义

我国是世界上最大的电力消费国、煤炭进口国和第二大石油进口国，目前已面临严重的能源供应短缺问题。数据显示，2013 年我国能源消耗占世界一次能源消耗的 22.4%，其中传统化石燃料（即煤炭、石油和天然气）占据了总消耗的 90.4%，而我国的传统常规能源储采量只可维持 20～30 年。非可再生能源随着人类的长期开采和利用，在面临枯竭的同时，也带来了环境污染和气候改变等问题，例如雾霾、温室效应、土壤沙化等。

为应对国家能源安全和全球气候变化带来的挑战，党中央、国务院把发展可再生能源作为一项重大战略，并采取一系列强有力的政策措施，比如，出台了《可再生能源法》、《可再生能源中长期规划》、《能源发展战略行动计划（2014～2020 年)》、《循环经济发展战略及近期行动计划》等，鼓励发展可再生能源、低碳经济、循环经济。新时期，党的十八大提出了建设生态文明的重大战略，将生态文明建设纳入中国特色社会主义事业"五位一体"的总体布局，要求把生态文明建设融入经济、政治、文化、社会建设的各个方面和全过程，着力推进绿色发展、循环发展、低碳发展。

能源安全和环境问题是国家战略的重要组成部分，低碳、高效和清洁是能源开发利用的必然趋势。大力调整能源结构，用新能源和清洁能源替代传统碳基能源，大力开发、利用和提升太阳能等可再生能源的综合应用率，不仅对满足我国国民经济发展对能源不断增长的需求，有效缓解资源濒临匮乏和环境污染问题的压力，而且对着力创建循环经济示范城市，加快能源产业转型升级，带动相关产业发展和培育新的经济增长点，具有重要的战略和实际意义。

在建筑领域，能源消耗占世界总能耗的 30% ~ 40%，同时，工业生产中 7℃ ~ 13℃冷水和 40℃ ~ 200℃热水的需求也十分巨大，占世界总能耗的 20% ~ 30%。我国提出，要到 2020 年，实现可再生能源在建筑领域消费比例占建筑能耗的 15% 以上。由此可见，建筑领域的节能减排任务不容忽视。自 2006 年以来，为贯彻落实党中央、国务院关于推进节能减排与发展新能源的战略部署，财政部、住房和城乡建设部两部委下发《建设部财政部关于推进可再生能源在建筑中应用的实施意见》，并在全国全面启动了可再生能源在建筑领域的规模化应用示范工作，推动太阳能利用技术和浅层地能技术在建筑领域的应用，取得明显成效，也使得我国可再生能源建筑应用得到了快速发展。

本项目以大连汉新新能源科技有限公司为依托，采用太阳能热利用技术，通过技术、产品和模式的创新，实现（近）零碳社区和建筑建设发展，即除辅助用电部分，百分之百使用太阳能供应 24 小时热水、采暖和空调等功能服务。太阳能再生能源在建筑领域规模化、高水平应用，能够进一步推动绿色建筑发展，加快城乡建设发展模式转型升级，促进生态文明建设。

（二）当前光热利用存在的主要问题

目前太阳能热水已广泛普及，太阳能采暖也步入了推广阶段，而用于制冷的热管式真空管及聚光式太阳能空调尚处于试验示范阶段。在光热领域，太阳能集热器主要分为真空管集热器和平板集热器两类。真空管太阳能热水器主要优势在于造价便宜，特别是在广大农村地区，真空管太阳能热水器满足了用户低成本消费，所以真空管太阳能热水器占据了我国大部分市场。但是，真空管集热器缺点较多，如真空管下端密封，易结垢，导致热效率降低；不承压，易破碎；热的

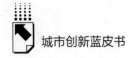
真空管突然补充冷水易爆管；等等。相比而言，平板式集热器强度高，耐用，无爆管问题；抗压性强，下冰雹时有盖板玻璃保护；平板式热水器可排污，不易结垢。

当前，太阳能采暖和空调制冷难以普及，主要有以下五个方面的问题。

一是热水温度偏低。用太阳能提供空调制冷的主要途径是通过溴化锂吸收制冷。这种制冷方式需要85℃以上的热水，现有的真空管和平板集热器只能产生70℃左右的热水，无法有效地驱动溴化锂吸收式制冷机制冷。所以普遍认为，现有的真空管和平板集热器只适用于热水和采暖，无法用于空调。

二是价格高、投资回收期长。现有的平板集热器集热效率低，现有的水箱单位容积储热量低，供热采暖投入成本较高，若用于经营性场所如热水洗浴时，其性价比市场尚可接受，但用于居民采暖时则投资回收期较长。而且，太阳能光热系统必须配备燃煤、燃油、燃气或用电的辅助能源系统，所以运营期还要花费燃料费用，导致采暖应用时，用户使用意愿不高。

三是热量过剩。我国采暖区域夏季太阳能最多月份的辐照量是冬季最少月份的2~7倍，但夏天不需要采暖，洗浴热水只使用小部分热量，大部分热量过剩，造成集热器损坏，是太阳能行业头疼的问题。

四是无辅助能源系统就无法连续使用。太阳光照不连续，夜晚及阴雨天无阳光，太阳能光热系统不配置辅助能源系统就无法连续使用。减掉辅助能源系统是太阳能行业孜孜以求的目标。

五是跨季热损大。现有的跨季储存热量技术不过关，跨季储热时，热量损失近半，且储热装置体积庞大，占用宝贵的土地资源。无辅助能源系统时，北方无法把夏季的太阳能存储到冬季用于采暖，南方无法把冬季的太阳能存储到夏季用于空调。

六是面积有限，非一体化。屋顶能够安装太阳能集热器的面积有限，六层以上建筑就难以使用太阳能为整个建筑提供采暖；现有的平板太阳能集热器安装时，只是铺在屋顶或挂在墙外，不是作为建材构筑屋面和墙面，不是真正的建筑一体化。

二　汉新公司的技术与产品优势

汉新公司通过多年的探索和创新，较为圆满地解决了太阳能热利用的以上几个难题，实现了无须辅助能源，百分之百使用太阳能为建筑提供暖通所需能源，目前可将投资回收期降低至3～5年，并且将通过不断的技术创新进一步降低一次性投入成本，使太阳能采暖和制冷得以广泛推广应用。

（一）中温高效平板集热器

在完成了大量的试验和基础研究之后，汉新公司创新研发出的中温高效平板集热器（该项产品包含十几项专利技术），集热温度在100℃～200℃，在这一温度区间，汉新的中温高效平板集热器集热效率目前可达60%左右，储备的技术还可将集热效率进一步提高，而现有的平板集热器在这一温度区间无集热效率可言，汉新中温高效平板集热器的集热效率优势明显。

该新型集热器四面均可无缝连接，能直接作为屋面板和墙板使用，实现了真正的建筑一体化。根据面积使用量需求，铺设在屋顶，可以为十层以下的建筑提供所需的采暖和空调制冷等功能服务。超过十层的新建建筑，可在设计时，考虑同时铺设在屋顶和采光较好的西面和南面墙体。综上，该新型集热器同时解决了水温温度偏低、建筑面积受限和非一体化的三个难题。

在费用热效比（费效比）方面也具有较强的优势。该新型集热

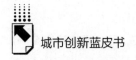

器用于热水和采暖工程时的价格（含支架、附件和安装费），是现有各种平板集热器（含支架、附件和安装费）的2.4～4.8倍，但集热效率高出3～5倍。这样比较，费效比相差不多，但汉新近零碳建筑的太阳能保证率为100%，而现有的太阳能热水和采暖系统的太阳能保证率为20%～70%，所以汉新平板集热器与现有各种平板集热器相比，实际费效比提高1.4～5倍。

在太阳能空调应用方面则更具有不可拟性，因为现有的平板集热器尚无法实际用于空调。

（二）跨季低热损储热水箱

在集热技术创新的基础上，汉新又研发出跨季低热损储热技术。该技术与现有的储热技术相比，跨季储热的热量损耗下降了十倍以上，达到全年太阳能集热储存后热损小于3%。这样，在北方可将春夏秋的太阳能储存到冬季取暖，在南方则可将秋冬春的太阳能储存到夏季空调。

另外，跨季低热损储热技术，可以彻底减掉辅助能源装置，在增强储热功能的同时，又使单位储热容积造价大幅下降。这一创新技术解决了价格高、太阳能热量利用率低和无法连续使用、跨季热损大、辅助能源依赖度高等几大难题。从而，实现百分之百用太阳能为建筑供应24小时热水、采暖和空调，打造（近）零碳建筑（控制机房的水泵和照明及风机盘管系统等耗用少量的电力）。

（三）技术与产品服务总结

汉新公司在这一领域申请了发明专利和实用新型专利20余项，现已授权发明专利2项，实用新型专利8项。上述2项主要创新技术，再综合其他若干项辅助创新技术，不仅能够使太阳能热利用技术广泛应用于国内居民社区建筑、商业建筑、厂房、医院、学校以及公共场所和经营性场所等，也可以出口到全世界，尤其是欧美、日本等发达国家，增强了自主知识产权产品技术的核心竞争力。

此外，若增设光伏发电装置，让其产生的电力满足汉新近零碳建筑辅助用电（水泵、风机盘管送风、设备间照明等）的运转耗费，就构成了更名副其实的（近）零碳建筑。同时，再加大光伏发电装置，让其产生的电力能满足整个建筑的电力需求（照明、家电和办公耗电等），并配套蓄电设施，可使这一建筑成为不依赖电网的零碳能源建筑，对于减少碳排放、节约能源和降低对化石能源依赖，实现绿色发展和可持续发展具有重大意义。

汉新（近）零碳建筑在利用太阳能满足 24 小时热水、采暖和空调三项基本需求的基础上，还可以为用户提供入户开水、直饮冷水和蒸汽共计 6 项供给服务。

三　系统运行与管理运营模式

（一）系统运行模式

汉新（近）零碳建筑能源系统由中温高效平板集热器、跨季低热损储热水箱、冷热转换控制中心三部分组成（见图 1）。

中温高效平板集热器采用 304 不锈钢密闭式整体外壳，内置高效吸热装置。集热器可置于建筑屋顶和外墙部分，也可根据建筑风格涂匹配颜色（略微会降低热效）。该集热器可将水温集热到 100℃ 以上。集热器将收集到的中温热水通过管道，循环输送到下一环节，即跨季低热损储热水箱。

与传统使用 PVC 管不同，连接平板集热器和储热水箱的是 304不锈钢制水管，使整套装置的使用寿命与建筑设计寿命同步，从而降低更换和维护成本。

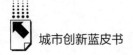

跨季低热损储热水箱置于地下，不占用土地面积，其容量根据用户数量匹配大小。通过技术创新，能够保证中温热水的热量损耗，跨季热损不超过3%，从而保证采暖和空调的所需。

最后，冷热转换控制中心包括溴化锂制冷、热量交换、温度调节等子系统，可实现全自动化，无人值守。冷热转换控制中心将根据用户需要，提供24小时热水、采暖、制冷、开水、直饮冷水和蒸汽等供给服务。

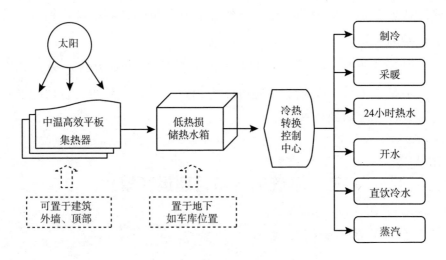

图1　汉新（近）零碳建筑能源系统

（二）运营管理模式

汉新（近）零碳建筑能源系统的费效比与现有技术相比有大幅提高，投资回收期也大幅缩短。回收期满之后暖通能源供应就是（近）零费用，而且汉新能源系统的使用寿命与建筑等寿，至少五十年以上，因此，用户采纳意愿很高。综上，汉新（近）零碳建筑的建设与运营，采取公司化的运作方式，根据用户的需求提供具有极高市场竞争优势价格的冷热供给服务。

1. 造价成本核算

汉新（近）零碳建筑能源系统不太适合单个家庭使用，因为建筑面积在几百平方米规模时，其造价在每平方米1000元左右。但是，随着建筑面积的增加，单位造价成本逐步下降。所以，更适合整栋楼、小区及中大型公建使用，规模越大造价越低，但大到一定规模后造价降低趋势减缓（见图2）。因此，经济规模为建筑面积3万～5万平方米，也就是通常的一栋30层住宅楼面积。

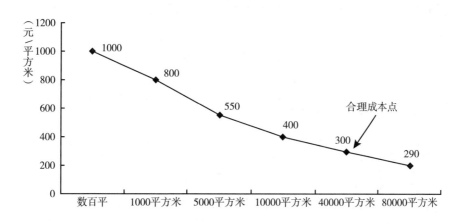

图2 汉新（近）零碳建筑能源系统单位造价成本

2. 投资回收期测算

以大连地区40000建筑平方米的规模为例，新建筑配套能源系统造价与老建筑改造造价相差无几（分别为279元/m^2和272元/m^2）。然而，新建筑配套与市政供热管网接口时要交60元/m^2的接口费，40000平方米空调需要1000千伏安的变电站。去除这两项费用，新建筑配套的造价远低于老建筑改造，大连地区新建筑配套零碳能源系统的实际造价在200元/m^2左右。

大连地区建筑配有24小时热水、采暖和空调设施时，居民采暖费为28元/m^2（每年）。

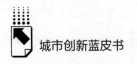

大连地区电费为年用 2160 度以下，每度电 0.50 元，年用电 2161~3360 度，每度电 0.55 元，年用电 3360 度以上，每度电 0.80 元，以此电费标准测算，年 24 小时热水费用约为 17 元/m²，年空调费用约为 6 元/m²。

综合以上费用，大连地区建筑 24 小时热水、采暖和空调年能源费用约 51 元/m²。

据此推算，汉新（近）零碳建筑能源系统投资回收期约为：新建建筑，200/51 = 3.92 年；老建筑改造，279/51 = 5.47 年（见表1）。

表 1　投资回收期测算

单位：元/m²

项目	采暖费	热水费	空调费	合计
收费标准	28	17	6	51
造价成本		200		
投资回收期	新建建筑		3.92 年	
	老建筑改造		5.47 年	

3. 运营模式

汉新（近）零碳建筑热能系统根据市场需要采取两种可供选择的管理运行模式。

一是成立冷热能源供应公司，或与当地物业公司合作，采取加盟式管理模式。公司免费为所在地建筑物提供和安装本套太阳能热能系统，以及后续的维修保养服务，并按照低于市场价格来收取取暖费、制冷费等，进行投资成本的回收。

在该模式下，居民用户除了能够享受到低于市场价格的产品服务，还可以得到：①全天候的暖气、冷气、开水、24 小时热水、冷水和蒸汽供给，无论汗流浃背的夏季，还是寒风刺骨的冬季，均可提供稳定的服务；②24 小时供给；③6 项供应不限量。

物业公司则可以在最短 3 年、最长 5 年的时间内收回成本，并在以后的时间内享受投资利润回报。

从运营角度来看，此项目极具市场竞争优势。以 40000 平方米新建建筑为例，项目建设投入成本为 279 元/m²，项目维护成本约为 20 元/m²，费用总成本约为 300 元/m²（估算值）。以 20 年期运营计算，其管理运营成本约为 15 元/m²/年；30 年期为 10 元/m²/年；50 年期为 6 元/m²/年（见表 2）。

表 2　汉新零碳建筑物业公司运营成本核算

运营周期	总投入（元/m²）	运营成本（元/m²/年）
20 年期	300	15
30 年期	300	10
50 年期	300	6

二是合同购买方式。与开发商/建筑商合作，按照市场价格提供汉新（近）零碳建筑能源系统产品，以及配套技术和培训服务。该模式为一次性收费，并不涉及后续的取暖费、制冷费等相关费用，适合公司在起步阶段开拓市场，后期则以第一种模式开展运作。

四　零碳建筑能源系统的推广价值

在当前能源安全和环境问题日益突出的背景下，汉新（近）零碳建筑能源系统的推广应用，不仅对减少化石能源使用量，降低对外石油依赖，减少碳排放，实现绿色发展、低碳发展和可持续发展有着重要的战略和实践价值，也是构建生态文明社区、生态文明社会的一种新的生产和生活方式的重要补充。

首先，在节约能耗方面，以 40000 平方米建筑为例，汉新

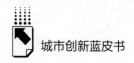

（近）零碳建筑能源系统的使用，可以每年节约用电约371万度，折合成标准煤约为1237吨。这将为实现我国的节能减排目标做出重要贡献。

其次，这些节约的能源，不仅可以减少对环境的污染排放，还可以为后代子孙留用，并造福社会经济的发展。

最后，作为清洁和可再生资源，汉新（近）零碳建筑能源系统，为社区居民和用户来树立了低碳发展、绿色发展和可持续发展模式的新榜样，有利于生态文明社区和国家生态文明建设的发展。

五　政策建议

（一）加大示范推广力度

根据《建设部财政部关于推进可再生能源在建筑中应用的实施意见》（2006年）和《财政部住房城乡建设部关于进一步推进可再生能源建筑应用的通知》（2011年）的文件精神，进一步加强太阳能绿色建筑的推广应用，将汉新能源系统纳入城市新建建筑和老旧建筑改造的政府采购名录，鼓励使用该系统。

（二）强化能源合同管理

发改委在重点高耗能行业，如钢铁、水泥、冶金、焦炭、电石、煤炭、玻璃、电力行业，推行合同能源管理模式的同时，优化管理机制，在市场准入、银行贷款、能源使用定价收费等方面，重点优先扶持汉新（近）零碳建筑能源系统等此类节能服务公司。

（三）创新补助办法，壮大绿色产业发展

在汉新（近）零碳建筑的推广过程中，为节约财政支出，可通

过创新财政资金使用方式，建立多元化的资金筹措机制，由产品和服务提供方以收取费用的方式代替财政补助，鼓励民间资本投入，放大财政资金使用效益，推动绿色节能环保产业的发展。

（执笔人：程艳军）

B.14
中威明彩打造风光互补微网系统的创新经验

摘　要： 我国风能、太阳能资源分布广泛，很多地区都具备利用风电和光伏发电的优良条件。但由于风能的密度低，受气流影响大且地区差异明显，占全国总风能仅一半的低风速风能资源尚未得到有效率利用。同时，风能和太阳能具有天然互补性，可以联合使用解决稳定发电的问题。中威明彩（北京）科技发展有限公司以"风光互补"为理念，开发微风发电机、智能型风光互补路灯、风光互补微网（离/并网）系统及相关产品，不仅能同时利用风能和太阳能进行发电，而且能大幅节约城市亮化工程的传统能源消耗，既可以推进我国资源节约型、环境友好型社会的建设和发展，也可以广泛应用于边远地区的扶贫开发、困难地区的照明、学校教育的供电需求，以及海岛建设、农业灌溉等多个领域。

关键词： 风光互补　离网供电　并网供电

中威明彩（北京）科技发展有限公司（上海僖舜莱机电设备制造有限公司及上海华贻电力市政工程建设有限公司参股）是一家专注于风能、太阳能及风光互补系统发电的高新技术企业。公司致力于新能源设备研发、生产制造和应用，率先开发出"基于液控稳频新型分布式风电并网技术"，获得 2 项国家发明专利和 1 项实用新型专利。公司坚持"品质铸造金牌、承诺重于泰山"的质量方针和"质量第一、信誉至上、诚信服务"的宗旨，联合国防科技大学、西安交通大学、上海交通大学、浙江大学等多家高校，共同开发了智能型风光互补微网发电系统，可根据安装使用地的气象资料、环境情况、用电情况，对风电与光伏进行合理配比，选择并网或离网，以满足用户需求。

一　技术优势

随着石油、煤等一次性能源的枯竭，新能源成为未来全人类共同关注的焦点。与水能、地热能、海洋能、生物质能等新能源或称可再生能源相比，风能和太阳能开发较为方便，但具有昼夜差异、气候差异和季节差异的特点，如果使用一种资源发电往往具有能源不够稳定的问题。为此，公司以风能和太阳能的开发及利用为基础，研发出的"风光互补"系列产品，实现了两种新能源在自然资源配置、技术方案整合、性能与价格对比上的综合利用，既满足了使用者的需求，也能提供稳定电能。

（一）微风发电机

中威明彩（北京）科技发展有限公司开发出的微风发电机，可以有效捕获风能，提高风力资源的利用效率。目前，公司生产的微风发电机均采用自主知识产权，产品型号有 xsl－200w、300w、1000w、3000w 等多个系列。这些微风发电机均为稀土永磁盘式发电机，可用于微动力水平轴、垂直轴风力发电，其结构设计、发电效率、安全性能、使用寿命等方面，均处于国内技术领先水平，且发电装置不受风的日变化、季变化以至年际变化波动的影响，具有稳定的发电能力。此外，公司研发的系列微风发电机均采用外壳旋转，风叶直接固定在电机铝合金外壳，具有无齿槽力矩运转阻力极小的特点，不仅结构新颖，而且体积小、重量轻，可减轻整体对立杆的重力。从发电效率上看，上述产品均采用新型聚能环技术增加了磁铁磁回路技术，可微风启动发电，起动转矩小，动态响应迅速，比测试发电效率高出同类产品38%以上。产品的核心部件也采用高分子材料加工而成，具有耐高温、不变形、物理性能好、机械强度高等优点，耐高温可达100℃以上，运行寿命可达15年以上。目前，该微风发电机同光伏结合组成微网发电系统，可离网和并网运行，能广泛应用于农业、渔业、别墅、通信基站、边防海岛、偏远架设电线不便等地区。

（二）智能微网管理系统

中威明彩公司开发的智能微网管理系统，投资小、见效快，无二次污染，可以充分开发利用各种可用且分散存在的风能和太阳能资源，既是解决我国环境污染和保障我国电力安全的重要途径之一，也可以有效解决边远地区的用电难题。该系统具有"太阳能光伏（PV Power）发电＋风力发电（Wind Power）＋储能"的特点，以智能配电网为平台，结合先进的电力电子技术，可有效整合分布式发电技术与微网技术，将多种分布式的微电源、负荷、储能系统和控制装置组成单一可控的系统单元，能单独或与外电网配合向用户供给电能。不仅如此，智能型风光互补微网发电系统，其风轮可自动变桨调速，使风力发电机在恶劣风速条件下，最大限度地利用风能，做到发电安全有效运行，并延长风轮和发电机的使用寿命，提高效率。该系统可根据安装使用地的气象资料、环境情况和用电情况，建立单户型专用或多户型共用的风光互补发电系统，自成体系发电、供电，满足体系内照明及其他电器等所有用电需求，可广泛用于城市乡村道路、高速收费站、海港、海堤、庭院、公园、旅游景点、停车场、工厂、广场、学校、开发区、工业园区等场所的照明，特别适用于通电不便的偏远地区和海岛、新农村建设的需求。

二 解决方案及经济价值

我国幅员辽阔，很多地区都具备合理利用风能、太阳能的优良条件。中威明彩公司本着大力发展可再生能源的初衷，加大对相关科学研究项目的投入力度，旗下产品既能够为老少边穷等架设输送电网路十分艰难的地区离网供电，也能够将分布式发电供能系统以微网的形式接入电网，在电能利用结构上，与大电网并网运行、相互支撑，起到有效调节用电峰谷、减轻用电高峰期电网负荷压力、促进电能资源的优化配置、优化电网运行结构、提高电力资源利用效率的作用。

（一）离网供电

公司设计的离网型风光互补微网发电系统由风力发电机组、光伏组件、控制器、逆变器、蓄电池组成。它以风力发电机和光伏电池板为发电部件，控制器对所发电能进行调节和控制，一方面把调整后的电能送往直流负载或经逆变器到交流负载，另一方面把多余电能送往蓄电池储存，即使在无风无光时也能保证用电需求。这种离网发电系统以国标《GBT 19115.1 - 2003 离网型户用风光互补发电系统 第1部分：技术条件》、国标《GB T 19068.1 - 2003 离网型风力发电机组 第1部分：技术条件》、企标《Q/CY203003 - 2015 微网用风力发电机组》等为设计依据，可广泛应用于普通家庭、农业、渔业、别墅、通信基站、边防海岛、偏远架设电线不便等地区。目前，该系统的风力发电机安装可根据安装环境设计塔筒的结构，既可地面做基础安装，也可根据建筑结构安装于建筑物顶部。所有部件均为铝合金构成，

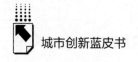

可纯人工立起安装，避免了一些地区大型机械设备车辆无法进入、无法吊装带来的不便。发电机上的光伏板支架采用组合式连接，易搬运安装，无地域限制，能有效解决边远地区因架设输送电网路艰难造成的用电难题。与传统供电方式相比，该系统还具有可观的经济效益，不仅免除了铺设电缆、架设铁塔及基础、电力增容器、变压器、检修井等费用，而且能在用地组装即可使用，运行后无须再付电费。

（二）并网供电

公司研发的并网型风光互补微网发电系统由风力发电机组、光伏组件、控制逆变器组成，以风力发电机和光伏电池板为发电部件，控制逆变器对所发电能进行调节和控制，一方面把调整后的电能送往负载，另一方面把多余的电能送往电网。当所发的电不能满足负载需要时，控制逆变器由电网将电能送往负载，能够适合于有电网地区。该并网型发电系统本身属于清洁可再生能源，不破坏环境，不仅符合经济社会可持续发展战略，而且安装系统后 15～20 年基本不需缴纳电费，能够在政策较好地区或装机容量足够情况下，将多余电量出售给国家电网，实现并网供电。从经济效益上看，由于系统所发电能以电网为储能装置，省去蓄电池，比离网型发电系统建设投资减少25%～40%，从而使发电成本大大降低。同时，应用风力发电和光伏发电分布式的发电系统，既有利于提高电力系统抵御战争和自然灾害的能力，又有利于改善电力系统的负荷平衡，并可降低线路损耗，也可广泛应用于有电地区的农村、旅游景点、别墅、农业、渔业等。

（三）智能型风光互补路灯

公司开发的智能型风光互补路灯，由微风发电机、太阳能光伏板、风光互补控制器、灯杆和光源构成。该路灯已通过上海市质量监督检验技术研究院检验认证，工作原理是用风力发电和光伏发电给蓄电池充电，夜间自动给 LED 灯放电。在有风的情况下，风力发电机将风能转化成电能；有阳光的情况下，将太阳能转化至电能；在有风有光的情况下，风能和太阳能协同发电，储存至蓄电池中。该系统能对蓄电池进行"过充电"或"过放电"保护，独立发电照明系统还可感应外界光线变化，自动开关灯，无须人工操作，且经济效益极佳，一段 3 公里长的风光互补每 10 年可以节约费用 350 多万元，7 年就收回投资成本，可广泛应用于城市乡村道路、高速收费站、海港、海堤、庭院、公园、旅游景点、停车场、工厂、广场、学校、开发区、工业园区等场所。

三　大面积推广的重大意义和政策建议

我国是人口大国，也是能源消耗大国。随着经济的发展对电能的需求愈加迫切，传统的火力发电已经很难满足社会的电能需求，而且日益突出的环境问题也不适合再大力发展以燃煤为主的火力发电。在国家节能减排、倡导绿色能源发展战略下，大力发展风电和光伏等可再生能源成为解决这一难题的有效途径，对我国经济与社会建设具有重要现实意义。

首先，推广离网供电系统将成为新能源领域一个重要增长极。风光互补离网储能供电系统是目前发展较快且前景较广的风能、太阳能小型化综合应用系统。该系统通过风能、太阳能的综合应用，可以独立发电、分户独立发电以及单个设备独立供电，能广泛用于日常照明、学校教育、旅游景区、农业灌溉、海岛开发等众多领域。离网供电，可以很好地解决单独使用风力发电或太阳能发电受季节和天气等因素制约的问题，使风、光在昼夜变化和季节变化上形成了很强的互补性，提高了供电系统的稳定性和可靠性，同时大大降低了设备成本。这种风光互补离网供电系统能有效利用自然资源，且不产生污

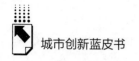

染，完全有可能成为新能源领域一个重要增长极。

其次，推广并网供电系统有助于优化传统电力结构。并网供电系统可以将风能、太阳能转化的富余电能，以并网的方式提供给需求方。大面积推广风光互补系统，除了可以提高风电和光伏发电的装备制造水平，加快分布式发电系统与接入电网并网运行相关控制技术的研究步伐，还能以微网的形式接入电网，与大电网并网运行，相互支撑，在电能利用结构上，有效调节用电峰谷，减轻用电高峰期电网负荷压力，促进电能资源的优化配置，是优化电网运行结构、提高电力资源利用率的一个有效方式。

再次，推广风光互补系统有助于国家扶贫工作的持续开展。目前，我国还有 8249 万农村贫困人口、12 万多个贫困村、832 个国家扶贫开发工作重点县和集中连片特殊困难地区县，3917 个村不通电，近 380 万人见不到"光明"。这些贫困地区大多虽因地形复杂，是电网无法到达或电网延伸不到的地方，但也是风能和光伏资源丰富的区域，完全可以使用分布式发电与供能技术解决用电难题。大力推广风光互补发电系统可以有效改善贫困地区长期困扰的照明难、用电难、上学难、吃水难、行路难、增收难等诸多问题。

最后，推广风光互补照明产品还有助于我国"两型"社会发展。能源是国民经济发展和人民生活必需的重要物质基础。建立在煤炭、石油、天然气等化石燃料基础上的能源体系虽极大地推动了我国经济和社会发展，但也带来了环境污染严重和生态系统破坏。随着环保意识的增强和普及，推广以小型化应用技术为基础的风光互补照明产品，不仅可以大幅节约城市亮化工程的传统化石能源消耗，而且有利于推进我国资源节约型、环境友好型社会的建设和发展。

然而，与传统能源发电总装机容量相比，国内风能、太阳能离网并网发电总装机容量及相关照明产品的应用比重还比较低。面对这一窘境，公司认为大面积推广风光互补产品符合国家战略性新兴产业要求，有能给"蓝天、碧水、绿色、洁净"的现代城市换上新装，也可以为建立"生态文明"、"循环经济"的模范城市增加亮点，更能提升绿色、环保新型城市建设的形象和品位，提高市民对新能源利用的意识。未来发展中，企业希望得到有关部门以下支持：首先，切实提升风能、太阳能小型化综合应用在我国新能源产业发展中的战略地位，希望各级政府能将"大力发展风能、太阳能小型化综合应用"列入各级新能源发展规划，予以全面支持；其次，在税收补贴方面，希望各级政府出台相关具体支持政策，明确计量标准，补贴标准和方式，将风能、太阳能小型化综合应用纳入补贴范畴；再次，鼓励企业根据项目大小，自筹经费建设风能、太阳能小型化综合应用项目，以有偿收费的方式回收投资成本；最后，把符合要求的风能、太阳能小型化综合应用供电系统列入《节能产品政府强制采购目录》和《扶贫开发目录》，以便提高投资方和管理方在推动使用风能、太阳能供电系统的积极性，尽快开展相关试点工作，促使新能源产业发生质的飞跃，为国民经济的快速发展做出积极贡献。

（执笔人：项松林）

B.15
后　记

2012 年底召开的中共十八大明确提出"科技创新是提高社会生产力和综合国力的战略支撑，必须摆在国家发展全局的核心位置"。新一代党和国家领导人在多次会议上强调，创新始终是推动国家、民族向前发展的重要力量。我国作为一个发展中大国，当前正处于经济发展方式转变与结构调整的关键时期，实施创新驱动发展战略，就是要推动以科技创新为核心的大众创新、企业创新、全面创新，通过一系列改革与创新的制度安排使市场发挥在资源配置中的决定性作用，增强科技进步对经济增长的贡献程度，形成新的经济增长引擎，推动经济持续健康发展，提高综合国力。

城市是区域经济发展的中心，也是国家经济、社会发展的重要基地，是各类创新要素和资源的集聚地，因此城市是承载国家创新驱动战略的基本单元，城市创新能力是国家创新能力的具体体现，在很大程度上决定了一个国家或地区的创新能力和可持续发展能力。在新形势下，我们应该更加注重城市对科技、知识、人力、文化、体制等创新要素的整合能力，从思想观念、发展模式、体制机制、城市管理、企业发展环境、招商引资等方面进行全方位的创新，形成大众创新、城市创新、国家创新三位一体的持续创新能力。

中国城市发展研究会在国家发改委、科技部、商务部、中国社会科学院、中共中央党校等单位的指导与支持下，组织各部门的有关领导和专家学者展开了中国城市创新能力评价课题的相关研究工作。为提高对城市创新能力评价的科学性，课题组进一步优化和完善了评价指标体系，分别从创新基础条件与支撑能力、技术产业化能力、品牌创新能力三个方面来对城市创新能力进行评估。在今后的工作中，我们将进一步对评价体系和评价方法进行完善，以做到对我国城市自主创新能力有一个科学、公正的评测。针对原始资本对大众创新、城市创新、国家创新的基础推动作用，课题组将本年度的研究主题关键词确定为"风险投资"，通过分析风险投资对创新的重要性，对我国的风险投资发展环境、城市创新环境进行了探索。

本年度报告的写作框架和主要内容由周天勇和旷建伟构思，在初稿完成后组织相关人员对部分书稿进行了研讨，提出了修改意见。周天勇、朱铁臻、旷建伟对全书进行修改、补充和定稿。牛靖楠、田少庸、任文武、刘亚娟、刘志成、刘孟松、刘培荣、刘耀天、许碧文、李举昌、张弥、陈礁、周文、郑彩伟、项松林、胡锋、夏徐迁、郭雪剑、程艳军等对全书做了一些技术处理工作。本书写作分工为：总报告，冯立果、李素云；测评篇，刘正山，朱俊成；专题篇，冯立果、刘正山、彭鹏、虞思明、黄曼远、孟艳、许文等；案例篇由各相关企业提供。

中国城市发展研究会理事长、陕西省原省长程安东教授特为本书作序，中国社会科学院经济研究所裴长洪所长和张平副所长对本课题给予了很多指导，中关村管委会给予了大力支持，在该书出版和编写过程中还得到了梁宏和王进等人的帮助，在此一并致谢。

中国城市创新能力科学评价课题组

2015 年 9 月

❧ 皮书起源 ❧

"皮书"起源于十七、十八世纪的英国，主要指官方或社会组织正式发表的重要文件或报告，多以"白皮书"命名。在中国，"皮书"这一概念被社会广泛接受，并被成功运作、发展成为一种全新的出版型态，则源于中国社会科学院社会科学文献出版社。

❧ 皮书定义 ❧

皮书是对中国与世界发展状况和热点问题进行年度监测，以专业的角度、专家的视野和实证研究方法，针对某一领域或区域现状与发展态势展开分析和预测，具备权威性、前沿性、原创性、实证性、时效性等特点的连续性公开出版物，由一系列权威研究报告组成。皮书系列是社会科学文献出版社编辑出版的蓝皮书、绿皮书、黄皮书等的统称。

❧ 皮书作者 ❧

皮书系列的作者以中国社会科学院、著名高校、地方社会科学院的研究人员为主，多为国内一流研究机构的权威专家学者，他们的看法和观点代表了学界对中国与世界的现实和未来最高水平的解读与分析。

❧ 皮书荣誉 ❧

皮书系列已成为社会科学文献出版社的著名图书品牌和中国社会科学院的知名学术品牌。2011年，皮书系列正式列入"十二五"国家重点图书出版规划项目；2012~2014年，重点皮书列入中国社会科学院承担的国家哲学社会科学创新工程项目；2015年，41种院外皮书使用"中国社会科学院创新工程学术出版项目"标识。

中国皮书网

www.pishu.cn

发布皮书研创资讯，传播皮书精彩内容
引领皮书出版潮流，打造皮书服务平台

栏目设置：

☐ 资讯：皮书动态、皮书观点、皮书数据、
皮书报道、皮书发布、电子期刊

☐ 标准：皮书评价、皮书研究、皮书规范

☐ 服务：最新皮书、皮书书目、重点推荐、在线购书

☐ 链接：皮书数据库、皮书博客、皮书微博、在线书城

☐ 搜索：资讯、图书、研究动态、皮书专家、研创团队

中国皮书网依托皮书系列"权威、前沿、原创"的优质内容资源，通过文字、图片、音频、视频等多种元素，在皮书研创者、使用者之间搭建了一个成果展示、资源共享的互动平台。

自 2005 年 12 月正式上线以来，中国皮书网的 IP 访问量、PV 浏览量与日俱增，受到海内外研究者、公务人员、商务人士以及专业读者的广泛关注。

2008 年、2011 年中国皮书网均在全国新闻出版业网站荣誉评选中获得"最具商业价值网站"称号；2012 年，获得"出版业网站百强"称号。

2014 年，中国皮书网与皮书数据库实现资源共享，端口合一，将提供更丰富的内容，更全面的服务。

法 律 声 明

　　"皮书系列"（含蓝皮书、绿皮书、黄皮书）之品牌由社会科学文献出版社最早使用并持续至今，现已被中国图书市场所熟知。"皮书系列"的 LOGO（ ）与"经济蓝皮书""社会蓝皮书"均已在中华人民共和国国家工商行政管理总局商标局登记注册。"皮书系列"图书的注册商标专用权及封面设计、版式设计的著作权均为社会科学文献出版社所有。未经社会科学文献出版社书面授权许可，任何使用与"皮书系列"图书注册商标、封面设计、版式设计相同或者近似的文字、图形或其组合的行为均系侵权行为。

　　经作者授权，本书的专有出版权及信息网络传播权为社会科学文献出版社享有。未经社会科学文献出版社书面授权许可，任何就本书内容的复制、发行或以数字形式进行网络传播的行为均系侵权行为。

　　社会科学文献出版社将通过法律途径追究上述侵权行为的法律责任，维护自身合法权益。

　　欢迎社会各界人士对侵犯社会科学文献出版社上述权利的侵权行为进行举报。电话：010－59367121，电子邮箱：fawubu@ ssap. cn。

社会科学文献出版社

权威报告·热点资讯·特色资源

皮书数据库
ANNUAL REPORT(YEARBOOK)
DATABASE

当代中国与世界发展高端智库平台

S 子库介绍
ub-Database Introduction

中国经济发展数据库

涵盖宏观经济、农业经济、工业经济、产业经济、财政金融、交通旅游、商业贸易、劳动经济、企业经济、房地产经济、城市经济、区域经济等领域，为用户实时了解经济运行态势、把握经济发展规律、洞察经济形势、做出经济决策提供参考和依据。

中国社会发展数据库

全面整合国内外有关中国社会发展的统计数据、深度分析报告、专家解读和热点资讯构建而成的专业学术数据库。涉及宗教、社会、人口、政治、外交、法律、文化、教育、体育、文学艺术、医药卫生、资源环境等多个领域。

中国行业发展数据库

以中国国民经济行业分类为依据，跟踪分析国民经济各行业市场运行状况和政策导向，提供行业发展最前沿的资讯，为用户投资、从业及各种经济决策提供理论基础和实践指导。内容涵盖农业，能源与矿产业，交通运输业，制造业，金融业，房地产业，租赁和商务服务业，科学研究，环境和公共设施管理，居民服务业，教育，卫生和社会保障，文化、体育和娱乐业等 100 余个行业。

中国区域发展数据库

以特定区域内的经济、社会、文化、法治、资源环境等领域的现状与发展情况进行分析和预测。涵盖中部、西部、东北、西北等地区，长三角、珠三角、黄三角、京津冀、环渤海、合肥经济圈、长株潭城市群、关中一天水经济区、海峡经济区等区域经济体和城市圈，北京、上海、浙江、河南、陕西等 34 个省份及中国台湾地区。

中国文化传媒数据库

包括文化事业、文化产业、宗教、群众文化、图书馆事业、博物馆事业、档案事业、语言文字、文学、历史地理、新闻传播、广播电视、出版事业、艺术、电影、娱乐等多个子库。

世界经济与国际政治数据库

以皮书系列中涉及世界经济与国际政治的研究成果为基础，全面整合国内外有关世界经济与国际政治的统计数据、深度分析报告、专家解读和热点资讯构建而成的专业学术数据库。包括世界经济、世界政治、世界文化、国际社会、国际关系、国际组织、区域发展、国别发展等多个子库。